Geist und Psyche

Albert Görres

Methode und Erfahrungen der Psychoanalyse

Kindler Taschenbücher

Kindler Verlag GmbH, München
Ungekürzte Ausgabe
Lizenzausgabe mit Genehmigung des
Kösel-Verlages, München

Umschlaggestaltung: Dieter Vollendorf
Korrekturen: P. Werner
Druck und Bindung: Friedrich Pustet, Regensburg
Printed in Germany 1965
ISBN 3 463 18019 7

EINLEITUNG

Es gibt Worte, die für ein empfindliches Lebensgefühl den Staub des Antiquierten an sich haben, obgleich sie keineswegs alt, vielleicht gar höchst modisch sind. Wenn es wahr ist, daß unsere Generation sich anschickt, die schwebende Grenze zu überschreiten, die das Ende der Neuzeit bezeichnet, dann liegt der Staub des Antiquierten wohl vor allem auf Begriffen, die noch vor dieser Grenze geprägt wurden. Eines dieser Worte heißt: Psychoanalyse. Während es keineswegs einer Entschuldigung bedarf, über nie veraltende alte und uralte Dinge zu reden und zu schreiben, weckt die Beschäftigung mit dem Antiquierten ein Mißgefühl und das Bedürfnis, sich und seine Sache zu rechtfertigen. Das soll in der folgenden Überlegung versucht werden. Tatsächlich ist die Psychoanalyse in ihrer ursprünglichen Freudschen Form in mehr als einer Hinsicht antiquiert. Sie stützt sich unbekümmert und naiv auf philosophische Voraussetzungen, die, um es so friedlich wie möglich auszudrücken, keineswegs so selbstverständlich sind, wie sie Freud schienen. Sie geht von allgemeinpsychologischen Theorien aus, deren Unzulänglichkeit schon zu Freuds Lebzeiten erwiesen war. Sie verwertet manche Befunde, die für die Generation unserer Großeltern charakteristisch gewesen sein mögen, heute aber nicht mehr ganz zutreffen. Ist also Freud veraltet und überholt, so wie Virchow überholt ist, dessen Pathologie nur noch der Medizinhistoriker studiert, obgleich niemand Virchows Verdienste schmälern wird? Diese Frage soll klar beantwortet werden.

Das Werk Freuds ist nicht überholt, es ist nicht einmal eingeholt, noch ist es überholbar; denn es enthält Elemente, die nicht geeignet sind zu veralten. Die Psychoanalyse hat den Charakter eines klassischen Anfangs; solche Anfänge veralten nicht. Sokrates veraltet nicht, Augustin ist heute so beunruhigend wie eh und je, Freud mag minderen Ranges sein, aber er hat wie sie einen Anfang gesetzt, ein Neues eröffnet, das unerschöpflich ist.

Was ist das unüberholbar Neue in der Psychoanalyse?

Nie zuvor ist der einzelne Mensch mit solcher Sorgfalt studiert worden. Kein Arzt, kein Psychologe, kaum ein Seelsorger vor Freud hat Hunderte von Stunden an das Studium eines einzelnen Klienten verwandt und kleinste biographische Details mit gleicher Aufmerksamkeit betrachtet.

Nie zuvor ist der Mensch in ähnlicher Weise studiert worden. Die alte Psychiatrie fragt den Patienten aus, sie exploriert ihn. Das hatte und hat noch seinen guten Sinn. Raum und Richtung der Antwort sind von der Frage vorgezeichnet und begrenzt. Freud geht einen anderen Weg. Bei ihm heißt es: Wer weniger fragt, erfährt mehr. Wer nicht sucht, findet. Wer nicht lenkt, kommt schneller zum Ziel. Der Psychoanalytiker fragt nicht oder möglichst wenig. Er legt keinen Raum und keine Richtung fest. Er richtet die Aufmerksamkeit des Analysanden auf das freie Spiel der seelischen Regungen, und er horcht, woher und wohin der Wind weht. Das Verborgene, Unbemerkte, Unbewußte im seelischen Sein und Geschehen öffnet sich dieser »schwebenden Aufmerksamkeit« bereitwilliger als dem scharfen Zugriff der fixierenden Frage.

Nie zuvor ist der Gegenstand so sorgsam bedacht worden, den die Analyse in den Blick nimmt: das Unverständliche, Zufällige, das scheinbar Sinnlose, Unvernünftige und Ungeordnete im Erleben und Handeln des Menschen. Die Psychoanalyse erforscht die Fehlleistungen der Seele, den Irrtum, die Selbsttäuschung, die Gefühle am falschen Platz, den inadäquaten Affekt, die Triebstörungen und die Fehlentwicklungen des Charakters. Sie hat damit ein unerschöpfliches Thema gewonnen.

Nie zuvor ist die Unordnung im unwillkürlichen Erleben und Verhalten des Menschen, die seelische Krankheit, so deutlich gegen Schuld, Bosheit und existentiellen Verfall abgegrenzt worden. Freud hat ungewollt der Moralpsychologie neue Möglichkeiten gezeigt, die dunklen und fließenden Grenzen der Willensfreiheit zu erhellen.

Kaum eine psychologische Methode vermag so wie die analytische den Menschen als Individuum und als Wesen in seinen mitmenschlichen Beziehungen gleichzeitig zu sehen, kaum eine ist so geeignet, charakterologischen Querschnitt und entwicklungspsychologischen Längsschnitt zugleich zu umfassen. Nie zuvor ist eine psychologische Methode von ihrem eigenen Wesen her so universal gewesen, so offen für den ganzen Menschen und alles Menschliche, so empfindlich gegen falsch gezogene theoretische Grenzen. Es gibt keinen unduldsameren Kritiker der psychoanalytischen Theorien als die analytische Methode selbst.

Darum ist die Psychoanalyse nicht nur der Kritik, sondern auch der größeren Mühe sorgfältiger Betrachtung und positiver Aneignung wert. Wenn die Zeitgenossen Freuds und die nachfolgende Generation ihm entweder mit entschiedener Bewunderung oder mit Verachtung begegneten, wir, die Enkel, können ihm nicht anders als mit gemischten Gefühlen, ambivalent, gegenüberstehen. Weder werden wir mit gutem Gewissen völlig linientreue Jünger sein, noch gelingt es uns, das Pathos der moralischen und wissenschaftlichen Entrüstung, die elegante Geste wissender Überlegenheit so ganz überzeugt und überzeugend aufzubringen. Zu sehr hat die Psychoanalyse uns dekuvriert, zu sehr sich selbst. So wollen wir es mit der Ambivalenz halten, mit der Freud selbst sein Werk beurteilt hat: »Was ich gefunden habe, ist wohl weder ein Kreuzer, noch eine Million, sondern ein Klumpen Erz mit unbekannt wieviel edlen Metallen.«[1]

[1] *S. Freud,* Aus den Anfängen der Psychoanalyse. S. 11.

Die Psychoanalyse ist teilbar. Sie ist weder ein Organismus, noch ist sie aus einem Guß. Wenn sie ein Klumpen Erz ist, der wertvolle und wertlose Bestandteile enthält, dann ist eine milde Ambivalenz die beste Vorbereitung für ein sachgerechtes Urteil. Vor jeder näheren Untersuchung steht fest, daß der Gegenstand selbst, die Psychoanalyse, ein zwielichtiges Gebilde von unterschiedlichem Wert ist, in dem sich Wahrheit und Irrtum vielfältig mischen, wie in jeder Selbstauslegung des Menschen. Wie jede andere Wissenschaft enthält sie neben einigen sicher richtigen und einigen sicher falschen Sätzen viele Aussagen, die möglich, mehr oder weniger wahrscheinlich, aber noch nicht endgültig entscheidbar sind. Wie jedes menschliche Werk ist die Psychoanalyse die Objektivierung mehr oder weniger lauterer Strebungen ihres Schöpfers, sie zeigt aufbauende, aber auch gefährliche Tendenzen. Diesem Mischungsverhältnis im Gegenstand sollte eine objektive Ambivalenz des Betrachtenden entsprechen.

Ich finde diese Einstellung schwer. Wer von der Psychoanalyse nicht tiefer berührt worden ist, sieht immer an ihr vorbei. Wer von ihr betroffen wurde, gerät leicht in einen Strudel von Faszination und Ärgernis, der ihn in die falsche Ruhe analytischer Orthodoxie oder in den Lärm antianalytischen Ressentiments zu saugen droht, nicht gern aber zur objektiven, sachgerechten Ambivalenz freigibt.

Faszination und Ärgernis haben viele und tiefe Wurzeln. Freuds Werk verbirgt unter einer nüchternen Oberfläche einen prophetisch-messianischen Zug, es ist der letzte große Versuch am Ende der Neuzeit, dem Menschen in einer säkularisierten Heilslehre neue Götter zu verkünden: Eros und Thanatos.

Die Geschlechterliebe freilich wird schon lange vor Freud mit numinosen Qualitäten ausgestattet und ist dann ein Gegenstand religiöser Verehrung. Die fast unvorstellbare

Wirkung, die von der Darstellung der »Leiden des jungen Werthers« zu ihrer Zeit ausging, ist wohl ein Symptom des geschichtlichen Vorganges, in dem der Mensch versucht, die Unruhe seines Herzens vom Gott Abrahams, Isaaks und Jakobs, nicht weniger aber vom Gott der aufgeklärten Philosophen zu lösen und dem Eros zu weihen. Nicht umsonst ist dieses Buch in einer Sprache geschrieben, in der das Johannesevangelium anklingt. Es schildert die Passion eines Mannes, der als Zeuge und Opfer des neuen Numens der Geschlechterliebe, eines mysterium fascinosum et tremendum, leidet und stirbt.[2]

Diese neue Theologie erhält von Freud ihren – nicht ganz Goetheschen – Katechismus. Wie dem Boethius Ziel, Vollendung und Glücksruhe des Menschen in der stabilis possessio summi et perfecti boni, im Besitz Gottes besteht, auf den alles menschliche Streben sich letztlich bewußt oder unbewußt richtet, so geht nach Freud des Menschen Sinnen und Trachten auf die stabilis possessio delectationis sensualis, auf Lustgewinn. Der Mensch tanzt in Wahrheit immer und notwendig um das goldene Kalb; das anbetende Kreisen um das Symbol von Vitalität und Zeugungskraft[3] ist sein eigentlicher Wesensausdruck, enthüllt sein wahres Selbstverständnis. Man hat die Psychoanalyse nicht verstanden, wenn man ihren verborgenen Anspruch als Heilslehre übersieht, man hat sie mißverstanden, wenn man nur ihn sieht.

Noch einmal: Die Psychoanalyse ist teilbar. Die Geister, die in ihr wirken, können unterschieden werden. Die Unterscheidung ist der Mühe wert. Freud hat sich nicht getäuscht. Der Klumpen Erz enthält viele edle Metalle. Zu ihnen gehört zu allererst die Methode selbst, sodann die Fülle der echten Erfahrungen, die sie vor aller Deutung und Theorie ermöglicht.

[2] Vgl. *H. Schöffler*, Deutscher Geist im 18. Jahrhundert, Göttingen 1956.
[3] Der goldene Jungstier ist nicht Bild des Reichtums, sondern eine phallische Gottheit.

WAS IST PSYCHOANALYSE?

Psychoanalyse ist zunächst eine eigenartige *Methode der psychologischen Untersuchung* und Forschung, die es ermöglicht, seelische Vorgänge, Lebenszusammenhänge und Strukturen zu erkennen, die der Selbstwahrnehmung verborgen sind.[4]

Psychoanalyse ist sodann eine *Summe von Aussagen über erfahrbare psychologische und psychophysische Befunde* oder in der Erfahrung mitgegebene Sachverhalte über Phänomene, Strukturen, Zusammenhänge und Gesetze des seelischen Lebens, die mit der analytischen und zum Teil auch mit anderen Methoden aufgewiesen werden können.

Diese Erfahrungen hat Freud in mehreren Theorien zu deuten versucht. Psychoanalyse ist also weiterhin auch ein *System der theoretischen Psychologie.*

Ein Grundproblem der Psychoanalyse und jeder Psychologie liegt in dem eigentümlichen Verhältnis von Erfahrungsbefund und theoretischer Deutung des Befundes. Jede Erfahrungswissenschaft hat zunächst Tatsachen zu konstatieren. Für die Psychologie beginnt schon hier die Schwierigkeit: Was ist in der Psychologie konstatierbare Tatsache, wie etwa das Vorhandensein von Natrium und Chlor im Kochsalz Tatsache ist? Ist der Ausdrucksgehalt eines Lächelns ein »fact«? Ist »Narzißmus«, ist der »Ödipuskomplex« ein konstatierbarer Sachverhalt, oder ist die charakteristische, komplizierte Ganzheit eines bestimmten Erlebens und Verhaltens, aus der wir solche begrifflichen Einheiten wie Narzißmus abstrahieren – ist diese Ganzheit eine solche Tatsache?

Die psychologische Begriffsbildung ist manchmal ein verwirrender Vorgang und kann dem Schauen dessen gleichen, der in den Wolken am Himmel Gesichter und Gestalten wahrzunehmen glaubt. Die Grenze zwischen psy-

[4] *S. Freud,* Psychoanalyse und Libidotheorie, Gesammelte Werke, London ab 1940, XIII, S. 211. – Bei allen Zitaten, die dieser Ausgabe entnommen sind, wird künftig nur der Titel der Abhandlung mit Band und Seitenzahl angegeben.

chologischer Erfahrung und Deutung ist nicht immer scharf. Dazu kommt, daß viele psychologische Befunde ihrem Wesen nach vieldeutig sind, mehrere berechtigte Interpretationen nicht nur zulassen, sondern fordern. Der Versuch, sich auf die Eindeutigkeit einer Deutung festzulegen, verfehlt oft von vornherein die Sache selbst, weil er den Menschen gleichsam auf eine einzige Dimension seines Wesens einzuengen sucht. Dieser Mangel an Eindeutigkeit ist die Last der Psychologie, die sie geduldig tragen muß, weil sie sich dem komplexesten und geheimnistiefsten aller Erfahrungsgegenstände verschrieben hat – dem exakten Szientisten zum steten Ärgernis, wenn er die eigenartige Strenge der Geisteswissenschaften und der Psychologie verkennt.

In dieser Studie wird die psychoanalytische Theorie weitgehend ausgeklammert. Das geschieht nicht aus der naiven Meinung, die Psychologie könne sich mit Erfahrungstatsachen begnügen und auf Theorien verzichten. Auch nicht aus einer Verachtung der psychoanalytischen Theorie, die zweifellos eine Fülle von wertvollen und fruchtbaren Gedanken enthält. Ich glaube auch nicht, daß es eine theoriefreie Psychotherapie geben könne, oder eine, die allein mit philosophischer Daseinsanalytik auskäme.[5] Erfahrung, die theoretisch nicht verarbeitet und philosophisch nicht erhellt wird, macht uns weder wissend noch weise. Der Grund für die Ausklammerung der Theorie ist der Eindruck, daß in den Darstellungen der Psychoanalyse die Befunde und ihre theoretische Deutung allzu innig miteinander verwoben sind. Damit entsteht die Gefahr, daß von der seelischen Landschaft nur sichtbar wird, was am Schienenstrang der Theorie liegt, der doch schon durch seine Existenz diese Landschaft denaturiert. Von da ist es nicht mehr weit zu jener Potemkinschen Reise des wissenschaftlichen Bewußtseins, die nicht Tatsachen zu erklären,

[5] Vgl. *M. Boss,* Psychoanalyse und Daseinsanalytik, Bern und Stuttgart 1957.

sondern Erklärungen mit »Tatsachen« aufzuputzen sucht. Trotz dieser skeptischen Vorbemerkung soll die Überzeugung vorweg bekannt und später erwiesen werden, daß den im folgenden untersuchten Grundbegriffen der Psychoanalyse ein Realwert zukommt, daß sie in der seelischen Wirklichkeit reell fundiert sind.

Psychologie und Medizin in Deutschland waren von den Theoremen der Psychoanalyse so schockiert, daß sie zu dem Instrument der neuen Methode kein Vertrauen gewinnen konnten, den Gebrauch vernachlässigten und die auf diesem Wege zugänglichen Erfahrungen mißachteten. Auch wo man die Analyse zu erproben vorgab, geschah es gewöhnlich mit allzu ungeübten Händen. Es fehlte die Einsicht, daß dieses Instrument seine Leistungsfähigkeit nur dem zeigt, der seinen Gebrauch mit aller möglichen Sorgfalt erlernt hat. Stattdessen begnügte und begnügt man sich mit einem analytischen Dilettantismus, der zu Enttäuschungen führen muß, zu einem Ressentiment gegen die Analyse, das die eigenen Fehler an ihr bestraft.[6] Erst langsam setzte sich die keineswegs neue Erkenntnis durch, daß man die analytische Methode hochschätzen und lege artis anwenden kann, ohne sich in der Theorie mit Haut und Haar der Orthodoxie zu verschreiben.

Verraten wir die Theorie, um die Methode zu retten? Nicht ganz. Die Theorie ist ein Koordinatensystem, das Befunde sehen und ordnen hilft, ohne ihnen Gewalt antun zu müssen. Es ist sinnvoll, das Leben des Menschen unter der einen Perspektive zu studieren, was für Frühprägungen, Schicksale und Verformungen seine Triebstruktur und

[6] Bis heute haben von den vielen Hundert Ärzten in Deutschland, die in der einen oder anderen Form Psychotherapie treiben, nur wenige die psychoanalytische Methode richtig erlernt. Bis heute ist kaum eine Universitätsklinik in Deutschland, kein psychologisches Universitätsinstitut in der Lage, eine gründliche analytische Ausbildung anzubieten. Vgl. *A. Görres:* Denkschrift der Deutschen Forschungsgemeinschaft zur Lage der ärztlichen Psychotherapie und Psychosomatischen Medizin an den Universitäten, Wiesbaden 1964.

ihre Komponenten in der Entwicklung erfahren haben, *welche Fehlformen der Lustsuche und der Unlustabwehr* er ausgebildet hat, vorausgesetzt, daß man über dieser partiellen Fragestellung die Ganzheit des Menschen und die Vielzahl anderer Lebensprobleme nicht vergißt. Jede tiefenpsychologische Theorie und Schule wird dadurch wichtig, daß sie neue Perspektiven und Koordinatensysteme anbietet, die ein tiefer eindringendes, umfassenderes Verständnis des Lebensaufbaues und der Neurose ermöglichen. Die Theorien sind optischen Filtern vergleichbar, die aus einem Lichtbündel bestimmte Farben ausscheiden und sichtbar machen.[7] Sie sind Hilfsmittel zur Gewinnung von Befunden, auf die wir nicht verzichten können. Zu Hindernissen der Erfahrung werden sie erst, wo ihre selektive Wirkung vergessen und und ihre Brechungsfehler vernachlässigt werden.

In der Theorie Freuds sind die mit der analytischen Methode gesammelten Erfahrungen aus bestimmten philosophischen Voraussetzungen gedeutet, die selbst nicht mehr empirisch gefunden wurden. Diese Voraussetzungen sind zum Teil nicht eigens reflektierte philosophische Überzeugungen, die alles Denken und jede Einzelwissenschaft durchdringen (z.B. die Prinzipien und Gesetze der Logik), zum Teil sind sie weltanschauliche Meinungen Freuds, die er ohne Begründung voraussetzt. Die Psychoanalyse ist

[7] Zur psychoanalytischen Theorie: *G. Bally*, Die Psychoanalyse S. Freuds. Handbuch der Neurosenlehre und Psychotherapie, Hrsg. Frankl, Gebsattel, Schultz, 3. Bd., München 1959; *R. Brun*, Allgemeine Neurosentheorie. Basel 1946; *R. Dalbiez*, La méthode psychoanalytique et la doctrine freudienne. 2. Bde., Paris ²1949 (ins Englische übersetzt); *O. Fenichel*, The psychoanalytic Theory of Neurosis, New York 1945; *H. Hartmann*, Die Grundlagen der Psychoanalyse, Leipzig 1927; *R. Heiss*, Allgemeine Tiefenpsychologie, Bern-Stuttgart 1956; *P. Hofstätter*, Einführung in die Tiefenpsychologie, Wien 1948; *H. Nunberg*, Allgemeine Neurosenlehre, Bern und Stuttgart 1959²; *J. Nuttin*, Psychoanalyse und Persönlichkeit, Fribourg 1956; *W. Toman*, Dynamik der Motive, Frankfurt/M.-Wien 1954; *D. Wyss*, Die tiefenpsychologischen Schulen von den Anfängen bis zur Gegenwart, Göttingen 1961; *D. Rapaport*, Die Struktur der psychoanalytischen Theorie, Stuttgart 1961.

also nicht nur eine theoretische Deutung von Erfahrungen mit Hilfe gesicherter Erkenntnisse, sondern auch ein System zum Teil willkürlicher weltanschaulicher Setzungen, die weder auf den mit der analytischen Methode gewonnenen Erfahrungen, noch auf anderen empirischen Befunden beruhen, noch durch philosophische Reflexion ausgewiesen werden.[8]

Es ist berechtigt, die Psychoanalyse als *Weltanschauung* zu beurteilen, weil ihr Begründer sie auch als solche formuliert hat. Es ist aber ebenso berechtigt und gewiß ergiebiger, sie aus ihren philosophischen Voraussetzungen und Verklammerungen zu lösen, soweit diese als willkürlich und falsch erwiesen werden können. Danach wird es sich lohnen, den reellen Gehalt an Methoden, Erfahrungen und Theorien zu prüfen.

Endlich und vor allem ist die Psychoanalyse eine *Methode der Behandlung* seelisch bedingter Krankheiten und Fehlentwicklungen, der die psychologischen Erfahrungen und bestimmte – nicht alle – Thesen der Theorie zugrunde liegen. Die therapeutische Intention der Psychoanalyse mag der wissenschaftlich-theoretischen oft genug zuwiderlaufen, und umgekehrt.[9] Dennoch sind die großen Möglichkeiten wissenschaftlicher Forschung, die die Analyse bietet, eben darin begründet, daß sie keine Forschungsmethode allein, sondern ein Heilmittel ist. Sie gibt dem

[8] Freud hat als junger Student über mehrere Jahre bei Franz von Brentano philosophische Vorlesungen und Seminare besucht. Von einem Einfluß dieses bedeutenden Lehrers, der bedeutende Schüler nach Wien zog (unter ihnen E. Husserl, C. Ehrenfels, A. Pfänder und C. Stumpf), ist freilich in Freuds Denken nichts zu spüren. Die Autorität des Physiologen Brücke – »die größte, die je auf mich gewirkt hat« – hatte ein für allemal den Schüler in den Bann eines Denkens nach der Analogie physikalischer Modelle gezogen. Vgl. *E. Jones*, Leben und Werk von Sigmund Freud, I, Huber Bern, Stuttgart 1962 S. 57 ff.

[9] Die Psychoanalyse als psychagogische und therapeutische Methode und ihre Heilwirkungen werden in dieser Studie nicht ausführlich behandelt. Die hier vorgelegte Prüfung der Psychoanalyse als einer Untersuchungs- und Forschungsmethode ist weitergeführt in: A. Görres, Beiträge der Psychoanalyse zur Psychosomatischen Medizin; Jahrbuch für Psychologie, Psychotherapie und Medizinische Anthropologie, 11. Jg. 1964.

Kranken ein Motiv der Selbstmitteilung, das der Psychologe seinen Versuchspersonen nicht anbieten kann. Wenige Menschen sind der Wissenschaft zuliebe so aufrichtig und bereit, intimste Dinge mitzuteilen, wie sie es sein können, wenn sie Befreiung von Krankheit und Not erhoffen.

DIE PSYCHOANALYSE ALS METHODE PSYCHOLOGISCHER UNTERSUCHUNG UND FORSCHUNG

Wir wollen in dieser Studie die Psychoanalyse als Methode psychologischer Untersuchung und Forschung prüfen.[10] Wir fragen, welche Bereiche des seelischen Geschehens und Seins sie erschließt und welches die wichtigsten Erfahrungen, Tatsachen und Zusammenhänge sind, die mit ihr aufgewiesen und erwiesen werden können. Dabei geht es vor allem um die wesentlichen Phänomene und Strukturen der Charakterpathologie, um die elementaren Befunde, die der analytischen Methode am sichersten zugänglich sind. Die im engeren Sinn pathologischen Symptome der Neurosen sind nicht beschrieben, man findet sie in jedem Lehrbuch der Psychopathologie.

Wir wollen gern zugeben, daß da, wo wir aufhören, weil uns die Grenze dessen erreicht scheint, was bis heute mit den Mitteln der analytischen Methode gut belegt werden kann, daß also jenseits dieser Grenzen ein Bereich der Erfahrung und Intuition sich öffnet, in dem sich der Kundige noch recht sicher bewegt. Wir dürfen auch erwarten, daß dieser Bereich sich mehr und mehr der wissenschaftlichen Erkenntnis erschließen wird. Überdies weist die analytische Methode auf Sachverhalte jenseits ihrer Grenzen hin, die sie selbst nicht ausreichend klären kann und die auf ihre Anregung mit anderen Methoden und mit Ent-

[10] *E. Glover*, The technique of psychoanalysis, London 1955.

würfen der theoretischen Psychologie untersucht werden müssen. In diesem zweifachen Sinn liegt vielfach der beste Teil der Psychoanalyse jenseits der Grenzen unseres Unternehmens.

Man könnte versuchen, die Methode und ihre Ergebnisse rein von der Sache her darzustellen und sich dabei von der Autorität Freuds ganz zu lösen. Aber ich fürchte, wir müßten trotz aller Vorteile dieses Verfahrens eine arge Verarmung in Kauf nehmen. In Freuds Werk ist unter allen spekulativen Übermalungen ein so genaues Bild der neurotischen Grundphänomene gezeichnet, die neue psychische Wirklichkeit, die der psychotherapeutische Prozeß in sich selbst ist, wird von ihm so scharfsichtig dargestellt, daß ein Verzicht auf seine Erfahrungen und Beschreibungen ein unerträglicher Verlust für unsere Einsicht und unser therapeutisches Können wäre. Jeder Fortschritt über die Psychoanalyse hinaus ist bisher mit solchen Verlusten erkauft worden. Bis heute ist die Psychoanalyse durch kein neues System »aufgehoben« im Doppelsinn des Wortes. Es kann auch keine Rede davon sein, daß ihre haltbaren Bestände schon von den unbrauchbaren geschieden und als feste Bausteine in die Psychologie und Medizin eingefügt worden seien. Aus diesen Gründen wollen wir vor allem die Befunde der analytischen Untersuchung prüfen, die Freud beschrieben hat, und die seelische Wirklichkeit zu sehen versuchen, auf die seine Theorien auch da hinweisen, wo sie vielleicht, allzu wörtlich genommen, den Sachverhalt mehr verdecken als enthüllen mögen. V. E. von Gebsattel hat auf die Notwendigkeit solcher Bemühungen schon vor Jahren in dem Aufsatz: »Sigmund Freud und die Seelenheilkunde der Gegenwart«[11] hingewiesen: »Je dringender eine Revision von Freuds theoretischer und anthropologischer Ausdeutung seiner Funde geboten ist, desto dringender empfiehlt es sich auf der anderen Seite,

[11] Medizinische Klinik 1946, S. 391.

eben diesen Funden Vertrauen entgegenzubringen. Zwar liegt es in der Natur der Sache, daß Einsicht und Theorie im Bereich der seelischen Phänomene eine innere Einheit bilden als, sagen wir, in dem der Neurologie, so daß auf den ersten Blick nur in den seltensten Fällen anzugeben ist, wo die Grenzlinie zwischen der ursprünglichen Schau und deren theoretischer Verarbeitung, Auslegung oder Ausdeutung verläuft. Wer sich mit Freuds Lehre befaßt, wird sich oft in die Lage eines Menschen versetzt sehen, der vor lauter Bäumen den Wald aus den Augen verliert, d. h. vor lauter Deutungen die eigentlichen Erfahrungen. Die konstruktiven Elemente seiner Lehre, mechanistische Grundvorstellungen, anthropologische Vorurteile verdekken vielfach echte Erfahrungen von größter Wichtigkeit und machen blind für das Gold der Tatsachen, das aus den Schlacken der Lehre erst muß herausgesiebt werden. Wie immer man die von Freud behauptete sexuelle Ätiologie der Neurosen beurteilen wird, wie man sich auseinandersetzen mag mit seiner Lehre vom ›Unbewußten‹, von der ›Verdrängung‹, von Trieben und Affekten, mit dem Begriff der ›Übertragung‹, des ›Wiederholungszwanges‹, der ›infantilen Sexualität‹, des ›Über-Ich‹ und des ›Es‹, oder mit Begriffen wie ›Ödipus-Komplex‹, ›Anal-Erotik‹, ›Kastrationsangst‹ usw., – fast immer verbergen sich hinter solchen Vorstellungen, Bildern und Auslegungen Tatsachen, an denen vorübergeht, wer sich von ihrer bildhaften Einkleidung oder theoretischen Fassung abschrecken läßt. Wer hingegen die Erfahrung gemacht hat, daß Freuds intuitive Begabung sich bewährt, auch wo sein rationales Denken in die Irre geht, wird sich durch seine Feststellungen immer gefördert und angeregt finden. Alles in allem muß gesagt werden, daß Freuds Entdeckungen noch gar nicht wirklich entdeckt, die Schätze seiner Forschungsarbeit noch gar nicht wirklich gehoben sind.«

Die weitgehende Beschränkung auf die Freudsche Form

der Psychoanalyse ist zum Teil in dieser Überzeugung begründet, hat aber keinen exklusiven Sinn. – Von der im folgenden beschriebenen Methode her sind z. B. viele Befunde und Einsichten C. G. Jungs weniger leicht zugänglich, und es bedarf anderer Mittel, sie nachzuprüfen. Wenn ich also versuche, hier die psychoanalytische Methode und ihre gut begründeten elementaren Ergebnisse darzustellen, dann nicht darum, weil ich andere Methoden für wertlos oder unwichtig hielte.

Exklusiv psychoanalytisch vorgehen kann man in Forschung und Therapie aus guten Gründen, um die Eigenart einer aus ihren Prinzipien stilrein entwickelten Methode und deren eigentümliche Wirkungen einigermaßen in Blick und Griff zu bekommen. Aus einem prinzipienlosen Methodengemenge läßt sich eine lex artis weder gewinnen noch lehren, Fehler werden unkontrollierbar, Erfahrung bleibt unverarbeitet, alles steht und fällt mit einer überforderten Intuition. Psychoanalytische Exklusivität als grundsätzliche Forderung dagegen ist ein Unding. Denn selbst wenn alles wirklich so gegeben wäre, wie es die psychoanalytische Perspektive zeigt, könnte das Gesehene uns noch nicht sagen, was wir übersehen haben und was optische Täuschung ist. Auch die solidesten Befunde haben ihre Perspektive, die sich mit dem allgemeinpsychologischen und anthropologischen Blickpunkt, dem Horizont und den Lichtverhältnissen ändert.

Eine wissenschaftliche Forschungsmethode kann ihren Sinn, Erkenntnisse planmäßig zu fördern und zu sichern, nur erfüllen, wenn sie selbst auf genügend durchsichtigen und sicheren Voraussetzungen beruht. Freud beruft sich immer wieder auf die Beweiskraft seiner Methode. Aber das komplizierte Verfahren, das er die psychoanalytische Methode nennt, geht von manchen Voraussetzungen aus, die weder durchsichtig noch gesichert sind. Ja, man kann fragen, ob es nicht hie und da just das als Voraussetzung enthält, was mit seiner Hilfe erst bewiesen werden sollte. Die Psychoanalytiker finden nur die Ostereier, die sie selber versteckt haben, der Zirkelschluß ist die Methode der Psychoanalyse – so sagen ihre Gegner. Tatsächlich ist die Sachlage schwierig. Die Psychoanalyse ist in erster Linie als Heilmethode entwickelt worden und muß zwei Herren dienen, wenn sie auch ein Mittel der Diagnose und der Forschung sein soll.

Wir müssen also versuchen, *die* »Elemente« der psychoanalytischen Methode zu bestimmen und zu isolieren, die zu gut begründeten wissenschaftlichen Aussagen führen können. Freud selbst hat sein Verfahren schon in dieser Richtung entwickelt. Während er anfangs in der Analyse die Patienten recht kräftig mit theoretischen Erklärungen und Deutungen bearbeitete[12] (Freud schreibt einmal an Fliess, daß er am Abend ganz heiser sei, weil er elf Stunden *geredet* habe!), ist er später viel zurückhaltender geworden, hat die Kranken ihre eigenen Wege und Umwege gehen lassen. In seinen Krankengeschichten, deren letzte im Jahr 1915 niedergeschrieben wurde,[13] sind diese wichtigen Änderungen noch nicht sichtbar. So sind die Wandlung von der Aktivität zur Zurückhaltung und die Wendung von der »Es«- zur »Ich- (und Widerstands-)Analyse«, die sich in den späteren der »Schriften zur Technik« zeigen,[14] nicht einmal allen Psychotherapeuten bekannt geworden. Die spätere Analyse forscht mehr nach der Ichstruktur als nach den unbewußten Triebwünschen, mehr nach dem Verdrängenden als nach dem Verdrängten. Die voll ausgebildete analytische Technik ist in Freuds Krankengeschichten noch nicht dargestellt. Sie arbeitet weit weniger suggestiv, als die alten Behandlungsberichte es zeigen.

Die gegensätzlichen Intentionen in der einen Methode

[12] Vgl.: Bruchstück einer Hysterie-Analyse, V, S. 163.
[13] Aus der Geschichte einer infantilen Neurose, XII, S. 27.
[14] Z. B.: Erinnern, Wiederholen, Durcharbeiten, X, S. 126.

sind von späteren psychotherapeutischen Schulen isoliert worden. In der »passiven Technik« Carl Landauers,[15] in der »non-directive psychotherapy« von Carl Rogers,[16] in einer von Schultz-Hencke beschriebenen Variation seines eigenen Verfahrens[17] wird größte Zurückhaltung des Arztes empfohlen. Deutungen werden sparsam und vorsichtig gebraucht. Der Patient wird mehr mit seiner eigenen Selbstwahrnehmung konfrontiert und bleibt während seiner Behandlungszeit von Theorien verschont. Der Arzt bemüht sich sorgfältig, jeden suggestiven Eingriff zu vermeiden.

Diese Art des Vorgehens empfahl sich aus therapeutischen und gleichzeitig aus wissenschaftlichen Gründen, als man für die noch wenig erforschten chronischen psychosomatischen Krankheiten eine Methode suchte, die, für den Kranken schonend, die Gefahren der Analyse herabsetzen und zugleich zuverlässige psychologische Befunde fördern sollte. Inzwischen hat sich diese im weiteren Sinn »non-directive psychotherapy« auch therapeutisch in vielen Fällen als ausreichend erwiesen. Freilich braucht sie ihre Zeit. Aber die Hoffnung, bei schweren Neurosen und chronischen psychosomatischen Krankheiten durch Kurztherapie Zeit sparen zu können, ist anscheinend eine Illusion. Was dreißig, vierzig oder noch mehr Jahre Zeit gehabt hat, schief zu wachsen, kann man nicht in wenigen Stunden »gesund stoßen«. Gewiß gibt es relativ harmlose Neurosen, bei denen eine energische suggestive Therapie oder ein anderes nichtanalytisches Verfahren angezeigt sein mag. Es gibt auch schwere Krisen und »ausgetragene« Neurosen, bei denen eine psychologische Hilfe von kurzer Dauer dem Kranken viel leisten kann. Überall aber, wo

[15] Passive Technik, Int. Zschr. f. Psa., X, 1924.
[16] Client-Centered Therapy, Boston 1951.
[17] *H. Schultz-Hencke*, Lehrbuch der analytischen Psychotherapie, Stuttgart 1951, S. 224 ff. Vgl. auch: *W. Schwidder*, Die Technischen Schriften Freuds und die Weiterentwicklung der psychoanalytischen Behandlungstechnik, Zschr. psychosom. Med. II, 1955/56.

die Neurose tief in der Charakterstruktur und in der Kindheitsentwicklung verwurzelt ist, wo es also um Reifung und Umstellung der gesamten Persönlichkeit geht, darf man mit der Zeit nicht geizen, wenn Heilung erreicht werden und Bestand haben soll.

Im Gegensatz zu den zurückhaltenden Formen der Analyse sind die Stekelsche[18] Aktivanalyse und die psychagogische Analyse C. G. Jungs Methoden, in denen die Deutungen und Weisungen des Arztes einen großen Raum einnehmen.

Wir können kaum darüber urteilen, ob und unter welchen Bedingungen die aktiven oder die abwartenden Verfahren größere therapeutische Wirksamkeit haben. Ein passives, sehr zurückhaltendes Verhalten des Arztes hat gewiß auch seine eigentümlichen Gefahren und ist bei manchen Krankheiten schädlich.[19] Es kann Angst- und Schuldgefühle, auch den Widerstand gegen die Behandlung bei allen Patienten von depressiver Grundstimmung zu unerträglicher Spannung verstärken. Allerdings kann man dieser Gefahr begegnen, ohne die Vorzüge der passiven Grundhaltung aufzugeben und ohne zu Suggestionen zu greifen. In der Regel empfiehlt sich die Zurückhaltung des Arztes auch aus therapeutischen Gründen. Vor allem aber für die Ziele der Forschung ist eine Methode, die sorgfältig Suggestion, Deutung und Impfung mit Theorie zu vermeiden sucht, allen anderen weit überlegen. Dabei ist es selbstverständlich, daß die Vermeidung der Suggestion eine Grenze hat. Es gibt kein Verhältnis zwischen zwei Menschen, das von Suggestion ganz frei sein könnte. Aber was innerhalb dieser unvermeidlichen Suggestion geschieht, fälscht das Ergebnis der Untersuchung nicht, sondern gehört zu ihm.

[18] W. *Stekel,* Fortschritte und Technik der Traumdeutung, Wien-Leipzig-Bern 1935; *ders.,* Die Technik der analytischen Psychotherapie, Bern 1936.

[19] Vgl. F. *Riemann,* Über neurosenspezifische Anwendung der psychoanalytischen Technik, Psyche, VI, 1952/53.

Psychologische Untersuchungs- und Forschungsmethode mit Beweiswert ist die Psychoanalyse vorwiegend durch die methodischen Elemente, die der Gefahr der fälschenden Suggestion und des methodischen Zirkels entrückt sind. Natürlich kann man auch den zweiten Schritt tun und fragen: Was geschieht, wenn man einen neurotischen Menschen bestimmten Suggestionen oder Deutungen aussetzt, wenn man ihm Möglichkeiten der Selbstauslegung in Theorie und konkreter Interpretation anbietet? Auch das kann wissenschaftlich ergiebig sein, wenn es mit großer Vorsicht und Kritik geschieht.[20] Aber es empfiehlt sich doch, vor diesem zweiten Schritt den ersten zu tun und zu fragen: Was können wir von neurotisch Kranken erfahren, wenn wir die psychoanalytische Methode in einer Weise anwenden, die Suggestionen so behutsam wie möglich zu meiden sucht? Ob und warum es berechtigt ist, ein solches Verfahren noch psychoanalytisch zu nennen, wird der Gang der Darstellung zeigen. Vorläufig bleibt zu bedenken, daß das Ziel dieser Studie nicht ein historisch-philosophisches ist. Es kommt uns nicht allein darauf an, Freud zu interpretieren, sondern vor allem darauf, ihn auszubeuten. Nicht nur was er selbst gesehen oder nicht gesehen hat, sondern was seine Methode und seine Hinweise uns sichtbar machen können, das wollen wir fragen.

DIE FREIE ASSOZIATION

Wenn wir uns auf das Wesen der psychoanalytischen Methode besinnen, treffen wir auf einen erstaunlichen Sachverhalt. Freud hat uns die fünf Stücke gesagt, die ein rechter Analytiker standhaft glauben und bekennen soll:

»Die Annahme unbewußter seelischer Vorgänge, die Anerkennung der Lehre vom Widerstand und der Verdrän-

[20] Vgl. Konstruktionen in der Analyse, XVI, S. 49 ff.

gung, die Einschätzung der Sexualität und des Ödipus-Komplexes sind die Hauptinhalte der Psychoanalyse und die Grundlagen ihrer Theorie. Und wer sie nicht alle gutzuheißen vermag, sollte sich nicht zu den Psychoanalytikern zählen.«[21]

Diese Grundlehren der Psychoanalyse sind inhaltlich, nicht methodisch bestimmt. Wie der Analytiker handeln soll, was Pointe und Idee seiner Methode ist, hat Freud nicht so eindeutig festgelegt. Wir können in seinem eigenen ärztlichen Handeln feststellen, daß es nicht stilrein ist, daß verschiedene und gegensätzliche psychologische Intentionen in ihm wirksam werden. Wir wollen versuchen, einige herauszuarbeiten, und fragen, welche der platonischen Idee der Psychoanalyse, wenn dieser Ausdruck erlaubt ist, am besten entsprechen.

Wenn man die psychoanalytische Methode in ihre »Elemente« zu zerlegen sucht – aus denen sie freilich nicht einfach zusammengesetzt ist –, dann ergeben sich verschiedene Determinanten eines vielfältigen Vorganges, die auch für sich darstellbar sind. Das erste Element der analytischen Methode ist die freie Assoziation. »Freud verpflichtete die Kranken dazu, auf alles bewußte Nachdenken zu verzichten und sich in ruhiger Konzentration der Verfolgung ihrer spontanen (ungewollten) Einfälle hinzugeben (›die Oberfläche ihres Bewußtseins abzutasten‹). Diese Einfälle sollten sie dem Arzt mitteilen, auch wenn sie Einwendungen dagegen verspürten, wie zum Beispiel: der Gedanke sei zu unangenehm, zu unsinnig oder zu unwichtig, oder er gehöre nicht hierher.«[22] Man kann das erste Prinzip der Analyse auch isolieren und sich allein den eigenen freistehenden Einfällen überlassen. Man wird wahrnehmen, wie dabei zur freien Assoziation die nach Sinn und Wert der Einfälle fragende und stellungnehmen-

[21] Psychoanalyse und Libidotheorie, XIII, S. 225.
[22] Kurzer Abriß der Psychoanalyse, XIII, S. 410.

de Reflexion tritt. Überläßt man sich den Einfällen und Reflexionen in Gegenwart eines anderen und spricht man sie aus, so verändert sich der ganze Vorgang und formt sich unter dem Einfluß der Beziehung zu dem Hörenden um, wie ein elektrisches Feld unter der Einwirkung eines Magneten; auch dann, wenn der andere nur hört, ohne irgendwie fragend, deutend oder lenkend einzugreifen. Wenn nun der Hörende auch spricht, fragt, Stellung nimmt, Einwürfe macht, Möglichkeiten der Deutung entwirft, dieses hervorhebt, jenes übergeht, dann wird es vollends schwer, in der Vielfalt des Geschehens die Einheit einer Methode zu finden. Wir wollen von dieser letzten Möglichkeit vorläufig absehen. Dann bleibt als einigermaßen eindeutige Bestimmung der analytischen Methode übrig, daß sie freies Assoziieren und Reflektieren in Gegenwart eines anderen ist. Der Analytiker fordert den Analysanden auf, sich dem spontanen Strömen seines Erlebens zu überlassen, auf lenkende Eingriffe zu verzichten und so gut wie möglich ausnahmslos alles mitzuteilen, was in ihm vorgeht.[23] Dabei kann der Analytiker bestimmte Ausgangspunkte für die Einfallskette vorschlagen oder den Analysanden frei wählen lassen, die sich durch ihren Gefühlswert empfehlen. Er kann fragen: »Was fällt Ihnen zu diesem oder jenem Geschehnis des gestrigen Tages ein, zu einer Kränkung, einer Enttäuschung, zu einem Traum oder Traumdetail, zu Ihrem Verhalten in einer bestimmten Situation, zu Vater oder Mutter, zur Person des Analytikers?« Der Analysand soll dann nicht über ein solches Thema nachdenken, sondern ruhig abwarten, welche seelischen Zustände und Vorgänge dessen Anregungskraft in ihm weckt.

Der Analytiker verspricht dem Patienten für seine Einfälle Diskretion und volles Verständnis. Er versichert, weder durch Taten, noch durch Worte, noch durch Entzug von Freundlichkeit oder Wohlwollen, noch durch ein abwer-

[23] Vorlesungen zur Einführung in die Psychoanalyse, XI, S. 297.

tendes Urteil dem Patienten seinen Freimut zu vergelten. Diese simple Methode des freien Einfalls, die den Patienten anfangs recht unsinnig vorkommt, ist Freuds kostbarster und wertbeständigster Fund, auf ihr beruht fast alles, was die Tiefenpsychologie aller Schulen mit und gegen Freud bis heute gefunden hat.

Das Verfahren ist ein Zufallsfund. Freud war schon vor seiner Promotion mit dem Wiener Arzt und Forscher Josef Breuer befreundet. Breuer hatte zu Anfang der achtziger Jahre eine ungemein wichtige Entdeckung gemacht und sie Freud mitgeteilt. Breuers Patientin Anna O., die an einer symptomreichen und dramatischen Hysterie litt, hatte in Zuständen der Bewußtseinstrübung zusammenhanglose Worte vor sich hingesprochen. Breuer forderte sie in der Hypnose auf, etwas zu diesen Worten zu sagen. Nun tauchten in ihrer Erinnerung Szenen auf, die plötzlich ein Verständnis ihrer Symptome zu eröffnen schienen. Anna konnte z. B. lange Zeit auch bei großem Durst nicht trinken. In der Hypnose fand sich ein vergessenes Erlebnis wieder, das dem Auftreten des Symptoms vorausgegangen war und das die Patientin nun mit heftigem Ekel und Ärger berichtete: Sie hatte als junges Mädchen eine englische Gouvernante gehabt, die sie nicht mochte. Eines Tages betrat Anna das Zimmer dieser Dame; sie sah, wie der Hund der Gouvernante aus dem Wasserglas trank. Sie unterdrückte ihren Ekel und Zorn, vergaß die Szene und konnte seither nicht mehr trinken. Nach dem Erwachen aus dieser kathartischen Hypnose war das Symptom verschwunden.[24]

[24] *J. Breuer* und *S. Freud*, Studien über Hysterie, Wien 1895. Die Krankengeschichte von Anna O. ist in Freuds Gesammelten Werken nicht enthalten. Sie ist nachzulesen bei: *G. Bally*, Einführung in die Psychoanalyse Sigmund Freuds, rde 131/132, S. 233 ff. Anna O. wurde nach ihrer (unvollständigen) Heilung eine der Frauen, die den Aufbau der sozialen Fürsorge in Europa begründet haben (*E. Jones*, Leben und Werk von Sigmund Freud, I, S. 266 Huber, Bern/Stuttgart 1962). Im Jahre 1955 gab darum die deutsche Post in der Serie »Helfer der Menschheit« eine Freimarke mit ihrem Bild heraus.

Breuer hatte damit die Tatsachen entdeckt, die bis heute zu den Grundlagen der Psychotherapie gehören: daß ein hysterisches Symptom veranlaßt sein kann durch ein affektgeladenes Erlebnis, das sich tief eingeprägt hat und nachwirkt, obwohl es von dem Kranken vergessen worden ist. Und weiter: daß ein gefühlsstarkes Erinnern und Nacherleben des schädlichen und vergessenen Erlebnisses das hysterische Symptom zum Schwinden bringt. Freud war von dieser Mitteilung tief beeindruckt und ging bald daran, Breuers Ergebnisse nachzuprüfen. Da Freud seine eigene hypnotische Technik unvollkommen fand, reiste er 1889 nach Nancy zu dem berühmten Suggestionstherapeuten Bernheim, um sich in der Hynose zu vervollkommnen. Doch der Besuch wurde eine Enttäuschung: Bernheim selbst gestand ihm die engen Grenzen der hypnotischen Suggestivtherapie ein. Von nun an konzentrierte sich Freud ganz auf Breuers Verfahren, die sogenannte »kathartische Methode«.[25] Die Katharsis hatte aber den Nachteil, an die Hypnose gebunden zu sein, die nicht bei allen Patienten gelang. Freud fand, daß er sie durch einen kleinen suggestiven Kunstgriff ersetzen konnte. Er drückte den Patienten mit der Hand auf die Stirn und versicherte ihnen, alsbald werde ein Bild, eine Erinnerung oder ein Wort in ihrem Bewußtsein auftauchen, das zum Symptom oder zu seiner traumatischen Ursache in Beziehung stehe.[26] Auf diesem Wege gelang es, Brücken vom Symptom zu den vergessenen »Traumen« zu schlagen. Bei dieser Prozedur fielen einmal einer Kranken fünf scheinbar zusammenhanglose Worte ein. Freud berichtet darüber in dem Aufsatz »Zur Psychotherapie der Hysterie«:[27]

»Als ich diese Dame fragte, ob sie unter dem Drucke meiner Hand etwas gesehen oder eine Erinnerung bekommen habe, antwortete sie: Keines von beiden, aber mir ist

[25] Über den psychischen Mechanismus hysterischer Phänomene, I, S. 81.
[26] Studien, I, S. 267 ff. Eine genaue Beschreibung des Vorgangs: I, S. 171.
[27] Studien, I, S. 276.

plötzlich ein Wort eingefallen. – Ein einziges Wort? – Ja, aber es klingt zu dumm. – Sagen Sie es immerhin. – ›Hausmeister‹. – Weiter nichts? – Nein. – Ich drückte zum zweiten Male, und nun kam wieder ein vereinzeltes Wort, das ihr durch den Sinn schoß: ›Hemd‹. Ich merkte nun, daß hier eine neuartige Weise, Antwort zu geben, vorliege, und beförderte durch wiederholten Druck eine anscheinend sinnlose Reihe von Worten heraus: Hausmeister – Hemd – Bett – Stadt – Leiterwagen. Was soll das heißen? fragte ich. Sie sann einen Moment nach, dann fiel ihr ein: Das kann nur die eine Geschichte sein, die mir jetzt in den Sinn kommt. Wie ich zehn Jahre alt war und meine nächstälteste Schwester zwölf, da bekam sie einmal in der Nacht einen Tobsuchtsanfall und mußte gebunden und auf einem Leiterwagen in die Stadt geführt werden. Ich weiß es genau, daß es der Hausmeister war, der sie überwältigte und auch dann in die Anstalt begleitete. – Wir setzten nun diese Art der Forschung fort und bekamen von unserem Orakel andere Wortreihen zu hören, die wir zwar nicht sämtlich deuten konnten, die sich aber doch zur Fortsetzung dieser Geschichte und zur Anknüpfung einer zweiten verwerten ließen. Auch die Bedeutung dieser Reminiszenz ergab sich bald. Die Erkrankung der Schwester hatte auf sie darum so tiefen Eindruck gemacht, weil die beiden ein Geheimnis miteinander teilten; sie schliefen in einem Zimmer und hatten in einer bestimmten Nacht beide die sexuellen Angriffe einer gewissen männlichen Person über sich ergehen lassen müssen. Mit der Erwähnung dieses sexuellen Traumas in früher Jugend war aber nicht nur die Herkunft der ersten Zwangsvorstellungen, sondern auch das späterhin pathogen wirkende Trauma aufgedeckt. – Die Sonderbarkeit dieses Falles bestand nur in dem Auftauchen von einzelnen Schlagworten, die von uns zu Sätzen verarbeitet werden mußten, denn der Schein der Beziehungs- und Zusammenhangslosigkeit haftet an den ganzen Einfällen und Szenen, die sich sonst beim Drücken ergeben, gerade so wie an diesen orakelhaft hervorgestoßenen Worten. Bei weiterer Verfolgung stellt sich dann regelmäßig heraus, daß die scheinbar unzusammenhängenden Reminiszenzen durch Gedankenbande eng verknüpft sind, und daß sie ganz direkt zu dem gesuchten pathogenen Moment hinführen.«

Mit dem nächsten Schritt auf dem Weg zur psychoanalytischen Methode gibt Freud die »Druckprozedur« und die Fixierung an das Symptom als Ausgangspunkt der Einfälle auf:

»Seit den ›Studien‹ hat die psychoanalytische Technik eine gründliche Umwälzung erfahren. Damals ging die Arbeit von den Symptomen aus und setzte sich die Auflösung derselben der Reihe nach zum Ziel. Ich habe diese Technik seither aufgegeben, weil ich sie der feineren Struktur der Neurose völlig unangemessen fand. Ich lasse nun den Kranken selbst das Thema der täglichen Arbeit bestimmen und gehe also von der jeweiligen Oberfläche aus, welche das Unbewußte in ihm seiner Aufmerksamkeit entgegenbringt.«[28]

Zunächst war die freie Assoziation also an das Modell der kathartischen Methode und ihre Voraussetzungen gebunden: Einfälle sind, wie Symptome, ferngelenkt von verdrängten Erlebnissen, »eingeklemmten Affekten«,[29] »unterbewußten Vorstellungskomplexen«.[30] Der Analytiker sammelt Einfälle als Spuren, die zu Traumen führen.

Aber die innere Logik der Entdeckung führte bald über diese Einschränkung hinaus. Wenn einmal verstanden ist, daß der freie Einfall in zunächst oft verborgenen Sinnzu-

[28] Bruchstück einer Hysterie-Analyse, I, S. 169. – Die Behandlung wurde am 31. 12. 1900 abgebrochen. Freud, der den 31. 12. 1899 angibt, hat sich in der Datierung um ein Jahr geirrt. Vgl. *E. Jones*, Leben und Werk von Sigmund Freud, I, S. 419 Huber, Bern/Stuttgart 1962.

[29] Studien, I, S. 97.

[30] Studien, I, S. 122 Anm. – Der Begriff »Komplex«, den C. G. Jung populär machte, findet sich hier zuerst.

sammenhängen stehen kann, dann liegt es nahe, auch an andere als traumatische Zusammenhänge zu denken. Und erst mit diesem weiteren Schritt ist die psychoanalytische Methode über Breuers Katharsis hinaus; die freie Assoziation beginnt auch für den Blick des Analytikers sich von der Gebundenheit an Traumen zu lösen. Sie ist nun erst wirklich freigelassen als Führerin in alle Räume des seelischen Lebens in Vergangenheit, Gegenwart und Zukunft: Die Methode der kathartischen Traumenforschung wird zur psychoanalytischen Methode des freien Einfalls.

Diese Wende ist nicht nur eine Modifikation der Technik. In ihr wird die psychoanalytische Methode aus einem Instrument der Neurosendiagnose und -therapie zu einer neuen Möglichkeit des Menschen, sich selbst zu sehen und mit sich selbst umzugehen. Es gibt alte und bewährte Wege der Selbsterkenntnis und des Umgangs mit sich selbst, die in mancher Hinsicht weiter und tiefer führen. Es gibt Grenzen der Analyse, die sie nicht überschreiten kann und die doch auf den anderen Wegen überschritten werden können; es gibt Stufen der Selbsterkenntnis, die ihr unzugänglich sind. Wir wollen auch nicht sagen, daß der eigenartige Weg analytischer Selbsterkenntnis jedermann zuträglich und zu empfehlen wäre. Aber alle diese Einschränkungen ändern nichts daran, daß die psychoanalytische Methode in dem beschriebenen Kern eine Möglichkeit des Menschen ist, seiner selbst ansichtig zu werden, die er früher nicht hatte und die ihm in Krankheit und Fehlentwicklung zur Hilfe werden kann.

In der Regel wird der Analysand nicht mit genauen

[31] Insofern es der Analytiker mit seelisch und leiblich Kranken zu tun hat, um sie zu heilen, ist er als »Arzt« tätig, selbst wenn seine Akte eher psychagogisch als medizinisch im gewohnten Sinn bestimmt sind. Darum wird im folgenden statt »Analytiker« oder »Psychotherapeut« oft einfach »Arzt« gesagt. Wir dürfen trotzdem an Freuds Satz festhalten: »Die Psychoanalyse ist ein Stück Psychologie, auch nicht medizinische Psychologie im alten Sinne oder Psychologie der krankhaften Vorgänge, sondern Psychologie schlechtweg« (Nachwort zur Frage der Laienanalyse, XVI, S. 289).

Vorstellungen vom psychoanalytischen Vorgang in die Behandlung eintreten. Die psychoanalytische Freiheit wird ihm vom Analytiker angeboten als Erlaubnis und Aufforderung, alles zu sagen, was ihm durch den Sinn geht. Mit dieser Aufforderung sagt der Arzt[31] viel, ob er es nun ausdrücklich ausspricht oder nicht. Er sagt, es sei ihm wichtig und der Mühe wert, die Lebensgeschichte des Patienten und seine Einfälle in allen kleinen Einzelheiten aufmerksam anzuhören und ihm viel Zeit zu gönnen. Schon darin ist ein Respekt vor dem Sein und Erleben des Anderen ausgedrückt, den der Patient vielleicht noch nie in seinem Leben erfahren hat und der ihm eine neuartige Beziehung zum Arzt und zu sich selbst ermöglicht. Der Arzt ermutigt mit der Übernahme der Behandlung den Kranken, noch einen Versuch zu wagen, und tritt schon damit auf die Seite der Hoffnung. Der Arzt sagt weiter, er halte es für erlaubt und geraten, daß der Patient das spontane Sichregen seiner Gefühle, Bilder, Gedanken und Strebungen während der Behandlungsstunde frei spielen lasse, es aufmerksam anschaue und treu mitteile, sei es auch erschreckend, banal oder scheinbar unsinnig.

Das ist ein heikler Punkt, der sorgfältig bedacht sein will. Der Psychotherapeut muß ja hier die Grenzen seiner Zuständigkeit als Arzt und Psychologe notwendig überschreiten. Er muß eine moralphilosophische oder -theologische Aussage wagen,[32] die keineswegs selbstverständlich ist und großer Diskretion bedarf, weil er damit die Gewissensautorität eines Seelenführers für sich zu beanspruchen scheint, die ihm niemand gegeben hat. Just dies läuft aber einer Sinnlinie der Psychoanalyse ganz entgegen. Der Arzt kann von dieser Seite seines Verhaltens nicht einfach abstrahieren und sich auf die therapeutische Zweckmäßigkeit seines Verfahrens zurückziehen. Wenn der Kranke in

[32] Eine sorgfältige moralphilosophische Analyse und Rechtfertigung des »Abreagierens« gibt *J. Nuttin:* Psychoanalyse und Persönlichkeit, Freibourg 1956, S. 158.

seinem Gewissen die methodischen Forderungen für unerlaubt hält, müßte er sonst den Arzt als Verführer oder Komplizen empfinden, dem der Zweck das Mittel heiligt. Darum muß der Arzt bereit und fähig sein, die sittliche Zulässigkeit der Analyse mit dem Patienten zu klären. Der Analysand wird darüber informiert, daß es nicht der Sinn der analytischen Meditation ist, in jede innere Regung einzuwilligen, sondern daß es darum geht, verborgenes Erleben erst einmal überhaupt zur Kenntnis zu nehmen, um dann zu fragen, ob und warum es bejaht oder verurteilt werden soll. Die Aufforderung und das Versprechen des Arztes sollen eine doppelte Freiheit der Einfälle eröffnen. Sie sollen die Assoziation befreien von Menschenfurcht und von falscher Gewissensangst. Der neurotische Mensch neigt zu Schuldgefühlen am falschen Platz, weil er zwischen seelischen Spontanvorgängen und der verantwortlichen Stellungnahme zu ihnen, zwischen Versuchung und Schuld, zwischen »sentire« und »consentire«, vorpersonalen psychischen Vorgängen und personalen Akten nicht unterscheiden kann. Er verwechselt den guten Menschen mit dem Menschen ohne Spontaneität. Es ist für ihn eine neue und befreiende Erfahrung, wenn ihm im Gefühl klar wird, daß er sich etwa eine Antipathie oder eine egoistische Regung eingestehen darf, ohne dadurch schon sogleich ein bösartiger und egoistischer Mensch zu sein oder zu werden. Der Arzt bietet mit seinen Worten dem Patienten einen Raum an, in dem ein verlorenes Urvertrauen zum helfenden Mitmenschen und zu den naturhaften Bewegungen der Seele ermöglicht und angerufen wird. Die Erklärungen des Arztes lassen den Patienten fühlen, daß er in eine ganz eigenartige und neue Beziehung zu einem anderen Menschen eintritt, für die es in seiner Erfahrung keine zutreffenden Vorbilder gibt. Das empfindet er meist gleichzeitig als wohltuend und beunruhigend. So muß er sich auf neue Erfahrungen einrichten, und er spürt, daß er mit seinen gewohnten Verhaltensweisen nicht mehr auskommt – eine wichtige Ahnung, die für innere Umstellungen den Boden bereitet. Das wird schon in der äußeren Form der Beziehung sichtbar. Der Analysand liegt, der Analytiker sitzt hinter oder neben dem Kopfende der Couch. Diese Anordnung erleichtert es dem Patienten, sich aus den gewohnten Haltungen und Bahnen zu lösen, in die eine konventionelle Gesprächssituation sein Erleben und Reagieren zu zwingen pflegt. Er ist auch weniger der Versuchung ausgesetzt, ständig den Eindruck seiner Mitteilungen auf den Analytiker zu kontrollieren, nach Zeichen vermeintlicher Zustimmung oder Abweisung zu haschen und sich nach ihnen zu richten. Der Analysand ist durch sein Liegen darauf verwiesen, daß er nicht in die Analyse kommt, um seine Einfälle in die Tat umzusetzen und sich seine Wünsche handelnd zu erfüllen, sondern um sie anzuschauen, als vorhanden anzuerkennen und auszusprechen. Das Liegen ist auch ein Schutz vor der eigenen Aktivität, eine Stillegung. Es erinnert daran, daß in der Analyse als in einem gleichsam spielerischen Proberaum des Lebens zwischen Traum und Tat Einfälle und Ausfälle nicht das Gewicht und die Verbindlichkeit haben, die sie im Ernstfall hätten. Der Anspruch an Wahrhaftigkeit und Freimut bleibt trotzdem ernst und real.

Dieser Anspruch wird erlebt als Gabe und als Forderung. Als Gabe, weil das wagende Aus-sich-heraus-Dürfen, das Sich-mitteilen-Können und Angehört-Werden, die Lösung von unnötigen Rücksichten und Konventionen, wenn dies alles erst einmal gelungen ist, als befreiend und entlastend empfunden wird. Daß da einer nicht gleich empört, gekränkt oder moralisierend zurechtweist, sondern sein Wohlwollen durchhalten kann, auch wenn er Ungutes hört, daß er aber auch nicht beschwichtigt, bagatellisiert und entschuldigt, sondern die dunklen Dinge der Vergangenheit so klar stehen läßt und anschaut, wie der

Patient selbst sie zu sehen wagt, das schafft eine Atmosphäre, in der ein Mensch den Mut fassen kann, sich selbst schlicht und wahrhaftig auszusagen. Das ist in anderen menschlichen Beziehungen so selten möglich, weil kein Partner einer Beziehung dem anderen so für sich selbst uninteressiert und Freiheit gewährend gegenübertreten kann noch darf, so anspruchslos, so unkonkurrierend, so wenig gefährdet, beengt und zur Selbstbehauptung gezwungen, so wenig auch zur Autorität verpflichtet wie der Psychotherapeut dem Kranken.

Es gehört zu den Grundregeln der Analyse, daß der Arzt in das Verhalten des Patienten nicht ratend und führend eingreift. Dieser Verzicht des Arztes auf Seelenführung ist ein notwendiger, ständig wirksamer Anruf an die Selbständigkeit und Verantwortung des Patienten, der aus seiner neurotischen Haltung dazu drängt, sich in unreifer Weise an meist illegitime Autoritäten anzulehnen, notwendige Entscheidungen von sich zu schieben und in die Scheingeborgenheit eines Kindergehorsams oder die Scheinfreiheit eines Kindertrotzes zu fliehen.

Die Notwendigkeit, sich als Psychotherapeut autoritative Haltung zu versagen, ist in der Struktur der Neurose und in der Gesetzlichkeit des analytischen Vorgangs begründet und gerechtfertigt. Freilich kann und soll der Arzt auf die Einhaltung der analytischen Grundregeln drängen: Der Patient soll alles mitteilen, was in ihm vorgeht, er soll während der Analyse lebenswichtige Entscheidungen möglichst aufschieben (Eheschließung oder -scheidung, Berufswechsel usw.). Er soll die Analyse und sein Seelenleben nicht zum Gegenstand der Unterhaltung mit anderen machen; er soll auf neurotische Ersatzbefriedigungen verzichten.[33] Er soll nach Möglichkeit seine Berufsarbeit

[33] Zu Freuds Auffassung der »Abstinenzregel« vgl.: Wege der psychoanalytischen Therapie, XII, S. 183.

oder eine andere Arbeit tun. Die Analyse darf nicht zum einzigen Lebensinhalt werden. Er sollte das Honorar von selbstverdientem Geld bezahlen. Auch die Einhaltung dieser Regeln wird der Arzt nicht autoritativ zu erzwingen suchen – sie sind ja nicht Gesetze, sondern Ratschläge und vor allem sachliche Informationen über die uns bisher bekannten Bedingungen für den guten Verlauf einer Analyse, soweit man sie in Verhaltensregeln fassen kann. Aber der Analytiker wird immer wieder darauf hinweisen, wenn er den Kranken die Regeln verletzen sieht, und er wird die Gründe zu klären suchen.

Die freie Assoziation hat zwei verschiedene Grundintentionen, deren Zusammenwirken für den Geist der Psychoanalyse kennzeichnend ist. Sie leitet den Analysanden zu einer Haltung passiven Geschehenlassens an, die dem neurotischen Menschen besonders schwer fällt; gleichzeitig verlangt sie von ihm mit den analytischen Grundregeln ein beständiges Üben aktiver asketischer Disziplin. Wieviel Launen und Verstimmungen, wieviel Selbstverwöhnung, Eitelkeit, Empfindlichkeit, wieviel Furcht und Eigenliebe müssen in jeder Analysenstunde überstiegen werden, wenn man bei der unerbittlichen Wahrheit bleiben will. Eine Analyse ohne Mogeln ist eine Schule der Zivilcourage, der Konsequenz und der Selbstüberwindung – auch darum erreichen nicht alle das Klassenziel.

Die Assoziation wird erst frei, wenn und soweit der Spielraum der analytischen Situation vom Arzt echt angeboten und vom Patienten intuitiv verstanden und angenommen ist. Von nun an geht die Initiative im Gespräch mehr und mehr an ihn über. Das ergibt sich häufig ganz von selbst, weil sein Herz voll ist und der Mund überläuft von konkreten gegenwärtigen Schwierigkeiten und Problemen. Er spricht sich aus. Sein Bericht wird gelegentlich von älteren Erinnerungen und ängstlichen oder hoffenden Zukunftserwartungen erweitert. Plötzliche, scheinbar zusammenhanglose Zwischenfälle [34] blitzen auf – sie sind wie Blinkzeichen aus dem Dunkel des Verborgenen. Empfindungen, Gefühle, Stimmungen werden deutlicher erlebt und mitgeteilt.

Bei wachsendem Vertrauen zum Arzt gelingt es langsam, das zielende Nachdenken loszulassen und sich der schwebenden Bewegung, der ungelenkten Eigenströmung von Phantasie, Erinnerung, Gefühl und spontaner Reflexion zu überlassen, die in Gang kommt, wenn man sie nicht hindert. Das geht weiter, solange die aufsteigenden Inhalte nicht allzu peinlich oder fremdartig sind. Dann setzt eine wachere Gegenbewegung der Selbstkritik ein, die Person distanziert sich von dem spontanen Ablauf ihres Erlebens und nimmt fragend, prüfend, urteilend Stellung zu ihm.

Dieses Hin- und Hergehen zwischen einem halb träumenden Sichüberlassen an die inneren Bilder und Regungen und dem wachen Stellungnehmen zu ihnen stellt sich ein, wenn der analytische Prozeß als Zwiegespräch von Spontaneität und Stellungnahme, von »Natur« und »Person« in Gang kommt.

Der analytische Vorgang ist nicht nur durch die analytische Grundregel und die Eigenart des Patienten bestimmt, sondern auch durch die Erwartungen, Motive und Ziele, um deretwillen der Kranke die Aufforderung befolgt. Es ist nicht gleichgültig, was der Patient auf seinem Weg zu erleben erwartet; ob er nach Kindheitstraumen ausschaut, ob er »Archetypen« erleben will, nach Minderwertigkeitskomplexen fahndet, oder ob er seine schuldhaften Fehlentscheidungen zu erkennen sucht. Es ist nicht gleichgültig, ob einer unter der Last neurotischen Leidens, ob er aus

[34] Einfälle im Sinne Freuds sind »Zwischenfälle«, nämlich »ungewollte, meist als störend empfundene und darum unter gewöhnlichen Verhältnissen beseitigte Gedanken, die den Zusammenhang einer beabsichtigten Darstellung zu durchkreuzen pflegen« (Die Freudsche psychoanalytische Methode, V, S. 5).

beruflichen Gründen oder leichtfertig aus Neugier, Snobismus und Langeweile in die Analyse eintritt.

Die Vorerwartungen werden heute infolge der Durchsetzung des Gemeinbewußtseins mit tiefenpsychologischen Anschauungen nicht allein von den Erklärungen des Arztes bestimmt. Oft wird er mitgebrachte Erwartungen korrigieren müssen, ehe er seine Informationen gibt. Schon in der ersten ärztlichen Anweisung kann der Verlauf der Analyse durch theoretische Belehrungen beeinflußt werden. Das ist nicht ganz zu vermeiden, und wir müssen versuchen, die theoretische Vorgabe bei der Verwertung der Ergebnisse mit zu berücksichtigen. Wir können aber unsere theoretischen Voraussetzungen weitgehend einschränken, wenn wir dem Patienten mitteilen, das Verhalten nach der analytischen Regel solle zunächst ihm selbst und dem Arzt zeigen, was und wie er unter den Bedingungen der Analyse spontan erlebe, welche Themen aus Vergangenheit, Gegenwart und Zukunft in den Vordergrund träten, welche Neigungen, Haltungen und Fehlhaltungen in seinen Einfällen sichtbar würden und wo seine Schwierigkeiten und Spannungen lägen. Bei der strikten Befolgung der analytischen Regel werde sich nach und nach in vielen kleinen Einzelheiten das Charakterbild des Patienten zeigen und in ihm auch Züge, die mit seinem Kranksein und seinen Symptomen in Beziehung stehen könnten. Darüber solle er aber nicht viel nachdenken, sondern sich zunächst auf die schlichte Wahrnehmung und Mitteilung seines ungelenkten Erlebens sammeln. Von diesem offenen Aussprechen sei überdies schon eine Heilwirkung zu erwarten, es löse Spannungen, entfalte verdrängte Regungen und vernachlässigte Erlebniskeime, es bringe unerledigte beunruhigende Konflikte, Hemmungen und Ängste ans Licht, von denen man viele zu lösen hoffen dürfe.

Die Anweisung richtet also die Aufmerksamkeit des Patienten vor allem auf das »Was« und »Wie« seiner Erlebnisse und läßt das »Warum« unbetont, ohne es auszuschließen. Das wäre auch gar nicht möglich, da kein Patient die Frage nach den Gründen seiner Krankheit ausläßt. Sie ist von vornherein mitgestellt. Das Forschen nach strukturellen und genetischen Zusammenhängen ist nicht der erste Schritt der Analyse und nicht einmal immer ein notwendiger. Oft ist die reine Erfassung des »Was« der Fehlentwicklung vor allem Fragen nach dem »Warum« als ausreichender Anstoß zur Umstellung und Heilung wirksam. Psychoanalyse ist vor allen Versuchen, dem Patienten ein genetisches Selbstverständnis zu ermöglichen, eine Hilfe zur Selbstwahrnehmung. Dabei ist die Arbeit des Analytikers zunächst nicht das Deuten und Vermuten von möglichen Zusammenhängen, sondern schlichte Feststellung von Fakten. Er ist für lange Zeit vor allem Zuhörer und Zuschauer.

Die beschriebene Form der Einweisung in die Analyse enthält, was zur Einleitung eines wirksamen und heilsamen analytischen Prozesses wesentlich ist, und vermeidet, was den wissenschaftlichen Wert der so geförderten Erfahrungen und Einsichten gefährden könnte. Freud selbst hat viele seiner Beobachtungen in dieser Weise gewonnen, und wir wissen heute, daß viele Befunde so erhoben werden können, die Freud noch aus andeutenden Spuren rekonstruieren mußte.

Es ist nicht leicht zu erklären und bleibt ein erstaunliches Faktum: die Psychoanalyse in ihrer ursprünglichen Freudschen Form, in der sexuelle Probleme einen so großen Raum einnehmen, hat atmosphärisch etwas ungemein Sauberes, Lauteres, Klares, das trockene aseptische Klima eines Operationsraumes. Freud muß die eigentümliche Polarität von unpersönlicher Sachlichkeit und bejahendem Wohlwollen, die zum Urbild des Arztes gehört, in so großem Maß verwirklicht haben, daß er sie in seiner Methode objektivieren konnte. Hier lebt die Analyse aus der besten Tradition der Medizin. Die analytische Haltung passiver Empfänglichkeit gegen ein Unbekanntes, dem die Freiheit gegeben werden soll, sich von sich aus zu zeigen, ermöglicht dem Analysanden, eine dieser Haltung entsprechende Einstellung zu sich selbst zu finden. Sie fordert vom Arzt die Umstellung einer dem Naturwissenschaftler zur zweiten Natur gewordenen inquisitorischen Frageweise, die das zu Erkennende ins Kreuzverhör nimmt, in die geduldige Kontemplation der »schwebenden Aufmerksamkeit«, die warten kann, bis das Verborgene, Unbewußte von sich aus zu sprechen beginnt.

Diese neue Haltung ruht auf dem Vertrauen, daß alle Störung und Unordnung des seelischen Lebens von einer natürlichen Ordnung umfangen wird, welche die Unordnung erst ermöglicht. Der Psychoanalytiker glaubt sich berechtigt zu der Meinung, diese natürliche Ordnung könne sich bei seelisch Kranken deutlicher zeigen und kräftiger durchsetzen, wenn ein übereifriges Gutmeinen und Besserwissen des planenden und steuernden Ich unter dem Schutz der analytischen Situation vorübergehend beurlaubt wird. Er erfreut sich dabei der nachträglichen Zustimmung der akademischen Psychologie, die sich eine sehr alte Einsicht zu eigen macht, wenn sie als »neue Grundvoraussetzung« das Folgende formuliert:

»Es gibt – neben anderen – auch Arten des Geschehens, die, frei sich selbst überlassen, einer ihnen selbst gemäßen Ordnung fähig sind. Frei sich selbst überlassenes Geschehen führt darum nicht ausnahmslos zu schlechterer, sondern kann – und zwar nicht nur in Zufallshäufigkeit und -dauer – unter Umständen auch zu besserer Ordnung führen. Ordnung kann unter Umständen von selbst – ohne das äußere Eingreifen eines ordnenden Geistes – entstehen. Sie kann sich unter denselben Umständen auch ohne den Zwang starrer Vorrichtungen erhalten. Sie kann – ja muß –, sofern sie nicht auf starren Vorrichtungen beruht, sich unter veränderten Umständen ohne besonderen Eingriff (ohne die Umschaltungen der Mechanisten und ohne die Verkehrsschutzmänner der Vitalisten) ändern. Endlich kann solche Ordnung wegen des Mangels an starren und daher auch schützenden Vorrichtungen zwar leichter gestört werden, aber sie kann sich – und das begründet ihre ungeheure Überlegenheit über jede Zwangsordnung – nach Aufhebung der Störung grundsätzlich auch ohne weiteres wiederherstellen: Es sind dieselben Kräfte und Bedingungen, denen sie ihre Entstehung, ihre Erhaltung, ihre Anpassung an veränderte Umstände und ihre Wiederherstellung verdankt.«[35]

[35] *W. Metzger*, Psychologie, Die Entwicklung ihrer Grundannahmen seit der Einführung des Experiments, Darmstadt ²1954, S. 209.

DIE DIMENSIONEN DER ANALYSE

Die psychoanalytische Methode richtet den Blick gleichsam in drei Dimensionen des seelischen Seins, nach denen das Wort Tiefenpsychologie einen dreifachen Sinn gewinnt: Sie untersucht psychische und psychophysische *Phänomene*, psychische *Strukturen* und psychische *Genesen.*

DIE PHÄNOMENANALYSE DES ERLEBENS UND VERHALTENS

Die Erlebnisanalyse sucht die verborgenen Unterströmungen und Zusammenhänge des Erlebens aufzuhellen, mit denen verglichen die von der Aufmerksamkeit beachteten Inhalte oberflächlich genannt werden können. Der Begriff der Tiefe ist hier freilich gefährlich, weil er eine unangebrachte Wertung nahelegt. Denn gewiß kann das bewußte Erleben den Menschen in seinem ganzen Wesen so tief ergreifen, daß für die verborgenen Tiefenströme des Erlebens nur verhältnismäßig belanglose Reste übrigbleiben. Eine sehr bewußte, also im Sinn der Tiefenpsychologie an der Oberfläche liegende Entscheidung kann das ganze Schicksal des inneren und äußeren Menschen für immer bestimmen und in seiner Bewußtheit alle mögliche »Tiefe«, nämlich den Kern der Person, erreichen. Hier zeigt sich schon, daß der Begriff der Tiefe mehrdeutig ist und nicht mit dem des »Unbewußten« gleichgesetzt werden darf. Es ist nicht mehr Psychologie, sondern romantischer Mystizismus, wenn man den wesentlichen Schwerpunkt des Erlebens grundsätzlich im Unbewußten sucht. Beim neurotischen Menschen freilich hat man oft einigen Grund dafür. Bei ihm geschieht allzuviel in der Tiefe, am Rande und im Hintergrund des Bewußtseins, was im hellen Licht des

Vordergrundes mit Sorgfalt und Aufmerksamkeit verarbeitet werden müßte. Für den neurotischen Menschen gilt ein Wort des Lao-Tse,[1] dessen mißbräuchliche Verwendung in diesem Zusammenhang der Leser verzeihen möge: »Der Grund, den man ergründen kann, ist nicht der wahre Grund, der Sinn, den man ersinnen kann, ist nicht der wahre Sinn, der Name, den man nennen kann, ist nicht der wahre Name.«

Tiefenpsychologie in dieser ersten Bedeutung ist Ergründung des seelischen *Geschehens*, bewegt sich im Bereich der Phänomene, sucht verborgene Zustände und Inhalte des Erlebens, verborgene Motiv- und Sinnzusammenhänge aufzudecken.

Schon die Erlebnisanalyse ist mehrdimensional. Sie hat einen Quer- und einen Längsschnitt. Während die Querschnittbetrachtung uns die Unter- und Obertöne, die unbeachteten und unbemerkten Kon- und Dissonanzen zur führenden Stimme des beachteten Erlebens wahrnehmen läßt, fragt die lineare Betrachtung nach dem Erlebnisverlauf, nach der Weise, wie ein Erlebnis aus seinem Keim erwächst und wie eines aus dem anderen hervorgeht. Sie fragt also gleichsam nach der Tonfolge in der Melodie des Erlebens und nach der Entwicklung des einzelnen Tones. So gehört zu den Gegenständen der Erlebnisanalyse auch das, was die Psychologie mit dem Wort Aktualgenese (F. Sander) umgreift, soweit es sich mit der analytischen Methode fassen läßt: die Entwicklung und Ausgliederung eines Gestaltkeimes zur vollen Gestalt und eines Gefühls- und Antriebskeimes zur vollen Gefühls- und Antriebsqualität.[2]

Erlebnisanalyse fragt nach dem Werden, dem komple-

[1] Vgl. *Tao-Te-King*, übersetzt von Richard Wilhelm, Jena 1911. S. 3. Wilhelm übersetzt »Tao« mit »Sinn«.

[2] Freud spricht von »Vorstellungen in statu nascendi, ehe sie dem Bewußtsein auffallen können«. Formulierungen über die zwei Prinzipien des psychischen Geschehens, VIII, S. 235.

xen Aufbau und Verlauf des aktuellen Erlebens, nach seinem vollen Gehalt. Waches menschliches Erleben hat eine unergründliche Fülle und Tiefe, aus der die reflektierende Aufmerksamkeit nur einen geringen Teil in ihrem engen Lichtstrahl fassen kann. Vieles wird nur sichtbar, wenn sie es nicht beleuchtet, und es verblaßt im grellen Licht der Beachtung wie die Sterne am hellen Tag. Manche zarten Erlebnisweisen werden von der reflexen Aufmerksamkeit zersetzt. In diesen Dimensionen des Erlebens ist nun vieles so dunkel, verborgen und unfaßbar, daß man es in einem guten Sinn unbewußt nennen kann, obgleich es zum erlebten seelischen Geschehen gehört, nicht zum Bereich der dauernden Strukturen und vorübergehenden strukturellen Dispositionen. Freud spricht von *unbewußten Vorstellungen*, Strebungen usw. Diese Begriffe wendet er nicht immer im gleichen Sinne an. Oft bezeichnen sie verborgene Weisen des Erlebens, oft aber auch strukturelles seelisches Sein, Bedingungen, nicht Inhalte des Erlebens; schließlich – aber keineswegs ausschließlich – meint Freud mit »unbewußten Vorstellungen« hypothetische seelische Vorgänge, die in keiner Weise mehr erlebt werden können: »Vorgänge, die ohne Bewußtsein geschehen, die man nur supponieren, aber durch keine klinisch-psychologische Analyse erweisen kann.«[3]

Wahrnehmungen, Einschätzungen und Erwartungen, Gefühle, Stimmungen, Strebungen und Gemütsbewegungen können in unfaßbarer, diffuser Weise den Raum des Erlebens färben und tönen. Wir erleben sie dann, wie der musikalisch Ungeübte die einzelnen Stimmen und Töne in einem Konzert hört: als unabgesetzte Teile eines Ganzen, die das Ganze mitbestimmen, ohne *als Teile* gesondert wahrgenommen zu werden. Viele gefühlhafte und gefühlsartige, d. h. gestaltlos-atmosphärische seelische Regungen, vorsprachliche Intuitionen, unfaßbare Erwartungen, Äng-

[3] Die Abwehr-Neuropsychosen, I, S. 67.

ste und Strebungen färben den Gesamtstrom des Erlebens, ohne in prägnanter Ausgliederung sichtbar zu werden.

Wenn wir einem alten Freund begegnen, so ist im Augenblick des Erkennens unendlich viel enthalten, was nicht zur gegliederten Entfaltung kommt, aber doch implizite zum Erleben gehört und seinen weiteren Verlauf bestimmt. Wir wissen, ohne uns all dessen aktuell bewußt zu sein, wer er ist, was wir mit ihm erlebt haben, wir kennen seine Herkunft, seinen Lebenskreis, Beruf, sein Wesen und seine Eigenschaften; wir wissen, wie er uns gesinnt ist, was wir von ihm erwarten dürfen, wo seine Empfindlichkeiten liegen, was ihn freut und was ihn ärgert. Die gemeinsam gelebte Vergangenheit geht, ohne ausdrücklich bewußt zu werden, in den Blick der Begegnung ein und bestimmt unser Verhalten. Das wird erst ganz deutlich, wenn wir die Begegnung mit einem guten Bekannten mit der mit einem Fremden vergleichen, in die all dieses Wissen nicht eingeht; auch sie enthält mannigfaltige vor- oder unbewußte Erlebnisse, aber ganz andere. Jedem Menschen, jeder Situation begegnen wir so mit Erwartungshaltungen und Einstellungen, die uns oft erst bewußt werden, wenn sie sich, z. B. in der Enttäuschung, als falsch erweisen.[4]

Besonders wichtig sind diese latenten Implizierungen und Unterströmungen des Erlebens in unseren wertenden Gefühlen und Strebungen. Jeder Mensch und jedes Ding hat für uns gute und ungute Züge, die wir wahrnehmen, oft ohne sie zu bemerken. Manchmal hat eine feine Intuition des Gemütes den Wert eines Gegenstandes schon erfaßt und ist von ihm bezwungen, wenn unser bewußtes Gefühl ihn noch ablehnt und unsere oberflächliche Selbstwahrnehmung von der Kapitulation des Herzens noch nichts gemerkt hat. Unser Erkennen, Fühlen und Streben

[4] Vgl. Max Schelers Bemerkung über die »unterbewußte Sphäre innerer Wahrnehmung« in: Der Formalismus in der Ethik und die materielle Wertethik, Gesammelte Werke, Bd. II, Bern 1954, S. 402.

ist vielschichtig, voll von Gegensätzen und Widersprüchen, von denen wir oft wenig oder nichts wissen. Die Lehre von der unbewußten Ambivalenz des Erlebens ist die erste und eine der wichtigsten psychologischen Thesen Freuds.[5] Weil die möglichen Gegenstände des Strebens für den Menschen immer zwei Seiten haben, ist zu vermuten, daß der wahrnehmende und wertfühlende Akt von den Schattenseiten des erstrebten Gutes Kenntnis bringt und das Erleben in bewußten Zwiespalt versetzt – oder auch nur in den unbemerkten gefühlshaften und gefühlsartigen Untergründen negativ tönt. Das strebende Ich kann zudem mit heimlichen, unbemerkten Blicklenkungen und Ablenkungen solche Vorgänge verdunkeln oder aufhellen.

Eine besonders wichtige Gruppe »unbewußter Vorstellungen« sind die Erlebniskeime, die bei freier Entfaltung den Erlebenden in Konflikte mit sich selbst oder mit der Umwelt bringen würden. Sie klingen leise an, in einer zaghaften, ahnenden Vorphantasie zeichnen sich die verschwommenen Konturen eines Erlebnisraumes ab, der nicht betreten, nicht einmal schärfer angeschaut werden darf. Aber schon dieser Vorgang kann Erregung, Spannung, Antriebs- und Handlungsgestalten, Ausdrucksgeschehen und physische Veränderungen aus sich entlassen. Freud hat diese Keimerlebnisse besonders deutlich beschrieben in dem Aufsatz »Über Deckerinnerungen«.[6] Der Gesprächspartner, den Freud analysiert, ist er selbst. Die Deckerinnerung ist eine eigene.

Tiefenpsychologie in diesem Sinn wäre also das sorgfältige Aufhellen solcher verborgenen Unterströmungen des Erlebens und das Aufspüren der versteckten List des will-

[5] In der ersten neurosenpsychischen Schrift: Ein Fall von hypnotischer Heilung, I, S. 3. – Den Begriff der Ambivalenz führte Eugen Bleuler in die Psychologie ein.

[6] I, S. 547 ff. Der Aufsatz ist wichtig, weil er den für die Psychoanalyse zentralen Begriff der »unbewußten Phantasie« anschaulicher erläutert als die späteren Schriften.

kürlich-unwillkürlichen inneren Handelns. Wir sehen, daß Begriffe wie »unbewußte Vorstellung« bei Freud auch auf einen weiten Bereich des Erlebens hinweisen, der mit dem Wort unbewußt nur ungenau und vereinfachend benannt ist.

Der Begriff der unbewußten Vorstellung schmeckt dem Phänomenologen schlecht. Zum Wesen des Vorstellens scheint die Bewußtheit mindestens in der Weise des unbemerkten, ungewußten, »schlichten Erlebens«[7] oder des »Feinbewußten«[8] so notwendig zu gehören wie das Rundsein zum Kreis. Trotzdem kann man die beschriebenen Erlebnisweisen in einem guten Sinn unbewußt oder doch vorbewußt nennen. Sie gehören nicht zu dem Wissen von sich selbst, zu der Selbsterkenntnis dessen, der sie hat;[9] dazu kommt, daß Worte wie »unbewußte Vorstellung, Gedanke, Gefühl, Strebung« vom Patienten meist ganz richtig als ein Hinweis auf verborgenes, aber auffindbares Erleben verstanden werden – selbst dann, wenn der Arzt es nicht so meint. Überdies hat die Lehre von den unbewußten Vorstellungen den forschenden Blick auf die verborgenen Tiefendimensionen und Hintergründe des Erlebens eingestellt und in diesem Bereich ungemein verschärft. Auch bei Freud sind die Begriffe so mit Schilderungen veranschaulicht, daß im begrifflichen Hinweis viele Erscheinungen sichtbar werden, die den Rahmen des Begriffs sprengen. Freud hat später oft betont, daß er den Begriff der unbewußten Vorstellungen nicht für endgültig hält. Er nimmt als möglich an, das als unbewußte Vorstellung Benannte könne sich schließlich als ein materielles Gebilde in einer chemischen Formel ausdrücken lassen. Er räumt aber auch die Möglichkeit ein, die unbewußte Vorstellung

[7] *Ph. Lersch*, Aufbau der Person, München [6]1954, S. 530.

[8] *D. Feuling*, Das Leben der Seele, Salzburg 1940, S. 86.

[9] Die terminologische Unterscheidung von »Bewußtsein« und »Erleben« hat sich auch in der phänomenologischen Psychologie durchgesetzt. Vgl. *Lersch*, a.a.O.

könne ein seelischer Vorgang von eigener Art sein, der einer eigenen Bezeichnung bedürfe. Aber schließlich bleibt er dabei, die unbewußte seelische Wirklichkeit als im Grunde von gleicher Art wie die bewußte aufzufassen, d. h. als einen Strom von Vorstellungen, Antrieben und Gefühlen. Freud bewegt sich damit in dem Denkmodell der Aktualitätspsychologie, für die Seelisches nur als Empfindung, Wahrnehmung, Vorstellung usw. gedacht werden kann – was dies nicht ist, muß körperlicher Natur sein. Freud hat keine eigentliche Psychologie des unbewußt Seelischen, sondern eine »Bewußtseinspsychologie des Unbewußten«.

Die Psychotherapie könnte sich mit dem Vordringen in noch zugängliche Erlebnisbereiche begnügen, weil das Ansprechen des noch Sichtbaren als Anreiz auf die Seele wirkt, sich genauer zu fassen, gefühlshafte Schatten und Farben in sprachlich faßbare Gestalten zu verdichten. Wir könnten für die Praxis ohne Schaden auf vieles verzichten, was nach Freud als völlig (unerlebt) Unbewußtes im Bereich der Vorgänge zu supponieren ist, und wollen jedenfalls mit Freud festhalten, daß man solche unbewußten Vorgänge »durch keine klinisch-psychologische Analyse erweisen kann«.[10] Aber durch diesen Verzicht würde unser theoretisches Verständnis ungebührlich verkürzt, denn auch für die Theorie führen Freuds Hinweise zu Erkenntnissen, auf die wir nicht verzichten möchten. Wir fragen also, ob es unbewußte seelische Vorgänge gibt, die in keiner Weise erlebt werden, die aber dennoch das Erleben und das Körpergeschehen mitbestimmen.

Freud hatte aus seiner Studienzeit bei Charcot und Bernheim die Experimente der posthypnotischen Suggestion vor Augen. An diesem Modell ist der Begriff der unbewußten Vorstellung ursprünglich gewonnen.[11] Freud deutet das Verhalten der Hysterischen, als sei ihr Zustand

[10] Die Abwehr-Neuropsychosen, I, S. 67.
[11] Kurzer Abriß der Psychoanalyse, XIII, S. 407.

dem von Suggerierten ähnlich, die einen hypnotisch eingeprägten Vorsatz ausführen. So sagt er von einer hysterisch Kranken, die ihr Kind nicht stillen konnte: »Sie benimmt sich so, *als ob* sie den Willen hätte, ihr Kind auf keinen Fall zu säugen, und dieser Wille ruft bei ihr alle Symptome hervor.«[12] Die Lehre von diesem »unbewußten Gegenwillen«, der dem bewußten Vorsatz widerspricht, ist eigentlich nichts anderes als eine Entfaltung der Modellvorstellung von Hysterie, die diese in Analogie zur Hypnose auffaßt. Freuds Lehrer Charcot und Bernheim hatten durch ihre Experimente die These nahegelegt, die Hypnose sei eine artifizielle Hysterie.[13] Freud zitiert diese Auffassung in seiner 1892 beendeten »vorläufigen Mitteilung«. In der Interpretation des »Falles von hypnotischer Heilung« kehrt er den Satz um und deutet die Hysterie, ohne es ausdrücklich zu sagen, nach dem Modell der posthypnotischen Suggestion als eine Art natürliche, nichtartifizielle Autohypnose. In der gleichzeitig veröffentlichten »vorläufigen Mitteilung«[14] ist die Analogie deutlich sichtbar. Die Entstehung einer Hysterie aus der pathogenen Wirksamkeit eines Traumas wird dort sogar davon abhängig gemacht, daß dieses in einem hypnoiden Zustand erlebt wird. Dieser Gedanke stammt von Breuer, und Freud hat ihn später aufgegeben, ohne sich doch von der grundsätzlichen Modellvorstellung zu lösen. Bei der posthypnotischen Suggestion wird ein Befehl, ein Auftrag dem Hypnotisierten eingeprägt, der im Modellfall nach dem Erwachen aus der Hypnose vergessen ist und doch zu seiner Zeit ausgeführt wird. Der Handelnde weiß dabei nicht, daß er einen solchen Auftrag erhalten hat und daß er unter diesem Einfluß handelt. Es liegt also nahe, hier an

[12] Ein Fall von hypnotischer Heilung, I, S. 11.

[13] Studien, I, S. 91. Vgl. auch: Kurzer Abriß der Psychoanalyse, XIII, S. 407.

[14] Über den psychischen Mechanismus hysterischer Phänomene, in: Studien, I, S. 77. – Vgl.: Kurzer Abriß der Psychoanalyse, XIII, S. 407.

das Wirken unbewußter Vorstellungen zu denken. Wenn wir eine solche Feststellung vermeiden und uns vorsichtiger ausdrücken wollen, werden wir sagen: Im Modell der posthypnotischen Suggestion zeigt sich, daß Erlebnisse und Handlungen von kompliziertem Aufbau von einer unbewußten, nicht erlebten seelischen Wirklichkeit bestimmt werden können, die unter dem Einfluß bewußter Vorstellungen, nämlich der Suggestionen des Hypnotiseurs, geformt worden ist. Wie auch immer diese Bestimmtheit des seelischen Seins inzwischen weiter existiert und weiter gewirkt hat, in der Hypnose läßt sie sich gleichsam wieder in bewußte Vorstellung bzw. Erinnerung zurückverwandeln und durch Einführung anderer Vorstellungen auslöschen oder umformen. Die einfachste Analogie gibt eine Schallplatte oder ein Tonband, die auch nicht Worte speichern, noch aus unhörbaren Tönen bestehen, sondern eine tonlose Struktur annehmen, die unter bestimmten Bedingungen Töne, Worte aus sich entläßt.

Bei der Besprechung der seelischen Strukturen werden wir die Frage nach dem Wesen der unbewußten Vorgänge noch einmal aufnehmen müssen. Vorläufig können wir festhalten: das unbewußte seelische Sein, das die Psychotherapie meint, ist so geartet, daß es sich formen und ändern läßt, wenn man es behandelt, *als ob* es wie bewußtes Erleben gebaut wäre, und wenn man einen Zusammenhang mit den Erlebnissen herstellt, die es geformt haben. In der Analyse wird auch dort, wo es sich um im strengen Sinne unbewußte, nicht erlebte seelische Wirklichkeit handeln soll, doch vorwiegend nach solchen Bestimmtheiten des seelischen Seins gefragt, die einmal aus bewußten, jetzt vergessenen Erlebnissen hervorgegangen sind.

Freud schreibt der unbewußten seelischen Wirklichkeit, z. B. der »Gegenerwartung«, dem »Gegenwillen«, den unbewußten Phantasien, einen Einfluß auf das Körpergeschehen zu, der dem bewußten Wollen nicht zukommt.

Auch hier wird die Analogie zur Hypnose durchgeführt. Tatsächlich können Suggestionen und autosuggestive Vorstellungen physiologische Vorgänge verändern und pathologische Veränderungen hervorrufen oder rückgängig machen. Dieser Möglichkeiten bedienen wir uns in verschiedenen therapeutischen Verfahren. Wir würden uns auch nicht wundern, wenn die Kranken sich wirklich an affektiv geladene Vorstellungen autosuggestiver Art erinnerten und zugeben müßten, die Krankheitserscheinungen in ängstlichen Erwartungen oder gar in Wunschphantasien vorweggenommen zu haben. Vielleicht fällt ihnen auch ein, daß ihnen solche Gedanken früher einmal durch den Sinn gegangen sind, dann aber energisch abgewiesen wurden. Oder es gelingt in der Hypnose, das dem Ausdrucksgeschehen des Symptoms entsprechende innere Erleben vorzufinden. Tatsächlich führt sorgfältige anamnestische Erforschung solcher Symptome oft zu durchaus erlebten, aber ungewußt-unbewußten Vorgängen (Lersch), die das Geschehen verständlich machen, also zum Beispiel zu Gegenerwartungen und unbewußten Phantasien. Unbewußtes, verdrängtes Erleben kann eine Quelle dauernder Unruhe und Spannung für den Organismus sein und Ausdrucksmacht haben.

Der »Gegenwille« ist in der Auffassung Freuds aber noch mehr als eine »peinliche Kontrastvorstellung«. Wie der bewußte Wille des Menschen hat er ein Ziel vor sich, er findet planend und entwerfend vielfältige Mittel, seine Absichten zu verwirklichen. Er organisiert die seelischen und leiblichen Vorgänge auf ein Ziel hin. Wie ein Simulant, oder noch geschickter, »da der Gegenwille der bewußten Simulation in der Beherrschung des Körpers überlegen ist«.[15] Der unbewußten seelischen Wirklichkeit, auf die Freud mit dem Stichwort Gegenwille hinweist, wird also ähnlich wie den Organisatoren in der Embryonalent-

[15] Ein Fall von hypnotischer Heilung, I, S. 11.

wicklung auf der Seite des gänzlich unbewußten Lebens und wie dem planenden Willen auf der Seite des Bewußtseins eine zweckmäßig auf ein Ziel hin ordnende Wirksamkeit zugesprochen. Damit ist dieser Wirklichkeit nicht nur eine Ausdruckskraft, ein Einfluß auf das Körpergeschehen zuerkannt. Sie erhält die Züge eines lebendigen Ordnungsprinzips, das vielfältige Strukturen und Funktionen in seinen Dienst stellen und nach seinen Zielen ausrichten kann – wie der bewußte Wille und seine Zielvorstellungen mit ihren »determinierenden Tendenzen.«[16] Wenn es eine unbewußte seelische Wirklichkeit gibt, die der bewußten Absicht korrespondiert, als wäre sie ihr Gegenwille, dann dürfen wir auch annehmen, daß dieser Gegenwille einen ganzheitlichen Vollzugsentwurf potentiell enthalten und unter besonderen Bedingungen aktuell ausformen kann, wie wir es von der posthypnotischen Suggestion her kennen. Das ist übrigens auch das pathogenetische Grundschema, nach dem Adler seine Psychologie aufgebaut hat. Nach seiner Lehre entstehen Symptome auf dem Weg autosuggestiver Phantasien, die im Dienste zielgerichteter Pläne stehen. Der Neurotiker ist ein Autosuggestioneur, Psychotherapie ist Auflösung von Suggestionen.

Nicht nur das Erleben, auch das *Verhalten* des Analysanden und dessen Auswirkungen zeigen sich in der Analyse. Der Analysand hat seinen individuellen Stil, die analytische Situation zu erfahren und ihr zu begegnen. Im Spiegel seines Berichts wird seine alltägliche Lebensweise bis in kleinste Einzelheiten deutlich, gleichzeitig zeigt sich sein Lebensweg im Großen. So bietet die analytische Beobachtung ein reiches Material von Einzelszenen, aber auch von charakteristischen, sich oft wiederholenden Bildfolgen an. Im Studium einer Stunde, einer Woche, eines Lebensjahres zeigen sich Leitmotive, thematische Zusammenhänge, vielfältige und kennzeichnende Verlaufsgestal-

[16] *N. Ach*, Analyse des Willens, Berlin-Leipzig 1935.

ten des Verhaltens und des provozierten Schicksals, die dem Gesetz der Wiederkehr des Gleichen gehorchen.[17]

Das Beispiel der Geschichtswissenschaft zeigt, wie schwer es ist, die auszeichnenden Grundzüge einer Person oder einer Epoche zutreffend zu erfassen. Nicht erst der Möglichkeiten des Verstehens und Deutens sind viele, schon die Auffassung und Beschreibung ist von der Vielseitigkeit und Vieldeutigkeit des Gegenstandes und von dem Blickpunkt des Schauenden her problematisch. Der schweigende Psychotherapeut wird in einer Stunde des Zuhörens jeweils andere biographische und assoziative Verlaufsgestalten und Verhaltensweisen bemerken, wenn er bei Freud, Jung oder Binswanger hören und sehen gelernt hat. Zum Sehenlernen gehört freilich in jedem Fall ein guter Blick, Beobachtungsgabe und Abstraktionsvermögen. Daß etwa jemand regelmäßig »am Erfolg scheitert«, wird er dem Analytiker nicht sagen können. Der Arzt muß diese Formel aus den Daten destillieren. Gelingt ihm das, mag die Einsicht evident für beide sein. Die Methode zeigt nur dem etwas, der Augen hat, zu sehen. Nur wenige Psychologen sind fähig, selbständig neue Gestalten zu entdecken. Darum liegt die Bedeutung der verschiedenen tiefenpsychologischen Lehren zum guten Teil darin, daß Wiedererkennen leichter ist als Erkennen. In der schulmäßigen Ausbildung von Psychotherapeuten ist schon viel erreicht, wenn der Schüler lernt, die schon entdeckten typischen Gestalten und Zusammenhänge im Einzelfall wiederzuerkennen. Das ist einigermaßen lehr- und lernbar.

Solche skeptischen Erwägungen verdunkeln nicht den schlichten Tatbestand, daß die biographische Feinarbeit der Analyse nun doch außer manchen vieldeutig schillernden auch eine große Zahl deutlich greifbarer Befunde von Einzeltatsachen, Verläufen und Zusammenhängen fördert, die man zwar immer noch leicht genug übersehen, aber

[17] Vgl. als Beispiel: Die am Erfolge scheitern, X, S. 370 ff.

nicht mehr leugnen kann, wenn man einmal auf sie aufmerksam wurde. Zudem hat auch eine beschränkte Perspektive den heuristischen Wert, die Aufmerksamkeit auf bestimmte Linien und Zusammenhänge zu konzentrieren, die einer nicht voreingestellten Beobachtung leicht entgehen würden. Es ist kein Zweifel, daß z. B. ein orthodoxer Analytiker, weil er von vielem absieht, auch vieles bemerkt, das dem leicht entgeht, der ohne theoretische Vorerwartung den Blick offen hält. Dieser sieht multa, sed saepe non multum; jener in seinem beschränkten Blickfeld multum, sed multa non. Für die therapeutische Praxis ist es schwer zu entscheiden, ob einseitige Gründlichkeit oder vielseitige Beweglichkeit des Verstehens weiterführt. Völlig zu vereinen sind sie kaum. Übrigens handelt es sich hier nicht um ein Spezialproblem der analytischen, sondern um ein Grundproblem jeder Charakterdiagnostik.

In den Bereich der Phänomenanalyse gehört auch die Frage nach der Angemessenheit des Erlebens, Verhaltens und der Leistungen. Sind die Affekte des Kranken adäquat, seine Erinnerungen und Wahrnehmungen zuverlässig, ist sein Verhalten sachgemäß, entspricht es der Situation? Wo, wann und warum ist sein Erleben und Verhalten inadäquat? Der Maßstab des Angemessenen und Unangemessenen ist theoretisch nicht leicht zu bestimmen, wie alle Normbegriffe in diesem Feld. Wir können aber auf ihn in der Psychopathologie nicht verzichten, wenn wir an dem Unterschied von seelischer Gesundheit und Krankheit festhalten wollen.

Die zweite Tiefendimension, der sich die Analyse zuwendet, ist die des sich durchhaltenden seelischen Seins, in dem alles seelische Geschehen und Erleben gründet.[18] Weil der Grund tiefer liegt als das Begründete, können wir von Tiefenpsychologie sprechen, wenn wir nach den erlebnisbegründenden und -bedingenden Strukturen fragen. Auch im Bereich der Strukturen selbst können wir tiefere, tragende von peripheren, begründende von begründeten unterscheiden: im Sinne einer Schichtung von unten nach oben und einer konzentrischen Schichtung um den Personkern kann es entwicklungsgeschichtlich oder personal tiefere und oberflächliche Strukturen geben.

Die Psychologie des neunzehnten Jahrhunderts mag uns heute manchmal an die denkwürdige Cheshire-Katze erinnern, der Alice im Wunderland begegnete. Die Katze saß auf einem Baum, unterhielt sich mit Alice und grinste. Plötzlich verschwand sie – ihr Grinsen aber blieb einsam auf dem Ast sitzen. Das konnte Alice nun in Ruhe betrachten. Niemand wird sie daran hindern, solange sie uns nicht weismachen will, es gebe in Wirklichkeit überhaupt nur das Grinsen, und die Frage nach der Katze, die da grinst, sei leichtfertige metaphysische Spekulation. Wir wollen uns dem einsamen Grinsen zum Trotz die Katze nicht ausreden lassen und darum auch in der Psychologie nicht bei der Erforschung des Grinsens stehenbleiben, sondern nach Sein und Wesen dessen fragen, der grinst und fröhlich ist: nicht nur nach seelischen Phänomenen und

[18] Vgl. zum Folgenden: *F. Krueger*, Zur Philosophie und Psychologie der Ganzheit, Hrsg. E. Heuss, Berlin 1953; *Ph. Lersch*, Aufbau der Person, München [9]1964; *A. Wellek*, Das Problem des seelischen Seins, Meisenheim [2]1953; *ders.*, Die Polarität im Aufbau des Charakters, Bern und München [2]1959.

ihrem Ausdruck, nicht nur nach Erleben und Geschehen oder gar nur nach Verhalten, sondern auch nach den Strukturen, nach dem Charakter, dem Wesen, dem leibseelischen Sein, dem Subjekt, der Person, die ihr Erleben nicht *ist*, sondern *hat*, und die so und so in ihrem seelischen Aufbau und in ihren strukturellen Dispositionen beschaffen, geordnet oder verschroben sein muß, um dies und jenes so und nicht anders erleben zu können. Wir glauben nicht, daß es Sehen gibt, ohne einen, der sieht und Augen hat zu sehen, und wir glauben nicht, daß es Erlebnisse gibt, ohne einen, der ein (leib-)seelisches Subjekt ist und eine (leib-)seelische Struktur hat. Musiker und ihre Instrumente bestehen nicht aus Tönen, und Menschen nicht aus Erlebnissen und Verhaltensweisen. Psychologie ist mehr als Erlebniskunde.

Freud hat freilich Struktur und Phänomen nicht ausdrücklich und konsequent unterschieden. Für ihn ist z. B. das Ich eine »Gruppe von seelischen Vorgängen.«[19] Aber das sind Reste einer aktualistischen Psychologie, die ihn nicht hindern, der Sache nach eben doch strukturelle und phänomenale seelische Wirklichkeit darzustellen. Die Begriffe Es, Ich, Überich, Trieb und Triebkonstitution, Sexualorganisation, Komplex, Abwehrhaltung sind wesentlich Begriffe, die strukturelle Gegebenheiten anzielen. Andere psychoanalytische Termini bezeichnen sowohl Vorgänge, z. B. Prägungsvorgänge, als auch ihr bleibendes Ergebnis, ein Strukturgepräge: Fixierung, Hemmung, Regression, Identifikation, Ichspaltung usw.; oder sie lassen in Vorgängen Strukturen sichtbar werden: der Übertragung entsprechen Projektionsbereitschaften, der Verdrängung und dem Widerstand Abwehrhaltungen. So zeigen sich auch in der Analyse durch das Medium des Erlebens und Verhaltens eigentümliche Strukturen des Kranken: sein Charakter, seine neurotischen Fehlhaltungen, seine Komplexe und »Mechanismen«, also unbewußtes,

[19] Charcot, I. S. 31.

wirksames seelisches Sein, das Grund und Bedingung aller Erlebnisse ist. Die analytische Methode ist eine Methode charakterologischer Strukturforschung, ja es gibt keine genauere und ergiebigere Methode der konkreten Charakterologie als sie.

Es bleibt noch zu fragen, ob wir außer den unbewußten Strukturen und den unbewußten Erlebnissen noch unbewußte und unerlebte seelische Vorgänge annehmen müssen, um die empirischen und experimentellen Befunde zu erklären. Wenn seelisches Sein in der Alternative Struktur–Phänomen aufgeht, wo bleibt dann Raum für unbewußte und unerlebte seelische Vorgänge? Die Frage wird nur dann lösbar, wenn man den Begriff der Struktur nicht zu starr faßt. An den Strukturen der Person und von ihnen getragen vollziehen sich die Prozesse des Werdens, Veränderung, Entwicklung und Geschichte. Die dynamische Struktur unterscheidet sich dadurch von ihrem mechanischen Analogen – etwa einem Uhrwerk –, daß sie nicht aus unveränderlichen Teilen besteht, die bewegt werden. Sie ist ein lebendiges Gebilde, das sich in sich selbst verändert, indem es wirkt, das seine Möglichkeiten entfaltet, ohne seine Grundform zu verlieren. Es bleibt also bei der Unterscheidung und Alternative: Struktur–Phänomen, aber die Struktur ist lebendig, kann sich entwickeln und ändern. Das geschieht nicht nur im Erleben, sondern auch »unter« ihm. Die Unterscheidung Struktur – Phänomen wird überspannt, wenn man sie der Unterscheidung von Sein und Wirken gleichsetzt. Die allgemeine Psychologie bietet uns für die Deutung des »Erfahrungsgedächtnisses«, der Erinnerungserlebnisse und der tiefenpsychologischen Erfahrung den Begriff des »dispositionell Unbewußten« an.[20] Das ist sicher ein Strukturbegriff. Aber man wird nicht leugnen können, daß dispositionell Unbewußtes als lebendiges seelisches Sein in ständiger Bewegung und Ver-

[20] Vgl. *Lersch*, Aufbau der Person, S. 619.

änderung ist, und daß diese Veränderungen, die auch vom Erleben ausgehen und in das Erleben einwirken, doch in sich selbst nicht nur Erlebnisse sein können. Jeder Gedanke, jeder Willensakt, Plan oder Antrieb strahlt gleichsam zurück in den nicht erlebten Raum der Strukturen, greift ein in die Gedächtnisdispositionen, schafft Reproduktionsbereitschaften, rührt an Triebtendenzen, die sogleich wieder das Erleben verändern, ohne doch in sich selbst bewußt zu sein oder zu werden. Die Lebensbewegung der Strukturen (z. B. Wachstum, Reifung, Entwicklung) ist nicht einfach mit dem Erleben identisch. Wenn es aber eine nicht unmittelbar erlebte Lebensbewegung in den seelischen Strukturen gibt, dann gibt es unbewußte, unerlebte seelische Vorgänge. Wie unerlebte seelische Vorgänge näher zu bestimmen sind, können wir mit den Mitteln der analytischen Methode nicht entscheiden. Der überzeugendste Aufweis solcher Vorgänge findet sich bei Freud in der »Psychopathologie des Alltagslebens« (IV) sowie in den »Vorlesungen zur Einführung in die Psychoanalyse« (XI).

Die Analyse ist ein charakterologisches Prüfungsfeld, das sich jeder Patient in seiner eigenen Weise und für seine Eigenart zurichtet. Die seelische Struktur des Kranken baut und formt sich ihre Analyse auf Maß – wenn man sie läßt. Das Angebot und die Anweisung des Arztes wird von jedem Patienten in anderer Weise angenommen und beantwortet. Die Methode hat eine Elastizität und Plastizität, in der sie sich dem Antlitz der Seele anpaßt wie das Wachs dem Siegel. Wenn der Arzt zuhören und zusehen kann, ohne den verletzlichen Vorgang der Selbstentfaltung und Selbstabbildung des Analysanden zu stören, hat er bald eine Fülle von Einzelheiten vor sich, die noch kein fertiges Bild ergeben, aber doch mit der Zeit Konturen und Zusammenhänge eines Charaktergefüges sichtbar werden oder wenigstens ahnen lassen. Wie der Patient hustet und, beinahe, wie er spuckt, was er will und was er kann, was er denkt, fühlt und leidet, wie er dem Arzt, anderen Menschen und sich selbst begegnet, welche Tugenden und Laster, Spannungen und Konflikte, was für ein Temperament und welche Begabungen ihm eigen sind – das alles zeigt sich in der Analyse nicht in wüstem Durcheinander, sondern in jedem Augenblick bestimmt von dem Aufbau der Formkräfte, die in der Person zusammen- oder gegeneinanderwirken. Auch Spannungen, Sprünge und Brüche in diesem Gefüge, schwache Stellen und Defekte werden auf die Dauer nicht verborgen bleiben. Wer sich unbefangen überlegt, was geschehen kann und muß, wenn man einen Menschen veranlaßt, das Strömen seiner seelischen Bewegung treu mitzuteilen, der wird zweifeln können, ob dieses Verfahren förderlich und heilsam sei. Aber die Ergiebigkeit dieser Methode für den Charakterologen und die Charakterpathologie wird ihm einleuchten, auch wenn er die Fehlerquellen von Selbsttäuschung und Suggestion hoch in Ansatz bringt.

Die Ordnung der Einsichten in strukturelle Verhältnisse der Neurose drängt von sich aus zu einer Strukturanalyse des Charakteraufbaus, wie sie Lersch beschreibt:

»Das ideale Ziel der strukturellen Aufhellung ist die strukturelle Reduktion, d. h. die Rückführung aller aufweisbaren Eigenschaften auf ein Gefüge ursprünglicher, nicht mehr reduzierbarer Eigenschaften, das alle seelischen Äußerungen eines Menschen bestimmt. Denn wenn das Seelenleben strukturiert ist, besteht so etwas wie eine Hierarchie der überhaupt unterscheidbaren Merkmale. Man wird relativ zentrale und relativ periphere Merkmale unterscheiden müssen in dem Sinne, daß zwei Merkmale A und B zu einem Merkmal C dann peripher sind, wenn sich ihr Vorhandensein nachweisbar – sei es auf Grund statistischer Ermittlungen, um die sich etwa die von Cattell durchgeführte Faktorenanalyse der Persönlichkeit bemüht, sei es auf Grund unmittelbar evidenter Zusammenhänge –

aus dem Vorhandensein von C folgern läßt. Auf diesem Wege müßte man schließlich zu letzten, nicht mehr zurückführbaren Merkmalen kommen, die ich als charakterologische Primeigenschaften bezeichne. Darunter ist übrigens nicht dasselbe zu verstehen wie unter dem Begriff des Radikals, den die erbbiologische Charakterkunde gebraucht. Der Primat, um den es sich im Begriff der charakterologischen Primeigenschaft handelt, ist kein genetischer wie beim erbbiologischen Radikal, sondern ein struktureller. Der erbbiologische Primat ist aber noch keineswegs ein struktureller.«[21]

Lersch gibt als Beispiel eine solche strukturelle Reduktion auf das »asthenische Eigenmachtgefühl« als Primeigenschaft – oder besser eine Charakterentfaltung aus der Wurzel dieses Eigenmachtgefühls: »Der Mensch des schwächlichen (asthenischen) Eigenmachtgefühls neigt in seinem Lebensgefühl mehr zum Pole der Unfrohheit, sei es in der Spielart der Traurigkeit oder in derjenigen des Mißmutes, auch zur Gestimmtheit der Angst, die wir dann als Lebensangst bezeichnen. Seine Reaktion auf Störungen und Gefährdungen liegt in der Richtung des Erschreckens, der Aufregung und der nervösen Gereiztheit. Er steht in Gefahr, in den je und je sich ändernden Lebenslagen in den Zustand des plötzlichen Schocks, der Betroffenheit zu geraten und damit die Überlegenheit des Denkens und den Überblick, die Beweglichkeit und die Zielsicherheit des Handelns zu verlieren. Der ihm eigene Mangel an Selbstvertrauen bringt es mit sich, daß er sich scheut, Verantwortung und Risiko zu übernehmen. Da ihn die Welt und das Schicksal als etwas Drohendes anmuten, steht er der Zukunft nicht hoffnungsvoll, sondern in Sorge und Furcht gegenüber. Das, was wir als Schicksalsfurcht bezeichnet haben, gehört zu seinen spezifischen Anfechtungen. Sein Willensleben ist gekennzeichnet durch eine natürliche Zaghaf-

[21] Aufbau der Person, S. 67.

tigkeit, Unentschlossenheit und Gehemmtheit, die sich zur völligen Entschlußunfähigkeit steigern kann. Er hat wenig Mut zu eigener Zielsetzung, da ihm das Kraftbewußtsein fehlt, mit dem eine Forderung überzeugend vorgebracht wird; er ist eher bereit, sich Ziele von anderen Instanzen geben zu lassen. Er neigt unter Umständen in einem erhöhten Anlehnungsbedürfnis zu übertriebener Autoritätsgläubigkeit und willenloser Gefolgschaft. Er hat wenig Mut, zu widersprechen und Widerstand zu leisten, sondern zeigt eher Fügsamkeit und Nachgiebigkeit, zuweilen auch Verstellung und Scheinheiligkeit. Sein Verhalten vor auftauchenden Schwierigkeiten ist eindeutig nach der Seite des Ausweichens festgelegt, während der Mensch des asthenischen Eigenmachtgefühls gerade durch Widerstände zur vollen Wachheit seines Willens aufgeweckt wird. Im Auftreten, also in der Art, wie er seine Person in sein mitmenschliches Milieu hineinstellt, neigt er zur Scheuheit, Selbstunsicherheit, Gehemmtheit, Befangenheit, Verlegenheit und Schüchternheit, sofern er die Schwäche seines Eigenmachtgefühls nicht gerade hinter der kompensatorischen Fassade betonter Forschheit und imponierenden Gebarens zu verbergen sucht. Auf Grund all der genannten Merkmale und Verhaltensweisen bildet sich zuweilen eine Flucht oder jedenfalls eine Distanzierung gegenüber der Tatsachenwirklichkeit aus; er spinnt sich in eine Traum- und Phantasiewelt oder – ein Opfer seiner Zweifelsucht – in seine Grübeleien ein.«[22]

In dieser Beschreibung wird deutlich, wie die Dominanz einer Primeigenschaft Sekundäreigenschaften und durch sie den Erlebnisablauf und das Verhalten durchformt, wie sie Abwehrhaltungen, z. B. gegen aggressive Antriebe, und Verdrängungen organisiert, Erwartungshaltungen hervorbringt, mitmenschliche Beziehungen und den gesamten Lebensvollzug bestimmt, wie also eine Gefühlsstruktur eine

[22] A. a. O., S. 323.

ganz durchgegliederte, komplexe Lebensform aus sich entläßt. Ansätze zu solchen strukturellen Reduktionen finden sich der Sache nach in dem, was Freud »Ichanalyse« nennt – aber auch schon in frühen Schriften (z.B. »Ein Fall von hypnotischer Heilung«, I, S. 3). Auch Freud sucht nach den Primeigenschaften der Neurosenstruktur.

Als solche Primeigenschaften, die geeignet sind, Sekundäreigenschaften zu organisieren, hat die Psychoanalyse bestimmte angeborene und lebensgeschichtlich geprägte Triebbildungen und Ichstrukturen beschrieben.

Dem asthenischen Eigenmachtsgefühl würde in der Lehre Freuds etwa die Kastrationsfurcht und der Kastrationskomplex entsprechen. In dieser Entsprechung wird deutlich, daß die Psychoanalyse jede strukturelle Reduktion in eine neue, in die genetische Dimension weiterzuführen sucht.

Nun ist die strukturelle Reduktion und die Einsicht in Aufbau und Tektonik des Charaktergefüges zwar das Wunschziel der charakterologischen Diagnose, aber nicht ihr gewöhnliches Ergebnis. Meist werden wir zufrieden sein müssen, wenn wir die Teile einigermaßen vollzählig in der Hand haben. Die analytische Methode bietet dazu besonders günstige Untersuchungsbedingungen. Sie hat ihre Aufgabe erfüllt, wenn sie die Prim- oder Sekundäreigenschaften auffindet, die das Kräftespiel der Neurose bestimmen. Dabei ist es denkbar, daß die Angelpunkte der Neurose aufgefunden werden können, ohne daß die Tektonik des Charakters ganz geklärt ist.

In der Strukturanalyse treffen wir auf zwei grundsätzlich verschiedene Weisen der Ableitung. Die eine kann man »strukturelles Verstehen« nennen. Darum handelt es sich z. B. in der von Lersch beschriebenen strukturellen Reduktion. Wie aus der Neigung zu asthenischen Eigenmachtgefühlen Mißmut, Lebensangst, Unentschlossenheit, Fügsamkeit entstehen, kann man einfühlend mitvollziehen, verstehend, wie hier Seelisches aus Seelischem nach »seelenlogischen Gesetzen« (Rieffert) hervorgeht. In der Psychoanalyse gibt es eine andere Form der strukturellen Reduktion, bei der nicht aus Sinngesetzen verstanden, sondern aus der Funktionsweise von Psychismen (»seelischen Mechanismen«) *erklärt* wird, die selbst nicht verstanden, sondern nur konstatiert werden können. So versteht man ein Furchterlebnis, wenn man von einer motivierenden Gefahr weiß oder wenn man Furcht bei geringfügiger Gefahr auf ein asthenisches Eigenmachtgefühl zurückführen kann. Wenn aber eine unbemerkte Libidostauung Angst verursacht, dann ist der Zusammenhang von anderer Art und im unmittelbaren Verstehen nicht zu fassen. Diese Angst hat kein erlebtes Motiv, sondern eine Ursache, die wirkt, ohne daß ihre Ursächlichkeit dem Erlebenden von innen deutlich würde. Hier wird vielmehr aus der Beobachtung eines Nacheinander eine kausal erklärende Hypothese gebildet, eine Struktur, die für bestimmte regelhafte Verläufe verantwortlich ist, d. i. ein psychischer Mechanismus, erschlossen. Die psychoanalytische Deutung von Symptomen, Erlebnissen und Verhaltensweisen setzt sich in der Regel aus diesen beiden Elementen des motivischen, strukturellen Verstehens und eines strukturellen Erklärens mit Hilfe von erschlossenen oder postulierten Psychismen zusammen.[23]

Zur motivisch verstehenden Psychologie hat die Psychoanalyse inhaltlich wenig beizutragen. Sie hat kein einziges ganz neues Motiv aufgewiesen, das nicht schon aus dem bewußten Motiverleben bestimmter Menschen bekannt gewesen wäre. Nichts kann unbewußt erstrebt werden, was nicht auch grundsätzlich Ziel bewußten Wollens werden könnte. Die Analyse hat aber gezeigt, daß scheinbar ausgefallene, archaische, perverse, kriminelle und »unein-

[23] Vgl. auch die Ausführungen über das »mittelbare Verstehen« bei *R. Heiss*, Allgemeine Tiefenpsychologie, Bern und Stuttgart 1955.

fühlbare« Motive, die der Psychopathologie seit langem bekannt waren, im Erleben gesunder und neurotischer Menschen in verborgener Weise mitwirken. Außer diesem Aufweis eigentümlicher Motive und für bestimmte Motivwerte besonders ansprechbarer Charaktere liegt der Ertrag der analytischen Forschung vor allem in der Beschreibung bestimmter Psychismen, »psychischer Mechanismen«, und in der Aufklärung genetischer Zusammenhänge.

DIE GENETISCHE ANALYSE

Im ganzen tritt die verstehende Strukturanalyse, die doch von der Eigenart der Methode her naheliegt und dem Arzt auch therapeutischen Gewinn bietet, bei Freud hinter der biographisch-genetischen Analyse zurück. Diese sucht vor allem nach strukturprägenden Ereignissen und fragt nach der Geschichte pathogenetischer Partialstrukturen (z. B. der sogenannten Komplexe usw.). Erlebnisse und Strukturen haben wiederum eine Tiefendimension, die zu ergründen ist: die historisch-genetische. Das entwicklungsgeschichtlich Frühere ist dem Späteren gleichsam unterschichtet. Das gilt für die motivische Geschichte, in der Erleben aus früheren Erlebnissen hervorgeht, es gilt für die Aktualgenese, in der gegliederte und entfaltete Erlebnisformen sich aus gestaltarmen Erlebniskeimen entwickeln; das gilt auch für die Reifung der Charakterstruktur des Erwachsenen, der kindliche und jugendliche Formstufen und mannigfaltige Prägungsvorgänge vorausgehen.

Wir fragen also, was die analytische Methode in den drei Dimensionen ihres Suchens aus der aktuellen, strukturellen und genetischen Tiefe zutage fördert. Diese Fragestellungen fordern einander zu gegenseitiger Ergänzung. Strukturen und Primeigenschaften sind nicht ohne weiteres Erbradikale. Die Verwechslung und unbegründete Gleichsetzung beider ist freilich üblich und spielt in der Diagnose der Psychopathie eine große Rolle. So wird aus dem Menschen des gekränkten und gehemmten Eigenmachtgefühls leicht ohne weiteres der »selbstunsichere Psychopath« aus ererbter Anlage. Die Psychoanalyse ist also mit der Rückführung des Erlebens und des Charakteraufbaus auf tragende Primeigenschaften ganz einverstanden, wenn die Bewegung der Frage damit nicht beendet wird. Denn nun muß der Weg von der Primeigenschaft zum Erbradikal, zur angelegten Konstitution zurückverfolgt werden – und der geht über Prägungsvorgänge, in der Sprache Freuds: über Ichbildung, Identifikation, Verdrängung, Fixierung, Versagung, Trauma und andere Prägungsvorgänge zur Triebkonstitution.

Für Freud ist damit die genetische Frage an ihr Ende, weil an den Anfang und Ursprung der Entwicklung gekommen. Wenn man die Möglichkeiten der analytischen Methode nicht auf Grund eines philosophischen Vorurteils deterministisch einschränkt, drängt sich die Frage auf, ob die Analyse über Anlage und Prägung hinaus Einblick in den dritten Ursprung der Charakterformung erlaubt, in die Selbstbestimmung aus der Wahlfreiheit der Person.

Diese Fragestellung zwingt uns, innerhalb der genetischen Dimension Entwicklung und Geschichte zu unterscheiden.[24] Ein tierischer Organismus entwickelt sich nach biologischen Gesetzen, die in einer gewissen Breite Raum für formende Einflüsse der Umwelt lassen: Graugänse sind prägbar bis in ihre Instinktausrichtungen, Hunde kann man dressieren. Auch der leibseelische Organismus des Menschen hat eine entsprechende Entwicklung, bei der die Entfaltung eines eingeborenen Planes von Umwelteinflüssen modifiziert wird, die wir als Prägungsvorgänge bezeichnen. Der Mensch erfährt aber mehr als Entwicklung,

[24] Vgl. *A. Portmann,* Zoologie und das neue Bild des Menschen, Hamburg 1956.

er hat Geschichte. Die Umwelt dressiert ihn nicht nur mit Lohn und Strafe zu bedingten Furcht- und Lustreflexen. Sie bietet ihm Sinngehalte, Werte, Ziele an, sie führt ihn in ihre eigene Weise ein, die Welt, sich selbst, das eigene Dasein und das Sein im Ganzen zu verstehen. Entwicklung und Prägung werden ergänzt durch Bildung. Der Bildungsvorgang baut nun gewiß auch auf Prägungsvorgänge auf, er setzt in einem gewissen Maß Gewöhnung, bedingte Reflexe, Dressur voraus, aber er relativiert diese auch. Man kann den therapeutischen Prozeß der Analyse zum Teil als einen Umbau auffassen, in dem andressierte Fehlprägungen durch den Einsatz kritischen Sinnverstehens zersetzt und durch Einstellung des inneren und äußeren Verhaltens auf verstandene Sinnzusammenhänge des Lebens ersetzt werden sollen. Hier haben eigentliche Bildungsvorgänge eine orthopädische, korrigierende Wirkung.

Während das Kleinkind der Prägung passiv ausgesetzt ist und ohne Freiheit auf sie reagiert, muß Bildung als Einführung in eine Sinn- und Wertwelt mit einem viel größeren Spielraum der Aktivität des Kindes rechnen. Schon das Dreijährige ist kein so passives Wesen mehr, daß es ohne sein Zutun von Erbanlage und Umwelteinfluß in seinem inneren Schicksal festgelegt würde. Es hat schon hie und da die Möglichkeit, ihm angebotene Daseinsdeutungen – das sind implizite alle Wertungen und Vorschriften – mit anderen zu vergleichen und zu bezweifeln.[25] Damit hat es die Freiheit, eine Wertung abzulehnen, eine andere vorzuziehen, also in den Grenzen der ihm zugänglichen Werte zu wählen und zu entscheiden. So etwas schwingt mit, wenn ein kleines Kind trotzig erklärt: Man darf bös sein, wir wollen böse Kinder haben.

Man darf gerne bezweifeln, daß Freud den Unterschied

[25] In der Möglichkeit des Menschen, sich anbietende Daseinsdeutungen zu bezweifeln, sieht Thure von Uexküll den Ursprung der Freiheit. (Die Naturwissenschaften und unsere Vorstellungen von der Seele, Psyche, XI, 1957/58.)

von Prägung und Bildung, von naturgesetzlicher Entwicklung und geschichtlicher Freiheit gesehen und anerkannt hat. In der Anwendung der psychoanalytischen Methode hat er aber gezeigt, daß die Wertwelt eines Menschen und ihre Frühgeschichte sorgfältig erforscht werden müssen. Es geht in der Analyse nicht nur um die Aufdeckung verborgener Triebströmungen und ihrer Richtung, sondern auch um den Horizont von Ideen, Zielen und Werten, um das Ordnungsbild, an dem der Analysand sein Verhalten orientiert. Der Begriff des »Ichideals« weist darauf hin.[26] Das Ichideal enthält Motive, von denen der Mensch sich nicht nur einfach angezogen, sondern von denen er sich verpflichtet fühlt, die sich also schon durch eine phänomenale Qualität von anderen Motiven, z. B. Lustmotiven, unterscheiden. Das Gefühl des Verpflichtetseins, das vom Ichideal ausgeht, hat oft mit sittlichen Pflichten wenig zu tun. Der Charakter des unbedingt Seinsollenden kann sich an sehr zweifelhafte konventionelle Normen knüpfen. Das Ichideal des Vierzehnjährigen kann die Unverfrorenheit des Gentlemanverbrechers der Zehnpfennigromane oder die Großmäuligkeit des Klassenflegels zum verpflichtenden Inhalt haben.

Die Analyse des Ichideals weist auf drei verschiedene Ursprünge zurück, die selbst nicht weiter auflösbar sind: Prägende Vorbilder, eigene wahre oder vermeintliche Einsicht in Sinn- und Wertverhältnisse, frei wählendes Sichentscheiden gegenüber Vorbildern und Werten. Das Ichideal ist zum Teil die in die Passivität des Kindes eingedrungene Wertwelt der zeugenden Auctoritas der Erwachsenen, zum anderen Teil Werk seiner eigenen wählenden Stellungnahme, seines Sichöffnens oder -verschließens in Ja und Nein.[27]

Gewiß wird eine getroffene Wahl jeweils durch die in

[26] Das Ich und das Es, XII, S. 262 ff.
[27] Vgl. G. *Siewerth*, Metaphysik der Kindheit, Einsiedeln 1957.

ihr wirksamen Motive verstanden, das Gewicht des oder der Motive wiederum wird durch die strukturellen Vorgegebenheiten im Wählenden in seiner Gewichtigkeit begriffen – aber es bleibt ein Rest. Hätte der Wählende sich für die andere Alternative entschieden, wäre die andere Wahl ebenso durch Motive und Struktur verständlich. Es gibt freilich Situationen, in denen mit Motiv und Struktur alles aufgewiesen ist, für solche gibt es auch eine Voraussage mit an Sicherheit grenzender Wahrscheinlichkeit. Es gibt aber auch andere, in denen ein unableitbarer Anfang im Akt der Entscheidung selbst liegt, mit dem ich bestimme, auf welche meiner strukturellen Tendenzen ich mich stellen will und von welcher Daseinsdeutung her ich meinen Motiven Gewicht geben oder nehmen will. Die Frage nach dem stärksten Motiv hat keinen Sinn mehr, wo nicht das Motiv den Ausschlag gibt, sondern die Person das Gewicht ihrer Stellungnahme dem Motiv zuschlägt.[28]

[28] Vgl. *A. Görres,* Vernunft und Leidenschaft. Determinismus und Freiheit im Licht der Psychoanalyse. In: Festschrift für Albert Wellek. »Archiv für die gesamte Psychologie«, Bd. 177, 1964.

PHÄNOMENE UND STRUKTUREN DER CHARAKTERFEHLENTWICKLUNGEN IM PSYCHOANALYTISCHEN BEFUND

Die Sonde, mit der die Psychoanalyse das Gefüge eines Charakters und seine Äußerungen abtastet, ist die Frage nach den Leistungen und Fehlleistungen des Kranken in jenem weitesten Sinn, in dem sich diese Frage nach Leistung, Können und Versagen an das gesamte Erleben und Verhalten stellen läßt. Die Neurose ist eine Charakterkrankheit. Wie der Arzt Gesundheit und Krankheit eines Organismus und seiner Organe vor allem an seinen Leistungen und seinem Versagen abliest, so finden wir die Kriterien eines psychologischen Krankheitsbegriffs am besten unter dieser Fragestellung. In der Psychotherapie geht es um die Psychologie des *Könnens* und seiner strukturellen Voraussetzungen.

Die Abwegigkeiten des Erlebens und Verhaltens könnten wir als solche nicht erkennen, wenn uns nicht ein gewisser Maßstab des gesunden Erlebens vorschwebte.[1] Es gibt keine Pathologie ohne Psychologie, und es gibt keine Psychopathologie ohne Rückgriff auf eine Normvorstellung vom Gesunden, die nicht statistisch ausgezählt werden kann, also nicht eine Durchschnittsnorm, aber auch nicht einfach eine Idealnorm im allzu simplen Sinn eines »Mustermenschen« ist.[2] Auch der Psychoanalytiker geht immer von einem solchen Richtbild aus, es ist nur nicht immer sicher, daß er das weiß und daß er den ihm vorschwebenden Maßstab begründen kann. Da es Kollektivneurosen und eine Kulturpathologie gibt, wird uns die Durchschnittsnorm nicht weit helfen. Sie mag dem Psychi-

[1] Vgl. *G. Bally*, Der normale Mensch, Zürich 1952; *F. Duykaerts*, La notion du normal, Paris 1954; *H. Kunz*, Zur Frage nach dem Wesen der Norm, Psyche, VIII, 1954/55, S. 241 ff.; *H. Müller-Suur*, Das psychisch Abnorme, Berlin 1950.

[2] Kurt Schneider sieht die Wertnorm nur in dieser Vereinfachung – um sie dann natürlich abzulehnen. (Die psychoanalytischen Persönlichkeiten, Wien [6]1943, S. 2.)

ater gute Dienste leisten, für den Psychotherapeuten ist sie unzureichend. Ein Maßstab für seelische Gesundheit und Krankheit läßt sich an ihr nicht gewinnen. Kein Pathologe wird leugnen, daß die Tuberkulose auch dann eine Krankheit bleibt, wenn ein ganzes Volk oder alle Menschen von ihr befallen werden; kariöse Zähne sind nicht gesund, auch wenn die meisten Menschen darunter leiden. Entsprechend wäre die Homosexualität auch dann keine normale Erscheinung, wenn die Mehrzahl der Menschen von ihr betroffen wäre. Der Psychotherapeut kann nicht ohne Selbsttäuschung auf einen wertenden, an einer Wertnorm orientierten Krankheitsbegriff verzichten, solange er als Arzt sich nicht auf diagnostisches Beschreiben und Klassifizieren einschränken mag, sondern auf ein Wertziel hin handelt: die Gesundheit.

Wo ist nun der Maßstab, nach dem wir das gesunde Erleben und Verhalten vom kranken unterscheiden können? Wenn ein Mensch, der hungrig ist, Ekel statt Appetit für Speisen empfindet, dann widerspricht diese Gefühlsentwicklung der erkennbaren Sinnordnung des Affektiven. Wenn ein Mann die erotisch-sexuellen Gefühls- und Antriebsqualitäten nur anderen Männern gegenüber erleben kann, dann widerspricht das erkennbaren Sinnzusammenhängen des Geschlechtlichen. Es gibt Sinngesetze des emotionalen Lebens, es gibt Sinngehalte von Anmutungsqualitäten, die eine Logik des Fühlens und Strebens begründen und inadäquate Affekte als solche erkennen lassen.[3] »Sapiens est, cui sapiunt res sicut sunt« (Bernhard von Clairvaux)[4] – dem Neurotiker schmecken die Dinge nicht, wie sie sind. Die Unangemessenheit des Fühlens und spontanen Strebens kann qualitativ und quantitativ sein, eben weil zur Angemessenheit auch das rechte Maß gehört. Wir

[3] Vgl. O. *Fr. Bollnow*, Das Wesen der Stimmungen, Frankfurt/M. [3]1956.
[4] Sermones de diversis, 18, I; Migne, Partologia latina, Bd. 183, S. 587; zitiert nach *J. Pieper*, Die Wirklichkeit und das Gute, Leipzig 1935, S. 9.

halten es mit Recht für ein Zeichen gestörter seelischer Gesundheit, wenn jemand von jähen Wutaffekten beim geringsten Anlaß überschwemmt wird, und wir wissen auch trotz großer Breite der Bewertungsunterschiede, was ein adäquater und was ein inadäquater Anlaß zum Zorn ist. Die Bestimmung der Gesundheitsnorm ist so schwierig, weil sie einmal von ethischen Normen abgegrenzt sein muß, dann aber auch die Unvollkommenheit, Begrenztheit und die essentiellen Unordnungen und Schwächen der menschlichen Natur nicht einfach mit der Neurose gleichsetzen darf. Wir müssen auch berücksichtigen, daß der Mensch ein werdendes Wesen ist und nach seiner Entwicklungsstufe beurteilt werden muß. Erlebnisse und Handlungen, die beim Kind angemessen und gesund sind, können beim Erwachsenen kranken oder mindestens unreifen Charakter haben.

Der Begriff der Gesundheit ist dem des Lebens zugeordnet. Gesund sein kann nur, wer lebt – und wer sterben oder krank sein kann. Gesundheit hat also etwas mit der Ordnung in den Lebensvorgängen und im Lebensvollzug zu tun. Zur Ordnung im Lebensvollzug des Menschen gehört aber auch das sittliche Sein und Tun. Dennoch ist gesund nicht gut, und bös nicht krank. Der Mensch ist gut, insofern sein freies Wollen und Handeln den Sinnlinien der Wirklichkeit, den vorgegebenen Wesensausrichtungen der menschlichen Natur in allen ihren Bezügen entspricht. Das Gute ist das Wirklichkeitsgemäße.[5] Diese Ordnung im Lebensvollzug ist nicht seelische Gesundheit, sie kann oft trotz seelischer Krankheit verwirklicht werden und kann bei seelischer Gesundheit fehlen. Die Ordnung im Bereich der freien Entscheidungen und Haltungen des Menschen ist mehr als Gesundheit, wenngleich sie in geheimnisvoller Weise mit ihr kommuniziert. – Wo ist also der »Ort« der seelischen Gesundheit und Krankheit?

[5] *J. Pieper*, Die Wirklichkeit und das Gute, Leipzig 1935.

Im Aufbau der Person gibt es drei Ordnungsbereiche, die sich deutlich unterscheiden, wenngleich sie innig ineinander verwoben sind.

Zunächst den vegetativ-physischen, dessen Ordnung und Unordnung von der Medizin, von Anatomie, Physiologie, pathologischer Anatomie und pathologischer Physiologie beschrieben werden. Weiter gibt es den Ordnungsbereich des eigentlich personalen Seins und Handelns, der auf sinnverstehender Erkenntnis gegründeten freien Willenshaltungen und Gesinnungen der Personmitte.

Ordnung und Unordnung in diesem zentralen, personalen Bereich beschreibt die Ethik. Der als personale Existenz geordnete Mensch ist der gute Mensch, dessen Ordnungsbild seit Platon in den vier Grundtugenden der Klugheit, Gerechtigkeit, Tapferkeit und des Zucht- und Maßhaltens gezeichnet wird. Zwischen dem vegetativen und dem personal existentiellen Bereich liegt der Ordnungsraum des Vorpersonal-psychischen. Die beiden psychischen Bereiche von Ordnung und Unordnung werden durch die Grenzlinie der Freiheit voneinander getrennt. Es gibt eine Unzahl unwillkürlicher seelischer Vorgänge, die nicht danach fragen, ob sie dem Erlebenden recht sind oder nicht, über die er nur beschränkt verfügen kann und für die er darum auch gar nicht oder nicht voll verantwortlich ist: Hunger, Schmerz, Müdigkeit, spontane Antriebe, Gefühle und Stimmungen, Neigungen und Abneigungen. Weiter die Fülle der spontan einfallenden Inhalte: Erinnerungen, Phantasien, Gedanken, Impulse. Auch alle unbewußten Vorgänge und Psychismen gehören in diesen Bereich des unwillkürlichen, vorpersonalen Geschehens. Spontane, ungesetzte, unfreie seelische Regungen gehen jeder freien Entscheidung voraus und sind Bedingung ihrer Möglichkeit. Bevor der Mensch als Person wählend über sich selbst verfügt, ist er selbst seiner eigenen Verfügung immer schon als vorpersonale Natur vorgegeben. Ehe es zum allerersten freien Akt und zu jedem weiteren kommen kann, ist, der ihn setzt, schon in einem bestimmten Sosein, mit einem individuellen Charakter da, den dann freilich auch die eigenen Entscheidungen mitformen. Weil die vorpersonale seelische Lebensbewegung und die Strukturen, die sie tragen, jeweils der wählenden Selbstbestimmung vorausgehen, müssen wir die ihnen eigentümliche Ordnung, die Unordnungen, Fehlprägungen und Fehlhaltungen von der Ordnung und den Unordnungen und Fehlhaltungen der Personmitte selbst sorgfältig unterscheiden.[6]

Im vorpersonal-psychischen Raum liegen einmal die Anlagen und Mißbildungen, Begabungen und Begabungsmängel, das »Lebenswerkzeug« der Person,[7] und ihr Naturcharakter mit seinen Stärken und Schwächen. In diesem Bereich liegt aber auch alles, was an Prägungen und Ausformungen des ererbten Charakterstoffes der Mensch im Laufe seines Lebens erfahren, aber nicht in freiwilligem Entschluß in seine personale Willenshaltung übernommen hat.

Die Grenze zwischen Personalem und Vorpersonalem ist nicht die zwischen Geistigem und Sinnlichem, sondern die zwischen freiem Handeln und unwillkürlichem Geschehen. Vorpersonal bedeutet nicht vorgeistig oder geistlos. Der Raum des Geistes ist weiter als der der Freiheit, es gibt spontane, unfreie Regungen des geistigen Erkennens und Strebens. Nicht jede Willensbewegung ist ein freier Entscheidungsakt. Ebenso wie die Leiblichkeit und Sinnlichkeit des Menschen sich in allem geistigen Erkennen und Wollen finden, gibt es keine noch so primitive Wahrnehmung, Trieb- und Gefühlsregung, die völlig geistlos wäre. Der Mensch ist wesentlich und darum in allem Erleben animal rationale, seine Geistigkeit fängt nicht erst

[6] Vgl. *K. Rahner*, Zum theologischen Begriff der Konkupiszenz; in Schriften zur Theologie, I, Bd., Einsiedeln 1954.

[7] *G. Pfahler*, Der Mensch und sein Lebenswerkzeug. Erbcharakterologie, Stuttgart 1954.

jenseits der Sinne und Triebe an. Sie ist mehr als begriffliches Denken und wählende Selbstbestimmung, mag sie auch in diesen Akten am deutlichsten sichtbar werden.

Wenn also die seelische Gesundheit nicht eigentlich im Bereich des freien Wollens und der freien sittlichen Werthaltungen als dem Zentralbereich der Person beheimatet ist, müssen wir sie wohl in den vorpersonalen Bereichen der spontanen unfreien Lebensvorgänge, im Raume des »Mögens« und »Könnens«, suchen. Seelisch gesund ist, wer die der menschlichen Natur wesentlichen und möglichen, sie entfaltenden und vervollkommnenden Vorgänge, Akte und Gehalte in ausreichendem Maße erleben und vollziehen *kann*, krank, wer in ihnen und damit in seinem menschlichen Können, in seiner Freiheit, erheblich eingeschränkt ist.[8] Krank und gesund betreffen den »ordo sentiendi«, gut und bös den »ordo consentiendi«.

Deutlich wird Gesundheit und Krankheit einmal in der Befindlichkeit und Zuständlichkeit des Menschen, dann in den Erlebnissen und Leistungen, die ihm möglich sind und auf die hin er angelegt ist. So ist er als geistiges Wesen auf die Erkenntnis der Gesamtwirklichkeit hin angelegt wie das Auge auf die Wahrnehmung von Formen und Farben. Zur seelischen Gesundheit gehört ein wahrnehmungsfähiges geistiges Auge ohne allzu große Brechungsfehler, ein sanum iudicium, das die Wirklichkeit unverzerrt erfaßt. Der Mensch als sinnlich-geistiges Wesen ist weiter auf Güter und Werte ausgerichtet, die er in ihrem Wertglanz erfahren und zu denen er Stellung nehmen soll und muß. Zur vollen seelischen Gesundheit gehört eine Offenheit des Gefühls und der spontanen Strebungen für den Anmutungsreichtum der begegnenden Welt, der begegnenden Gesamtwirklichkeit, ihren Sinn- und Wertgehalt und ihre

[8] Wenn ich M. Boss richtig verstehe, bestimmt er seelische Krankheit ähnlich als »Beeinträchtigung des In-der-Welt-sein-Könnens«. (Sinn und Gehalt der sexuellen Perversionen, Bern 1952, S. 99.)

Möglichkeiten. Der Mensch ist als Mitmensch, als animal sociale auf den anderen und die Gemeinschaft hingewiesen und vom anderen gefährdet. Die Fähigkeit zu Liebe und Kampf, zu Vertrauen, Hingabe und Selbstbehauptung ist ihm lebensnotwendig und gehört zur seelischen Gesundheit. Der Mensch ist als geschlechtliches Wesen auf Ergänzung und Hilfe in Geschlechtsgemeinschaft und Familie hingeordnet. Die Gefühlsentfaltung in der geschlechtlichen Liebe führt ihn über sich hinaus, verbindet ihn mit dem anderen und gibt die seelische Wärme, in der er selbst und seine Kinder ein gesundes Reifungsklima finden. Wo diese Liebesfähigkeit fehlt, ist die seelische Gesundheit zumindest unvollständig.

Diese Bestimmung der seelischen Gesundheit muß nun von der Erkenntnis eingeschränkt werden, daß der Mensch ein mangelhaftes, unvollkommenes, schwaches Wesen ist. Eine gewisse Beschränkung des Könnens und der Freiheit, eine Unordnung im vorpersonalen Bereich der Gefühle und Strebungen gehören so sehr zum Menschen, daß es keinen Sinn hat, sie als psychopathisch oder neurotisch zu bezeichnen. Überdies kann die Minderung der Freiheit, die Beschränkung des Könnens, die Unordnung im vorpersonalen Bereich auch vom wählenden Willen, von sittlichen Fehlentscheidungen und Fehlhaltungen induziert sein. Auch das wird man nicht neurotisch nennen wollen. Nicht jede Untugend, jeder Charakterfehler gehört in den Bereich der Krankheit. Freud unterscheidet im Raum des Leids das »gemeine Unglück« vom »hysterischen Elend«.[9] Ebenso notwendig ist die Unterscheidung von Unanständigkeit und Bosheit des Gesunden auf der einen und neurotischen Charakterkrankheiten auf der anderen Seite. Der Mensch ist gut, insofern er will, was er soll. Er ist gesund, insofern er *kann*, was zum vollen menschlichen Leben gehört.

[9] Studien, I, S. 312.

Dieses Können ist nicht nur Tunkönnen. Viele seelisch Kranke können alles mögliche tun und leisten, aber sie können es nicht lassen. Ruhe, Muße, freie Zeit sind ihnen unerträglich. Ihre Tätigkeit ist atemlos, wie gejagt. Wo die vita activa nicht von einer ruhenden Mitte getragen ist wie das eilende Rad von der Achse, um die es sich dreht, wo dem tätigen Leben der stille Grund des Kontemplativen gänzlich fehlt, da gerät es in eine tödliche, roboterhafte, sinnleere »Weltläufigkeit«.[10]

Eine andere Weise des Könnens, die dem Menschen abverlangt wird, ist das Ertragen. Seelische Gesundheit zeigt sich in der Fähigkeit, Belastungen auszuhalten, in Versagungen, Versuchungen, Enttäuschungen, Verlusten, im Leid standzuhalten; das alles nicht nur als gegenwärtiges Übel, sondern auch als aus der Zukunft drohende, in Sorge und Furcht erlebte Gefahr ohne inadäquate Reaktionen zu bestehen. Auch in der Passivität werden dem Menschen eigentliche Leistungen des Verwindens, Verkraftens, Verzichtens und Sichlösens zugemutet, die ein entsprechendes Können voraussetzen.

Es ist wohl deutlich geworden, daß die Psychotherapie mit ihrem Krankheitsbegriff nicht nur anthropologische, d. h. das Wesen des Menschen betreffende metaphysische Aussagen voraussetzen sollte, sondern daß sie dies unausweichlich immer tut und tun muß. Psychotherapie ist wohl ohne philosophische Besinnung und Kontrolle möglich – aber dann dringen naive weltanschauliche Setzungen unvermeidlich mit der Wirrnis des Beliebigen in sie ein. Der Psychotherapeut hat nur die Wahl, sein Tun von unkontrollierten Privatdogmen bestimmen zu lassen oder sich der philosophischen und theologischen Reflexion auf das Wesen des Menschen zu stellen. In der Praxis wird er sich freilich oft genug damit begnügen müssen, einen vorwis-

[10] *E. Michel,* Zur anthropologischen Deutung der Hysterie, Stud. Generale III, 1950.

senschaftlichen Maßstab anzulegen, und es ist das Glück der Psychotherapie und der Kranken, daß die vorwissenschaftlichen Maßstäbe der Psychotherapeuten oft wesentlich gesünder und vernünftiger sind als die von ihnen theoretisch ersonnenen. Auch unsere Formulierung der seelischen Gesundheit bleibt unbrauchbar, weil inhaltlich zu unbestimmt und allgemein, wenn sie nicht von einem reichen und differenzierten vorwissenschaftlichen, wissenschaftlichen und »überwissenschaftlichen« Wirklichkeitssinn ausgelegt wird, der von Lebensklugheit und Erfahrung, aber auch von den spirituellen Gaben des Verstandes und der Unterscheidung gebildet ist.

WESEN UND ORT DER NEUROSE

Im vorpersonalen psychischen Bereich finden wir vier mögliche Grundformen der Unordnung:

Unordnung, die aus dem vegetativen Bereich in den psychischen eindringt, z. B. Fieberdelirien, Vergiftungspsychosen. Unordnung, die aus dem personalen Bereich übergreift, z. B. Verstimmungszustände, die auf ein gewohnheitsmäßiges, willkürliches Sichgehenlassen, auf Selbstverwöhnung beruhen, oder Unechtheit des Gefühls, wo sie Folge eines Lebensaufbaues ist, dessen Hauptmittel Lüge und Täuschung sind.

An strukturellen Unordnungen im vorpersonalen Raum, also an Fehlbildungen des vorpersonalen Charakters, sind zwei Grundformen denkbar: Einmal ererbte und angeborene Mißbildungen und Defekte der charakterlichen Grundstruktur, die sogenannten Psychopathien. Psychopathie im engeren Sinne nennen wir hier nur die anlagebedingten und angeborenen seelischen Fehlbildungen, die selbst unter günstigen Wachstumsbedingungen keine gesunde Entwicklung zulassen. Oft wird der Begriff auch in einem weiteren Sinne gebraucht, der die Neurosen einbezieht. Die Diagnose der Psychopathie ist im Einzelfall selten zwingend zu beweisen, aber doch oft wahrscheinlich genug. Die Einschränkung des Psychopathiebegriffs ist in der Notwendigkeit begründet, die anlagebedingten Abwegigkeiten des Charakters begrifflich zu benennen; sie hat außerdem noch eine praktische Bedeutung: sie schützt den Arzt vor fahrlässiger Fehldiagnose. Jeder Arzt, der mit seelisch Kranken zu tun hat, ohne die psychotherapeutischen Verfahren zu beherrschen, ist in der Versuchung, die Mängel seiner ärztlichen und psychologischen Ausbildung vor sich und anderen dadurch zu verdecken und sich der ärztlichen Verantwortung zu entziehen, daß er mit einem logischen Kunstgriff, den ein weitgefaßter Psychopathiebegriff erleichtert, das »für mich unheilbar« in ein »an sich unheilbar« umfälscht. Die Diagnose der Psychopathie hat dann eine Entlastungsfunktion und soll sagen: »Nicht ich, sondern deine Anlage ist schuld, daß ich dir nicht helfen kann.«

Als zweite Grundform der vorpersonalen Unordnung finden wir die erworbenen Fehlentwicklungen und Verformungen des Charaktergefüges, die sich aus dem Ausfall notwendiger Entwicklungshilfen und aus schädigenden Prägungsvorgängen ergeben. In diesem Bereich der unverschuldeten Charakterfehlentwicklungen, der »Charakterkrankheiten«,[11] weist die analytische Methode Symptome, Formen und Bedingungen der Unordnung auf, die sie phänomenologisch und strukturanalytisch zu beschreiben, womöglich auch genetisch zu klären sucht.

Dabei steht a priori noch gar nicht fest, welche klinischen Bilder zu den erworbenen Charakterfehlentwicklungen zu zählen sind. Grundsätzlich könnte man jeden Menschen, der dazu fähig und bereit ist, in die Testsituation des freien Assoziierens und der biographischen Mikrosko-

[11] *A. Wellek*, Die Polarität im Aufbau des Charakters, Bern ²1959, S. 20.

pie einführen, sei er gesund, psychopathisch, pervers, verwahrlost, psychotisch, neurotisch, psychosomatisch krank oder auch nur mit alltäglichen Charakterfehlern und Hemmungen behaftet. Die Aufgabe der analytischen Methode besteht in allen diesen Fällen darin, in ihrem Prüffeld der assoziativen Erlebnisentfaltung und der mikrobiographischen Beobachtung Störungsformen des Erlebens und Verhaltens aufzuweisen, die zunächst als Erscheinungen erworbener Fehlentwicklungen der vorpersonalen Struktur gedeutet und möglicherweise als solche erwiesen werden können.

Dem reinen Fall erworbener Strukturverformung scheinen unter den empirisch gegebenen Erscheinungsbildern der vorpersonalen Unordnung die Psychoneurosen, gewisse ihnen ähnliche neurotoide Charakterformen (Charakterneurosen) und die chronischen psychosomatischen Krankheiten am nächsten zu kommen. Für diese Gruppe steht im folgenden abkürzend der Begriff Neurose.

Die verschiedenen Formen charakterlicher Fehlbildungen sind in der Wirklichkeit selten rein ausgebildet und auch im Erscheinungsbild nicht immer leicht zu unterscheiden. Wir haben aber gute Gründe, die Existenz von reinen Neurosen anzunehmen, also Fehlentwicklungen bei gesunder Erbanlage, deren Aufbau nicht von freien personalen Fehlentscheidungen getragen wird. Wenn das einmal grundsätzlich anerkannt ist, wollen wir zugeben, daß wir keine sicheren empirischen Kriterien besitzen, den psychopathischen vom neurotischen und vom personalethischen Anteil im Aufbau einer Persönlichkeit klar zu scheiden. Natürlich kann auch niemand den neurotischen Menschen hindern, »unter« seiner Neurose noch Psychopath zu sein und »über« ihr noch ein aus eigener Freiheit und Schuld im Kern von sich selbst gestörter oder zerstörter Mensch zu werden. Beides ist aber vom Neurotischen als solchem ex definitione wesensverschieden. Freilich disponiert eine ungefüge, labile, disproportionierte Anlagestruktur eher zu neurotischen Entwicklungen als eine geglückte Erbkonstitution. Aber auch Anlagegegebenheiten, die an sich nichts Krankhaftes oder Defektes an sich haben, z. B. hohe Sensibilität, können ihren Träger in Richtung der Neurose gefährden, weil ihre gesunde Entwicklung sorgsame, richtige Pflege und besonders günstige Wachstumsbedingungen erfordert.

Um nun für unsere Zwecke Psychopathie und Neurose nicht nur begrifflich, sondern in der Realität unterscheiden zu können, nennen wir vorläufig »neurotisch« alle die Fehlentwicklungen, Krankheiten und Symptome, die der Erfahrung nach durch psychologische Behandlungsmethoden dauerhaft geheilt werden können. Bei ihnen dürfen wir annehmen, daß sie nicht zwangsläufig aus der Erbanlage hervorgehen und daß seelische Fehlentwicklungen auf Grund mangelnder Umwelthilfe,[12] schädigender Prägungs- und Lernvorgänge[13] und mißlungener Erlebnisbewältigung eine entscheidende Rolle spielen. Darum nehmen wir in den Kreis der Betrachtung nicht nur die Konversions- und Angsthysterien, Phobien und Zwangsneurosen, Süchte und Perversionen auf, sondern auch die chronischen Krankheiten, die heute mit guten Gründen als exquisit psychosomatisch angesehen werden (z. B. gewisse Formen des Ulcus ventriculi et duodeni, des Asthma bronchiale u. a.), und die reinen »Charakterneurosen« ohne medizinisch faßbare Symptomatik, weil wir bei all diesen ähnliche Strukturen vermuten. Kranke dieser Gruppen sind durch analytische Psychotherapie geheilt worden, womit nicht gesagt ist, daß z. B. jeder einzelne Fall jeder Form von Perversion oder Zwangsneurose mit Erfolg psychotherapeutisch behandelt werden kann. Wir sind uns

[12] Vgl. *G. Gueux*, La névrose d'abandon, Paris 1950.
[13] *H. J. Eysenck*, Behaviour therapy and the neuroses, Pergamon Press, Oxford 1960.

der Gefahr bewußt, wesensverschiedene Dinge in einen Topf zu werfen. Das ist in der Psychopathologie nicht immer mit Sicherheit zu vermeiden – wer weiß denn wirklich, wieviel verschiedene »Entia morbi« z. B. in dem großen Sammelbecken der »Schizophrenie« beieinander liegen mögen? Es genügt, daß wir bisher gute Gründe haben, die Psychoneurosen, die chronischen psychosomatischen Krankheiten und die Charakterfehlentwicklungen unter einer gemeinsamen Perspektive zu sehen. Das Recht zu dieser Betrachtungsweise scheint immer mehr bestätigt zu werden.

Natürlich wäre es unsinnig, zu leugnen, daß in vielen Neurosen auch psychopathische Anlageradikale eine große Rolle spielen. Die Benennung ist also keine streng absetzende, sondern eine akzentuierende. Von reinen Neurosen reden wir, wo wir annehmen dürfen, daß die lebensgeschichtliche Prägung der Struktur das Krankheitsbild wesentlich bestimmt und daß die Anlage von sich aus gesundheitsfähig ist.

ÜBER GESUNDHEIT UND KRANKHEIT DER SEELE

LEISTUNGSANALYSE: DIE STÖRUNGEN DES ERKENNENS, FÜHLENS UND STREBENS

Die Frage nach Leistung und Fehlleistung, nach den feineren neurotischen Funktionsstörungen, hat, wie wir sahen, für den Psychotherapeuten eine ganz grundsätzliche Bedeutung. Dazu kommt ihr praktischer Wert. Sie erlaubt es, vor dem eindringenden Studium der feineren Phänomene, Strukturen und genetischen Verhältnisse eine erste orientierende Übersicht zu gewinnen, die später genauer ausgezeichnet werden muß. Aber auch während dieses Studiums wird diese Frage die Analyse immer begleiten. Von den drei Aspekten der Betrachtung psychologischer Phänomene,[1] dem Aspekt des Erlebens, dem Aspekt des Verhaltens und dem der Leistung, wollen wir also den letzten an den Anfang stellen und gleichsam auf die anderen ausdehnen. Die folgende Darstellung wird zeigen, wie dies gemeint ist.

Wenn wir den Lebensbereich des Neurotikers nach Leistungen und Fehlleistungen, nach »Können« und »Nichtkönnen« abtasten, dann finden wir im Bereich der Erkenntnis regelmäßig ein Gewebe von groben Irrtümern und Illusionen, die sein Erleben und Verhalten bestimmen. Er hat keinen klaren Blick, kein gesundes Urteil, er tritt mit oft erstaunlich falschen Vorstellungen und Erwartungen an Menschen und Verhältnisse heran, wird darum ständig enttäuscht, und es mißlingt ihm viel.

Eine umfassende Betrachtung der Lebensgeschichte deckt gewöhnlich ein großes Maß von *Verkennung der Wirklichkeit* auf, freilich nicht immer auf den ersten Blick. Neurotische Menschen bilden trotz aller groben Sehfehler

[1] *K. Bühler*, Die Krise der Psychologie, Jena 1927.

oft eine feine kompensierende Intuition für ihre Chancen aus, sie wissen die passenden Gegenneurosen zu finden, bei und mit denen sie Mißerfolge vermeiden können. Überdies kann die partielle neurotische »Seelendummheit«, das Versagen der Welt- und Menschenkenntnis (Schultz-Henke), die Unfähigkeit zu unbefangener Wahrnehmung und Erfahrung, die Neigung zur Färbung und Verzeichnung der Wirklichkeit bei Menschen von hoher Intelligenz einigermaßen ausgeglichen werden. Das ist allerdings noch seltener, als die hohe Intelligenzbegabung an sich schon ist. Denn tatsächlich wird die korrigierende Kraft der Intelligenz vom neurotischen Menschen oft nicht ausgenutzt. Erstaunliche Lebensdummheit kann in der Neurose mit großer intellektueller Begabung zusammengehen. Deutlich wird das z. B. oft in der Ehe- und in der Berufswahl. Der Neurotiker ver-heiratet sich häufig im Sinne einer Fehlleistung mit einem Partner, den er in seinem Wesen falsch erfaßt hat und zu dem er auffallend schlecht paßt. Er ergreift einen Beruf, zu dem er besonders unbegabt ist. Wenn man Menschen kennenlernt, die vorher von Patienten beschrieben worden sind, erstaunt man immer wieder über das Zerrbild, das der Kranke gezeichnet hat. Gerade dies ist eine Schwierigkeit der Behandlung. Der Arzt ist meist auf die Schilderung des Patienten angewiesen – und doch kann er bei jeder Gelegenheit einer objektiven Kontrolle die großen Lücken und Entstellungen in dieser Schilderung feststellen. Hat er Gelegenheit, Geschwister, Eheleute oder Menschen, die sonst zusammenleben, z. B. auf einer Klinikstation, gleichzeitig zu behandeln, dann zeigt sich die Unfähigkeit der Kranken, Zustände und Ereignisse, Menschen und Verhältnisse unentstellt wahrzunehmen und wiederzugeben, besonders deutlich. Dennoch kann der Arzt sich mit der Zeit ein einigermaßen zutreffendes Bild von den Lebensumständen des Patienten machen, weil dieser seinen eigenen Bericht im Laufe der Zeit korrigiert, ohne es zu bemerken. Seine Erzählung ist voll von Widersprüchen, aus denen die wahren Verhältnisse sich einigermaßen interpolieren lassen. Die Wertungen werden von Fakten beleuchtet, ergänzt, widerlegt. So mag ein Patient seinen Schwiegervater etwa als geizigen, kleinlichen Menschen schildern. Wenig später erfährt man, daß ihm dieser Geizhals zum letzten Geburtstag einen Fernsehempfänger geschenkt hat, und später stellt sich heraus, daß er einen monatlichen Unterhaltszuschuß von erheblicher Höhe seit Jahren überweist, ohne ein Wort darüber zu verlieren.

Es gibt Wahrhaftigkeitsskrupulanten unter den Kranken, besonders unter Zwangsneurotikern, die jedes Wort auf die Goldwaage legen – und dennoch trifft das Gesagte auch für sie zu. So exakt ihre Aussagen im Detail sein mögen, so täuschend und entstellt ist doch das Gesamtbild, das sie zeichnen. Sie entstellen durch Auswahl, durch Auslassung, durch falsche Farben und Töne im emotionalen Erfassen.

Oft ist das Denken und Urteilen in hohem Maß von Vorurteilen bestimmt und von Vorbildern abhängig, die jede Selbständigkeit der Meinungsbildung von vornherein verhindern. Auch dieser Befund zeigt sich in den gegensätzlichen Erscheinungsformen von Leichtgläubigkeit und Überskepsis. Viele Täuschungen finden wir in den Anschauungen und unausgesprochenen Meinungen der neurotischen Menschen über die richtige Ordnung der Dinge.

So ist es für sie oft selbstverständlich, daß bestimmte oder alle Menschen sich nach ihrem Willen richten müssen. Jede Analyse fördert ein System von solchen selbstverständlichen Meinungen über das, was ist, und das, was sein soll, zutage, die für den Beobachter alles andere als selbstverständlich und höchst sonderbar sind. Das Erleben und Verhalten richtet sich nach bestimmten Maximen, die manchmal ausdrücklich formuliert werden, meist aber nur unreflektiert und gefühlshaft vorschweben. Oft ist ihre

Wirksamkeit an diesen diffusen, verschwommenen Zustand gebunden, und sie werden erschreckt verworfen, wenn sie der Reflexion deutlich gegenüberstehen.

Wo der gesunde Mensch wünscht und hofft, glaubt der Neurotiker, fordern zu können und Rechtsansprüche zu haben. Darum erlebt er vergiftenden Ärger und gekränkte Resignation, er gibt sich der Hoffnungslosigkeit hin, wo die kleinen Mißlichkeiten des Alltags mit sparsameren inneren Aufwendungen beantwortet werden sollten.

Zu den Verzerrungen von Wahrnehmung und Urteil treten die *Erinnerungsfälschungen und -ausfälle.* Im extremen Modell der schweren Hysterie ist die Gesamtbiographie durch große Gedächtnislücken, die hysterischen Amnesien, wie zerstückelt. Sie finden sich nicht nur in der entfernteren, sondern auch in der unmittelbaren Vergangenheit. Wenn ein Hysteriker den vergangenen Tag erzählt, wird er häufig just das vergessen, was ihn am stärksten innerlich betroffen hat, oder er wird wenigstens ganz Wichtiges auslassen. Besonders aber die Zeit unmittelbar vor Ausbruch der Krankheit ist vom Vergessenwerden bedroht. Häufig stellt sich die Erinnerung an entscheidende Ereignisse, Enttäuschungen, Verluste, Versagungen, Belastungen und Versuchungen erst nach dringlichen Fragen oder, wenn der Arzt auf inquisitorische Explorationen verzichtet, nach längerer Analyse beiläufig ein. Die Gedächtnislücken werden durch eindeutige Erinnerungsfehler ausgefüllt. So neigen nicht nur Hysteriker, sondern die meisten neurotisch und psychosomatisch Kranken zu Erinnerungstäuschungen, die biographische Zusammenhänge zu verbergen geeignet sind. Der Beginn der Krankheit wird versehentlich in ein falsches Jahr verlegt. Später stellt sich an zuverlässigen Anzeichen heraus, daß die Erkrankung sicher in einem anderen Jahr und in zeitlichem Zusammenhang mit einem wichtigen Ereignis begonnen hat. Während der Hysteriker unbewußt fälscht und unterschlägt, entstellt der Zwangsneurotiker durch »understatement«, er »untertreibt«, indem er den Erinnerungen das emotionale Gewicht nimmt. Sein Gefühlsgedächtnis ist so lückenhaft wie das Tatsachengedächtnis des Hysterischen. Auch das gilt für die unmittelbare ebenso wie für die entferntere Vergangenheit. Der Zwangskranke merkt es nicht, wenn ein Erlebnis ihn tief getroffen hat – aber seine Zwänge werden quälender.

Der Mensch ist in seinen Lebensvollzügen ständig auf die Hilfe seiner vorpersonalen Natur, auf Gefühle und spontane Strebungen angewiesen, ohne die vernünftiges, sachgerechtes Denken, Wollen, Wählen und Handeln überschwer oder gar unmöglich werden. Die Lehre von der Willensfreiheit wird überspannt, wenn man das vergißt. Der neurotische Kranke wird in seinen Lebensvollzügen auf Schritt und Tritt gestört durch hinderliche *Gefühle und Strebungen am falschen Platz,* oder durch deren *Ausfall* dort, wo sie notwendig und hilfreich wären. Die spontane Natur versagt oder widersetzt sich seinen Absichten. Sie bewegt und regt sich eigensinnig ohne unmittelbar verständlichen Grund. Sie folgt eigengesetzlichen, scheinbar willkürlichen Gezeiten, besser Unzeiten, von Ebbe und Flut, die den Bereich der willentlichen und bewußten Person heute überschwemmen und morgen dürr stehen lassen. In einem gewissen Grad wird jeder Mensch die Grenzen der Verfügbarkeit seiner eigenen Natur erfahren. Der Neurotiker aber kennt mehr Grenzen als Wege in der Landschaft seines inneren Erlebens. Wenn wir, der Beschreibung vorgreifend, eine Formel versuchen wollen, so können wir sagen:

Der Neurotiker ist gestört in seinen Gefühlsbeziehungen zu sich selbst, zu Welt und Personen. Er kann kein flüssiges, lebensvolles Verhältnis gewinnen zu sich selbst, zu seinem leib-seelischen Wesen und Dasein, also zu seinem *Ich.* Es ist ihm unmöglich, wie Franz von Sales zu sagen: »Ich preise den Herrn in dem Angesicht, das Er mir gab.« Er ist unzufrieden mit sich gerade da, wo diese Unzufriedenheit gar keinen Sinn hat, d. h. mit seinen Wesensgrenzen und Anlagen, die er weder ändern kann noch soll. Er mag sich nicht. Regelmäßig finden wir beim neurotischen Menschen ein *gestörtes Selbstgefühl.* Er kann keine echten Eigenmacht- und Selbstwertgefühle entwickeln, wo sie angemessen, berechtigt und für sein Tun notwendig wären. Dieser Befund ist so auffällig, daß ihn Adler in der Lehre vom »Minderwertigkeitskomplex« zum Ausgangspunkt seiner Neurosenlehre gemacht hat. Auch Freud führt diese Beobachtung schon in seiner ersten psychologischen Schrift als Kennzeichen des Nervösen an.[2] Weitere Gefühlsstörungen in diesem Umkreis hat er in seiner Lehre vom »Über-ich« beschrieben: unbegründete Schuld- und Schamgefühle,[3] Regungen der Selbstentwertung und Selbstkritik, überspannte Forderungen und Erwartungen der eigenen Person gegenüber treten bei neurotischen Menschen ungewöhnlich oft und intensiv ohne die sinnvollen Zusammenhänge auf, in denen der gesunde Mensch solche Regungen erlebt. Besonders die *Schuldgefühle* am falschen Platz beschweren das Leben der Kranken. Sie haben Schuldgefühle, weil sie überhaupt existieren, weil sie einen Leib, weil sie ein Geschlecht haben. Das neurotische Schuldgefühl kann sich auf Bestimmungen des Daseins beziehen, die ihrem Wesen nach nichts mit Schuld zu tun haben. Freilich gibt es auch eine Verschiebung von reellen Schuldgefühlen. Sie sind in wirklicher Schuld fundiert, aber aus dem Zusammenhang mit ihr gelöst und auf harmlose Anlässe verschoben, die das Schuldgefühl nach Art und Maß nicht verständlich werden lassen.

Alle diese Feststellungen über die Selbstentwertungstendenzen des Neurotikers schließen nicht aus, was der Be-

[2] Ein Fall von hypnotischer Heilung, I, S. 9.
[3] Das Interesse an der Psychoanalyse, VIII, S. 418.

griff des *Narzißmus* andeutet: Die Selbstverliebtheit, die Neigung zur Selbstüberschätzung, zur Selbstverwöhnung und zum Selbstmitleid. Die neurotische Selbstverliebtheit und die Selbstüberschätzung haben wenig mit dem gesunden, wenn auch nicht erfreulichen Hochmut des überlegenen, lebensstarken und selbstsicheren Menschen zu tun. Sie sind vielmehr oft die Kehrseite, vielleicht die Kompensation des Zweifels an sich selbst und mögen mit dem Versuch zusammenhängen, die tiefe Selbstunsicherheit und Überzeugung vom eigenen Unwert zu verdecken. Freuds Unterscheidung von Narzißmus und Egoismus[4] (der eine ist Ausdruck der autistischen Libido, der andere Ausdruck der »Ich-Triebe«) fällt in der letzten Phase der Theoriebildung weg. Im üblichen Sprachgebrauch der Analytiker werden beide kaum unterschieden. Der Begriff des Narzißmus wird auch auf das ausgedehnt, was man sonst egoistisch, egozentrisch, selbstsüchtig nennt, ist also sehr weit.

Überaus häufig sind auch *Störungen in der Lebensgrundstimmung:* depressive Verstimmungen, allgemeine Gefühlsverarmung, das Gefühl der Gefühllosigkeit, eine drükkende Freudlosigkeit, ein Leiden am Leben und an sich selbst. Auch die so häufige neurotische Trägheit, der Mangel an Anstrengungsbereitschaft, ist oft eine larvierte Form von depressiver Verstimmung. Unruhe, Gespanntheit, Unfrieden, oft in der Form der Reiz- und Sensationsgier, der »Weltläufigkeit« (E. Michel), ergänzen das Bild. Neurotiker sind nie ruhige, gelassene, ausgeglichene Menschen.

In der Neurose finden wir eine eigentümliche Dürftigkeit und *Schwäche des Weltbezuges.* Dem seelisch lebendigen Menschen ist die Welt saftig und farbig, die Dinge schmecken ihm süß oder bitter, er berührt sie, und sie ihn. Wer sein Menschsein bei sich hat, den rührt ein blühender Zweig, ein Kinderlächeln, ein Lied, ein freundliches Wort

[4] Zur Unterscheidung von Narzißmus und Autoerotismus vgl.: Die Disposition zur Zwangsneurose, VIII, S. 466.

an, er findet Glück in kleinen und alltäglichen Dingen. Er kommt, sapiens, auf ihren Geschmack und erfährt ihre Nährkraft. Dem neurotischen Denken und Erkennen fehlt diese belebende Berührung, es schmeckt und nährt nicht, bleibt intellektuelle Information. »Nicht das Vielwissen sättigt die Seele und gibt ihr Genüge, sondern das Fühlen und Kosten der Dinge von innen.« Dieser Satz aus dem Exerzitienbuch des heiligen Ignatius von Loyola[5] meint zunächst die meditative Betrachtung heilsgeschichtlicher Ereignisse, er gilt aber ebenso für den Umgang des Menschen mit der Weltwirklichkeit. »Das Fühlen und Kosten der Dinge von innen« ist dem versandeten Verstandesdenken nicht möglich. Das neurotische Erkennen ist kein Innewerden. Ihm fehlt der kontemplative Hauch, der das Denken belebt und beseelt, wo es mehr ist als ein Glasperlenspiel mit Begriffen oder ein technisch-rationales Hantieren mit Erfahrungsklötzchen. Hier wird man freilich mit Recht fragen, ob nicht die Entleerung des Erkennens eher ein Befund der Kulturpathologie als der Neurosenforschung ist, da von dieser Krankheit auch zahllose Menschen betroffen sind, die man nicht als neurotisch zu bezeichnen pflegt, weil sie es zu einer durchschnittlichen Angepaßtheit ohne Symptombildung und Leid gebracht haben. Es scheint aber im Gesamtbild einer Charakterkrankheit dieser Grundzug selten zu fehlen. Auch bietet die Belebung eines kontemplativen, schauenden und verkostenden Weltbezuges eine Möglichkeit der Heilung. Wo das Sein als Sinngehalt verstanden, als das »Gegebene«, nämlich als geschenkte Gabe nicht nur geglaubt oder gewußt, sondern mit Dankbarkeit erfahren und angenommen werden kann, da werden neurotische Erstarrungen verflüssigt. Hier ist freilich der Weg des Geistes der Umweg. Solche Haltung ist nicht dem therapeutischen Zugriff verfügbar, kann überhaupt nicht nur um der Heilung willen angezielt werden. Die Psychoana-

[5] Exercitia Spiritualia, 2.

lyse kann sie nicht anbieten oder veranlassen, wohl aber ihr Erwachen ermöglichen.

Den Atem der weltlichen Kontemplation, den irdischen Lebensatem der Seele und des Geistes, hat Josef Pieper in wenigen Sätzen schön und klar beschrieben:

»Vor allem gibt es eine kontemplative Weise, die Dinge der Schöpfung zu sehen. Ich meine die sinnfälligen Dinge und das Sehen mit den Augen; aber auch das Hören, das Riechen und Schmecken, jede Art der Erfassung, vor allem freilich das Sehen.

Wer nach heftigem Durste endlich trinkt und dann, indem er die Erquickung spürt bis in die Eingeweide, denkt und sagt: welch eine glorreiche Sache ist frisches Wasser! – der hat, ob er es weiß oder nicht, schon einen Schritt getan auf jenes ›Sehen des Geliebten‹ hin, worin die Kontemplation besteht. Wie herrlich ist Wasser, Rose, Baum, Apfel, Menschenantlitz! – so etwas pflegt wachen Herzens nicht gesagt zu werden, ohne daß darin ein Gran von einer Zustimmung wäre, die über das zunächst Gemeinte und Gepriesene hinausgreift und den Ursprung der Welt berührt. Wer hätte noch nie, mitten aus der werktäglichen Plage unversehens seinem fragenden Kinde ins Gesicht schauend, im gleichen Augenblick ›gesehen‹, daß alles, was ist, gut ist, geliebt und liebenswert, gottgeliebt! Solche Gewißheiten aber, die im Grunde alle nur eines und immer das gleiche bedeuten: Die Welt ist im Lot; alles kommt ans Ziel; am Grunde der Dinge ist – trotz allem – Friede, Heil, Gloria; nichts und niemand ist verloren; ›Gott hält von allem den Anfang und die Mitte und das Ende‹ – solche nicht gedachten, sondern geschauten Gewißheiten von der göttlichen Gründung allen Seins können unserem Blick zuteil werden, selbst indem er den unscheinbarsten Dingen zugewandt ist, wenn es nur ein von der Liebe entfachter Blick ist. Das aber ist, im genauen Sinn, Kontemplation.«[6] Im

[6] Glück und Kontemplation, München 1957, S. 86 f.

Hinblick auf dieses kontemplative Element des Lebens ist die Neurose eine Mangelkrankheit.

Der neurotische Mensch ist gestört in seinen Beziehungen zum *»Du«*, er ist ungeschickt, oft unfähig zur liebenden Begegnung, zur kämpfenden Auseinandersetzung und Selbstbehauptung. Es gelingt ihm nicht, sich dem *»Wir«*, der Gemeinschaft, an seinem Platz einzuordnen, er versinkt im Kollektiv oder gerät in Vereinsamung und Auflehnung.[7] Die amerikanische Psychologie hat versucht, die Neurosen vorwiegend vom Problem der sozialen Anpassung her zu verstehen, und auch der Psychoanalyse ist diese soziologische Perspektive wichtig.[8] Es gibt keine Art des Erlebens, die nicht von der Neurose betroffen und gekränkt sein könnte. Aber es gibt Bereiche, in denen die Störung der Gefühlsentwicklung besonders deutlich wird, und der wichtigste dieser Bereiche ist der der mitmenschlichen Beziehungen. Der Neurotiker ist selten zu warmer, dauerhafter Freundschaft und Liebe fähig. Unbegründete Regungen des Mißtrauens, der Eifersucht, Impulse von Haß, Abscheu, Ekel, Gereiztheit drängen sich unwiderstehlich ein, oder das tragende, freundliche, warme Gefühl entzieht sich in quälender Weise. Meist sind von diesen Erkrankungen des Gefühls die empfindlichen leibseelischen Erlebnisweisen betroffen, die auf eine *Orthothymie*, eine bestimmte Ordnung der Gefühlsentfaltung, angewiesen sind und in ihr wurzeln. So finden wir Störungen im Bereich des geschlechtlichen Erlebens in der Mehrzahl der Neurosen. Aber auch die distanzierten mitmenschlichen Beziehungen bringen den neurotisch Kranken in übergroße Schwierigkeiten. Er kann kein ausgewogenes, beruhigtes Verhältnis zu Mitarbeitern, Vorgesetzten, Untergebenen, Nachbarn, Bekannten und Verwandten gewinnen. Er lebt

[7] Das Interesse an der Psychoanalyse, VIII, S. 418.

[8] Vgl. *K. Horney*, New Ways in Psychoanalysis, New York 1939; *H. Sullivan*, Conceptions of Modern Psychiatry, Washington 1947.

in Isolierung und Vereinsamung, wenngleich dies durch vielfältigen, aber oberflächlichen Scheinkontakt verdeckt sein kann, wie es besonders beim hysterischen Charakter oft der Fall ist. Übermäßige Ansprüche und Erwartungen, eine konkurrierende Aggressivität oder werbende, rückgratlose Überanpassung und viele andere Hindernisse echter Beziehungen von gleich zu gleich finden sich in jeder Neurose. Der neurotische Mensch ist egozentrisch, manchmal autistisch mit sich selbst beschäftigt und in sich selbst gefangen. Seine eigenen Schwierigkeiten und Probleme machen sein Dasein so versorgt und unsicher, daß er sich nicht gelassen von sich weg und mit selbstvergessenem Interesse dem anderen zuwenden kann. Egozentrik und *Kontaktstörung* gehören zu den wichtigsten Symptomen der Charakterkrankheit.

Freud hat seine Beobachtungen über die Eigentümlichkeiten des Fühlens und Strebens beim neurotisch Kranken vor allem im Zusammenhang mit seiner Lehre von Übertragung und Widerstand beschrieben, also die gestörte Beziehungsfähigkeit des Patienten besonders in der aktuellen Beziehung zum Arzt studiert. Aber er hat auch gesehen, wie vielfältig die Störungen im Verhältnis zur Umwelt außerhalb der Analyse sind. Besonders das immer sehr problematische Verhältnis des Neurotikers zur eigenen Familie, die intensive emotionale Bindung in Liebe und Haß an Eltern und Geschwister hat er deutlich aufgezeigt.

Viele der genannten Eigentümlichkeiten finden sich bei den meisten schwereren Neurosen. Sie bestimmen den vorpersonalen Bereich spontaner Gefühle und Strebungen. Das ist wichtig, denn es kommt vor, daß vorpersonale Mängel und Fehlentwicklungen neurotischer Art vom Personkern her, von Entscheidungen und Werthaltungen des Gewissens und Gemütes überwunden werden, ohne daß damit das neurotische Symptom und alle neurotischen Fehlhaltungen fallen. Der Regel zum Trotz gibt es neurotische

Menschen von großer und echter Liebeskraft. Wir werden dann aber finden, daß ein kranker Bereich von einer tieferen Gesundheit her überwachsen, doch nicht ausgelöscht wurde.

Eine weitere Bestimmung der Neurose, die sich nicht immer, aber doch häufig findet, ist die gestörte Beziehung zu den Dingen, zu Natur und Kultur, zu Arbeit und Beruf, Besitz und Geld. Der Neurotiker kommt nicht zur Sache, ihm fehlt die »impersonal passion« (Charles Morgan)[9] und die Sachlichkeit. Diese Bestimmung finden wir nicht durchgängig, ja sie kann sich manchmal geradezu in ihr Gegenteil umkehren, der Kranke kann durch ungewöhnliche und hervorragende Leistungen in Arbeit und Beruf glänzen. Möglicherweise ist der Weg in die unpersönliche Sachwelt der einzige Ausweg, der ihm ungefährdet und unbeeinträchtigt offen bleibt, ein Strombett, in das alle noch freien Energien fließen.

Unter den hemmenden Gefühlen am falschen Platz ist die *Angst* in ihren vielen, nicht immer leicht erkennbaren Erscheinungsformen besonders wichtig. Diffus oder an bestimmte Gegenstände, Bedingungen und Situationen gebunden, verdüstert sie das Erleben des Kranken. Oft wird Angst in der Analyse erst sichtbar, wenn Sicherungshaltungen und Vermeidungsmaßnahmen aufgegeben werden sollen. Die Klärung der besonderen Umstände, in denen beim Kranken Furcht und Angst, ihre Abortivformen und Äquivalente aufzutreten pflegen, gehört zu den wichtigsten Aufgaben der Analyse. Rudolf Allers sagt mit Recht: »Es gibt nämlich keinen wie immer abwegigen Charakter, bei Kindern wie bei Erwachsenen, es gibt keinen Fall innerer Zwiespältigkeit, wie sie in der Neurose offenbar wird, keinen Fall von Schwererziehbarkeit oder Kinderfehler, bei dem nicht, ohne weiteres sichtbar oder hinter

[9] The Flashing Stream, Albatros, Leipzig 1939.

mannigfachen Masken versteckt, die Angst ihr Unwesen triebe.«[10]

Die Mittel der Angstbewältigung sind in der Neurose auf Flucht, Vermeidung, Verdrängung oder maß- und ziellose Aggressivität eingeschränkt, auf unzweckmäßige Maßnahmen. Daß man der Angst trotzen, sich ein Herz fassen, Mut und Hoffnung zusammenraffen könnte, daß die Gefahr nicht mehr lähmt und zerstört, wenn man sie anschaut, dies alles scheint dem Neurotiker gerade gegenüber den Gefahren unmöglich, die er fürchtet. Dort ist er nicht nur ängstlich, er ist feige. Am auffälligsten ist das im Bereich der Menschenfurcht. Freimut und Offenheit, Unbekümmertheit und Ungeniertheit im guten Sinn fehlen häufig, meist auch Zivilcourage. Die Übung des Mutes und Freimutes gegen den Analytiker vermittelt wichtige, heilende Erfahrungen.

Im Zusammenhang mit den Grundgefühlen der Unsicherheit und Angst, die den Befallenen in eine Verteidigungsstellung drängen, mag auch ein Teil der Schwierigkeiten verständlich werden, die für den neurotischen Menschen mit dem Problem der *Aggressivität*, des Sichdurchsetzens und der Selbstbehauptung, des Angreifens und des Machteinsatzes gegeben sind.

Auch hier ist gewöhnlich die Kontrollfähigkeit gestört, der Neurotiker kann sein Verhalten nicht der Situation anmessen, er ist entweder in seiner Aggressivität gehemmt oder so an sie fixiert, daß ihm friedliche und gemäßigte Formen des Sichbehauptens und Durchsetzens fehlen. Die mannigfaltigen Formen gehemmter, verklemmter, unbewußter Aggressivität, die Ausfallserscheinungen nicht gewagter und die Wucherungen nicht beherrschter Angriffslust finden sich freilich noch in vielen anderen seelenlogischen Zusammenhängen.

Es gibt ein italienisches Sprichwort: »Wie köstlich wür-

[10] Das Werden der sittlichen Person, Freiburg 1929, S. 126.

de das Wasser schmecken, wenn es Sünde wäre, es zu trinken.« Auch diese Erlebnisformel finden wir in der Neurose häufig: Die Entwicklung positiver, helfender Gefühle ist an bestimmte *unangemessene Bedingungen* gebunden. So sind manche neurotische Menschen nur liebesfähig, solange sie ein schlechtes Gewissen dabei haben können oder solange ihre Liebe mit Auflehnung, z. B. gegen die Eltern oder das Gewissen, verbunden ist. Andere können Zärtlichkeit nur empfinden, solange keine sexuelle Beziehung zum Partner in Frage kommt, oder sie können umgekehrt nur dann sexuell erleben, wenn der Partner sie menschlich nicht beansprucht. So sind wohl auch die sogenannten Perversionen in Verknüpfungen der Gefühls- und Antriebsentwicklung mit unangemessenen Bedingungen, störenden Auslöserschemata begründet.

Im Bereich des Strebens und Wollens ist die Freiheit des neurotischen Menschen unmäßig eingeschränkt. Die auffälligsten Formen und häufigsten Erscheinungen der Antriebshemmung sind von Schultz-Hencke[11] beschrieben worden.

Die neurotische Unfreiheit, das Nichtverfügenkönnen über die seelischen Kräfte und Regungen äußert sich als *Gehemmtheit* oder als *Getriebensein.* Meist finden wir beides in verschiedener Richtung. Der neurotische Mensch ist dressiert, überdiszipliniert oder unbeherrscht und partiell verwahrlost, aber er ist fast nie zwanglos geordnet. Häufig gehen die scheinbar entgegengesetzten Formen von Zwang und Verwahrlosung ineinander über.

Eine andere Form der Unfreiheit ist der Mangel an Entscheidungsfähigkeit. Der neurotische Mensch kann nicht ertragen, daß jede Verwirklichung einen Verlust von Möglichkeiten, jeder Gewinn auch eine Verarmung, jede Position eine Negation einschließt. »You cannot eat your cake

[11] Der gehemmte Mensch, Stuttgart ²1947.

und have it.«[12] Gerade dies versucht er aber – das Unvereinbare gleichzeitig zu erreichen.[13] Er will ein Mann werden und doch ein verspielter Knabe bleiben, eine gute Ehe führen und gleichzeitig sich polygam vergnügen, Großes leisten und Trägheit genießen, den Frieden des guten Gewissens haben und die Sensationen der Sünder nicht verpassen. Jede Entscheidung für eine Wirklichkeit kostet einen Verzicht auf viele andere. Meist eine Art von Verzicht, die noch gar keine Tugend ist, sondern vom seelisch Gesunden als selbstverständlich ohne großen inneren Aufwand geleistet wird.

Das ist die erste grobe Orientierung im Bereich der Neurose, die uns eine »Funktionsprüfung« des psychischen Könnens und Versagens ermöglicht. Diese Zeichnung muß nun ergänzt werden durch die genauere Darstellung der Befunde, die die psychoanalytische Methode in den drei Dimensionen ihrer Untersuchung fördert.

ELEMENTARE BEFUNDE DER PSYCHOANALYTISCHEN CHARAKTERPATHOLOGIE

Wenn Patienten mit neurotischen oder psychosomatischen Symptomen ihre Einfälle mitteilen, berichten sie von ihren Krankheitserscheinungen, Leiden und Schwierigkeiten. Sie erzählen ihre Lebensgeschichte, ihre Zukunftserwartungen, Wünsche und Befürchtungen, ihre gegenwärtigen Erlebnisse in Familie, Beruf, in den Beziehungen zu anderen Menschen, in Arbeit und Freizeit. Sie äußern ihre Gedanken über Gott und Welt, über ihre Mitmenschen und sich selbst, ihre Wahrnehmungen, Erinnerungen, sprechen von

[12] Das deutsche Sprichwort ist etwas derber: »Man kann nicht mit einem Hintern auf zwei Hochzeiten tanzen.«

[13] *I. Caruso,* Psychoanalyse und Synthese der Existenz, Freiburg 1952, S. 46.

ihren Phantasien, Gefühlen und Strebungen. Dabei zeigt sich ein Bild, das bei aller Vielfalt des Individuellen doch Züge sichtbar werden läßt, die wohl der Neurose und der chronischen psychosomatischen Krankheit eigentümlich sein müssen, weil sie sich bei neurotischen Menschen weit deutlicher ausgeprägt finden als bei Gesunden, d. h. hier bei Menschen, die keine psychopathologisch oder klinisch faßbaren neurotischen Symptome oder erheblichen neurotischen Charakterzüge zeigen. Der starke Einschlag hypothetischer Voraussetzungen im Werke Freuds kann den Sachverhalt verdecken, daß viele seiner psychologischen und charakterologischen Aussagen ganz unabhängig von seiner Theorie zunächst einmal empirisch aufweisbare Fakten feststellen, also Befunde, nicht Deutungen sind.

Besonders geeignet ist die analytische Methode zum Studium der Eigenarten des Erlebnisverlaufs, und hier vor allem dürfen wir die Fortschritte in ihren Ergebnissen erwarten. Sie erlaubt uns, Fragen zu beantworten wie diese: Unter welchen Bedingungen treten bei diesem Menschen, bei diesem Typus, bei dieser Neurose Aggressionen auf? Wann zeigt sich Angst? Wo zeigen sich Schuldgefühle? In welchem Zusammenhang kommt es zu Anfällen, Verstimmungen, zu Gier und Sucht? Wie reagiert ein Mensch auf Anforderungen, Angriffe und Beeinträchtigungen, Versagungen und Versuchungen? Wie kommen seine großen und kleinen Entscheidungen und Fehlentscheidungen zustande? Wo zeigen sich Konflikte? Wie werden sie verarbeitet?

Die analytische Methode ist dadurch in Verruf gekommen, daß man ihr Beweise für Theorien abgefordert hat, die von ihr nicht zu gewinnen sind. Aber für diese Überforderung ist die Methode nicht verantwortlich. Sie liefert uns Tatsachen und Zusammenhänge von Tatsachen, sie richtet den Blick auf mannigfaltige leibseelische Wirklichkeit und schafft günstige Bedingungen der Beobachtung – nicht mehr, aber auch nicht weniger.

Die Phänomenologie und Strukturtheorie Freuds ist ganz um den systematischen Mittelpunkt seiner Lehre von Konflikt, Abwehr, Verdrängung und Hemmung aufgebaut, die der Schnittpunkt von Beschreibung und Theorie ist.

Neurose ist Selbstverleugnung am falschen Platz, ohne Maß und in ungeeigneter Weise. Die Lehre von Abwehr und Verdrängung beschreibt Gegenstände, Motive, Mittel und Folgen der neurotischen Selbstverleugnung. Jeder neurosenpsychologische Befund kann einer dieser vier Gruppen zugeordnet werden.

Wir beginnen mit den negativen Befunden: Diskontinuität und Ausfallserscheinungen, Spontaneitätsverlust, Desintegration, die Freud für Folgen mißglückter Triebbeherrschung hält.

Diskontinuität und Ausfallserscheinungen

Der erste Befund der analytischen Untersuchung ist eine negative Feststellung: Neurotisches Erleben und Verhalten zeigt eine auffällige Diskontinuität[14] und wird immer wieder von anscheinend unmotivierten Stimmungen, Gefühlen, Vorstellungen und Strebungen durchbrochen. Bei der Beobachtung des Erlebnisverlaufs neurotisch Kranker treffen wir auf überraschende Ausfallserscheinungen. Am auffälligsten wird das in den Amnesien der Hysterie. Aber auch in anderen Neurosen ist die Kontinuität der Erinnerungen und der verständliche Zusammenhang der Vorgänge und Zustände zerrissen. Motive fallen aus oder scheinen unzureichend, Gefühle und Strebungen, die aus der Logik der Situation zu erwarten wären, treten nicht auf. Das Erleben und Verhalten des Kranken ist diesem selbst und seiner Umwelt weithin unverständlich.

Die Methode des freien Einfalls stellt nicht selten die

[14] Studien, I, S. 297 f.

verlorene Ganzheit und Kontinuität in der Weise wieder her, daß in die Lücken plötzlich das Fehlende einschießt. Solche Einfälle kennt jeder, der scheinbar grundlos verstimmt erwacht, bis ihm die plötzlich auftauchende Erinnerung an einen bösen Traum der Nacht die Verstimmung verständlich macht (und vielleicht nimmt). Der Fall, an dem Freud die Integrationskraft der analytischen Methode entdeckt hat, ist zugleich das beste Beispiel. (Siehe oben S. 29f.) Kontinuitätsherstellungen mehren sich im Laufe einer Analyse bei der Durcharbeitung des täglichen Erlebens. Oft zeigt sich dann, daß die verlorenen und wiedergefundenen Zwischenglieder ein bestimmtes Thema und eine gemeinsame Pointe haben. Sie enthalten Enttäuschungen, Versagungen, Versuchungen, Konflikte, Angstvorstellungen bestimmter Art. Es zeigen sich die Orte verminderter Resistenz im Seelenleben, und verständliche Zusammenhänge stellen sich dar. So mag etwa ein Asthma-Anfall oder eine Verstimmung regelmäßig nach einem beruflichen Mißerfolg auftreten, ohne daß der Zusammenhang dem Kranken aufgefallen wäre.[15]

Aus diesen Gründen achtet der Psychoanalytiker sorgfältig auf die Lücken in der Erlebnisentfaltung, in den Erinnerungen und im Motivationszusammenhang. Dabei legt er den begrifflich schwer zu bestimmenden Maßstab einer »Psychologik« an, der nichts anderes ist als die Voraussetzung, daß seelisch-geistiges Leben trotz aller Irrationalität der Gefühle von Sinnzusammenhängen bestimmt ist. Freud schreibt:[16]

»Wenn man aber die Darstellung, die man vom Kranken ohne viel Mühe und Widerstand erhalten hat, mit kritischem Auge mustert, wird man ganz unfehlbar Lücken und Schäden in ihr entdecken. Hier ist der Zusammenhang

[15] Vgl. W. *Bräutigam,* Über die psychosomatische Spezifität des Asthma bronchiale, Psyche, VII, 1954/55, S. 481 ff.

[16] Studien, I, 297.

sichtlich unterbrochen und wird vom Kranken durch eine Redensart, eine ungenügende Auskunft notdürftig ergänzt; dort stößt man auf ein Motiv, das bei einem normalen Menschen als ein ohnmächtiges zu bezeichnen wäre. Der Kranke will diese Lücke nicht anerkennen, wenn er auf sie aufmerksam gemacht wird. Der Arzt aber tut recht daran, wenn er hinter diesen schwachen Stellen den Zugang zu dem Material der tieferen Schichten sucht, wenn er gerade hier die Fäden des Zusammenhanges aufzufinden hofft, denen er mit der Druckprozedur nachspürt. Man sagt dem Kranken also: Sie irren sich; das, was Sie angeben, kann mit dem Betreffenden nichts zu tun haben. Hier müssen wir auf etwas anderes stoßen, was Ihnen unter dem Drukke meiner Hand einfallen wird.

Man darf nämlich an einen Gedankengang bei einem Hysterischen, und reichte er auch ins Unbewußte, dieselben Anforderungen von logischer Verknüpfung und ausreichender Motivierung stellen, die man bei einem normalen Individuum erheben würde. Eine Lockerung dieser Beziehungen liegt nicht im Machtbereich der Neurose. Wenn die Vorstellungsverknüpfungen der Neurotischen und speziell der Hysterischen einen anderen Eindruck machen, wenn hier die Relation der Intensitäten verschiedener Vorstellungen aus psychologischen Bedingungen allein unerklärbar scheint, so haben wir ja gerade für diesen Anschein den Grund kennengelernt und wissen ihn als Existenz verborgener, unbewußter Motive zu nennen. Wir dürfen also solche geheime Motive überall dort vermuten, wo ein solcher Sprung im Zusammenhange, eine Überschreitung des Maßes normal berechtigter Motivierung nachzuweisen ist.«

Neurotisch Kranke zeigen häufig eine Inkonstanz ihrer Ausfallserscheinungen. So wird der Befund wechselnd und widerspruchsvoll. Der scheinbar Gemütlose, der über Gefühlsverlust klagt, kennt Zeiten tiefer emotionaler Bewegtheit. Der Konzentrationsgestörte, den alles langweilt, dem er sich zuwendet, hat vielleicht jahrelang intensiv und mit Eifer gearbeitet. Der Willensschwache entwickelt unter bestimmten Bedingungen eine überraschende Energie. Dem Kontaktunfähigen gelingt eine Begegnung, die seine Liebesfähigkeit freilegt. Ein narzißtischer, introvertierter Grübler entwickelt gelegentlich überraschende Züge eines tätigen, umsichtigen und aufgeschlossenen Wesens. Beim Schüchternen und Bescheidenen finden wir ungewöhnlich hohe Ansprüche, beim allzu Sanften und Friedlichen ein großes Maß an Aggressivität, beim Intellektuellen eine wuchernde Gefühligkeit, die seine Entschlüsse oft viel entscheidender bestimmt als rationale Überlegung. All dies sind nicht Ausnahmeerscheinungen, mit denen einer aus der Rolle seines Charakters fällt – das ist ja nichts Ungewöhnliches –, sondern in ihnen schimmert unter dem manifesten Charakter ein zweiter, latenter, verleugneter Charakter durch.

Der Befund der Erlebnislücke und der ihn leitende Maßstab läßt sich auch von einem anderen Gesichtspunkt her betrachten. Man kann ein mehr oder weniger systematisch geordnetes Inventar der Antriebserlebnisse und Gefühle aufstellen, die beim erwachsenen gesunden Menschen anzutreffen und zum Teil zu erwarten sind, wie es Lersch[17] mit der Genauigkeit, die die phänomenologische Methode ermöglicht, geleistet hat. Sichtet man das Erlebnisfeld von Neurotischen auf diese Weise, so zeigen sich Leerstellen in ihrem Erlebnisinventar, die nicht auf Anlagedefekte, sondern teils auf fehlende seelische Frühpflege, auf Ausfall notwendiger Anregungen, Lern- und Bildungsvorgänge, teils auf Fehlprägung, Verbildung und Verstörung der seelischen Kräfte zurückzuführen sind.

[17] Aufbau der Person, München [9]1964.

Spontaneitätsverlust

Unter dem Stichwort der Diskontinuität und der Ausfallserscheinungen sind schon Beobachtungen mitgeteilt, die man in den Satz zusammenfassen kann: Zum Wesen der Neurose gehört ein Verlust an Spontaneität. »Wo es nicht zu manifester Existenzunfähigkeit kommt, da fehlt doch fast nie die Einbuße an aller freien Entfaltung der Seelenkräfte.«[18] Ganze Persönlichkeitsbereiche, die einmal lebendig waren, sind im Laufe der Entwicklung unzugänglich geworden, erstarrt, das freie Spiel der Kräfte ist eingeschränkt. Die Person kann über ihre »Seelenorgane« (A. Pfänder),[19] ihre »Gliedstrukturen« (A. Wellek) nicht verfügen. Vitalität, Trieb, Gefühl, Erinnerung und Phantasie, Geist und Gemüt scheinen unterdrückt, erstickt oder in der Entfaltung behindert, die gesamte Spontaneität der Persönlichkeit in allen ihren Schichten und Bereichen kann sich deprimiert und gehemmt zeigen. Die Einschränkung der Spontaneität geht also über die »Antriebshemmung« (Schultz-Hencke) weit hinaus.

Oft steht der Hemmung eine gewaltsam anmutende Bewegtheit gegenüber. So finden wir eine wuchernde Phantasie bei gehemmter Aktivität des Strebens und Handelns oder heftige, gar zwangshafte Überflutung des Bewußtseins mit Erinnerungen bei Sperrung weiter zeitlicher oder thematischer Erinnerungsbereiche.

Die analytische Methode hat eine spezifische lösende und anregende Wirkung auf alle Spontanvorgänge. Ihr eignet bei richtiger Anwendung eine eigentümliche Kraft, erstarrte Strukturen zu beleben. Der Ausfall oder Mangel an Spontanerleben in bestimmten Bereichen kann also bei ge-

[18] Die Sexualität in der Ätiologie der Neurosen, I, S. 515.
[19] Die Seele des Menschen, Halle 1933.

lungener Restitution nicht als Anlagedefekt, sondern nur als Folge der Gehemmtheit gedeutet werden. Von der Hemmung der Spontaneität sind vor allem die Erlebnisbereiche betroffen, die beim gesunden Menschen leicht leidenschaftliche Intensität erreichen und zu Konflikten führen. Schultz-Hencke hat wohl richtig gesehen, wenn er als Hauptthemen neurotischer Konflikte und Hemmungen das Verhältnis zum Besitz im weitesten Sinn des Haben- und Behaltenwollens, weiter die Selbstbehauptung und kämpferische Auseinandersetzung mit der Umwelt in Machtstreben, Geltungsstreben und expansiver Aggression, schließlich die Probleme des mitmenschlichen Kontaktes, der Liebe, der vertrauenden Hingabe, der Zärtlichkeit und der Sexualität nennt.

In der Regel ist auch die religiöse und spirituelle Spontaneität des Neurotikers gestört und ihrer Ursprungsqualität entfremdet. Das religiöse Erleben gehört zu den Themenkreisen, die leidenschaftliche Konflikte mit sich bringen können. Viele Ängste und Schuldgefühle weisen auf unverarbeitete Schwierigkeiten in diesem Bereich hin. Die Kranken sind in ihrer spirituellen Spontaneität und damit in ihrer naturhaften religiösen Lebendigkeit entmutigt und gebrochen. Der daraus folgende zentrale Sinnverlust findet sich an der Wurzel vieler anderer Neurosenprobleme.

Der Verlust an Spontaneität ist wohl die auffallendste Eigentümlichkeit der Neurose. Jede Neurose ist eine Form von »Psychosklerose«, in der Persönlichkeitsbereiche verhärtet und erstarrt sind, am meisten Gefühl und Gemüt. Die früheste Formulierung, in der dieser Sachverhalt bei Freud angerührt wird, ist die Lehre vom »eingeklemmten Affekt«.[20] In diesem Bild ist das Wesentliche enthalten: Ein virtuelles Erlebnis, eine noch unerlebte oder nicht ausreichend durchlebte seelische Wirklichkeit, die nicht in den Erlebnisraum hineinwachsen kann, wirkt in Spannung und

[20] Studien, I, S. 97.

Stauung, manchmal fördernd, oft störend in das Leben hinein, bis sie in irgendeiner Weise adäquat zu Wort kommt und verarbeitet werden kann. *»Die Existenz des Symptoms hat zur Voraussetzung, daß irgendein seelischer Vorgang nicht in normaler Weise zu Ende geführt wurde«*[21] – dies ist das *pathogenetische Grundgesetz* der Psychoanalyse.

Ambivalenz

Ein dritter Grundzug neurotischen Erlebens, der von Freud ebenso früh beschrieben wurde wie die Diskontinuität, ist die starke, oft verborgene Neigung zur Ambivalenz des Fühlens und Strebens.[22] Erwartungen, Hoffnungen, Befürchtungen, Wünsche und Vorsätze, Neigungen und Abneigungen sind häufig von Gegenerwartungen, Kontrastvorstellungen, Gegenstrebungen (dem »Gegenwillen«) unterströmt. Diese Zwiespältigkeit der Gefühle und Impulse gegen Menschen und Dinge, Werte und Ziele ist zu Anfang der Analyse oft von einer trügerischen Einfalt verdeckt und arbeitet sich dann unter starken Widerständen und Erschütterungen hervor, meist zunächst in der »Übertragung« (siehe unten) auf den Analytiker. Die Ambivalenz gewinnt in der Neurose eine so große Spannung, weil eine Seite des zwiespältigen Gefühls abgewehrt und ins »dispositionell Unbewußte« zurückgestaut wird. Dann pflegt die bewußtseinsfähige Seite besonders forciert und übersteigert zu werden. (Vgl.: Ein Fall von hypnotischer Heilung.)

Der von Bleuler übernommene Begriff der Ambivalenz soll zwar zunächst sagen, daß »Triebgegensatzpaare in annähernd gleicher Weise ausgebildet sind«[23] (z. B. Sadismus

[21] Vorlesungen, XI, S. 303.

[22] Ein Fall von hypnotischer Heilung, I, S. 3; Vorlesungen, XI, S. 443. 461; Zur Dynamik der Übertragung, VIII, S. 373.

[23] Drei Abhandlungen zur Sexualtheorie, V, S. 99; Triebe und Triebschicksale, X, S. 223.

und Masochismus), wird aber heute meist in dem oben beschriebenen weiteren Sinn gebraucht.

Liebe und Haß sind beim neurotischen Menschen oft demselben Gegenstand intensiv zugewandt. Ein Wunschziel wird gleichzeitig innig ersehnt und gefürchtet.

Desintegration der Triebe

Bei allen Neurosen ist die Triebstruktur aus dem Gleichgewicht. Die Antriebe haben ihren integrativen Sinnzusammenhang in der Ganzheit des menschlichen Lebens noch nicht gefunden oder wieder verloren. Einzelstrebungen haben sich auf Kosten des Ganzen verselbständigt und entfalten eine tyrannische Dominanz, der eine Unterdrückung anderer Persönlichkeits- und Triebbereiche gegenübersteht.[24] Hypertrophie und Atrophie des Trieblebens liegen in der Neurose eng beieinander. Das gilt für den gesamten Triebbereich, es zeigt sich aber besonders deutlich, gleichsam paradigmatisch, im geschlechtlichen Erleben, das in der Regel gestört und durch perverse Einschläge verzerrt ist. Eine »Überschätzung des Sexuallebens«,[25] oft durch eine ängstliche Abwertung verdeckt, »das Gegensatzpaar von übergroßem sexuellem Bedürfnis und zu weit getriebener Sexualablehnung« kennzeichnet vor allem die Hysterie, findet sich aber auch in den übrigen Neurosen.[26]

Infantilismus und Fixierung

Die erste Form der Fixierung, die schon Breuer gesehen hat, ist die »Fixierung an das Trauma«.[27] Der Hysterische lei-

[24] Das Unbewußte, X, S. 293.
[25] Bemerkungen über die Übertragungsliebe, X, S. 320.
[26] Drei Abhandlungen zur Sexualtheorie, V, S. 64.
[27] Vorlesungen, XI, S. 282 ff.

det an Reminiszenzen,[28] ein unbewältigtes Erlebnis hält ihn so fest, daß er in seinen Symptomen die traumatische Szene immer wieder andeutend reproduzieren und auf sie symbolisch reagieren muß. Freud hat bald erkannt, daß dies nur den Sonderfall eines allgemeineren Sachverhalts darstellt: Neurose ist nicht nur Fixiertsein an ein Trauma, sondern ein Haften und Kleben an mannigfaltigen Erlebnisqualitäten und Lebensgestalten der Vergangenheit.

Jeder Neurotische zeigt eine Vielzahl von infantilen und juvenilen Zügen. Erleben und Verhalten sind teilweise auf kindlicher Stufe stehengeblieben und an Kindheitsmuster fixiert. »Die Tatsache der Fixierung kann dahin ausgesprochen werden, daß ein Trieb oder Triebanteil die als normal vorhergesehene Entwicklung nicht mitmacht und infolge dieser Entwicklungshemmung in einem infantilen Stadium verbleibt.«[29] Die Reifung ist verzögert, Erwartungshaltungen, Tunsbereitschaften und Einstellungen, die beim Kind angemessen sind, können nicht aufgegeben werden. Die Neurose führt nicht zum völligen Stillstand wie die Melancholie, aber zu einem Sich-im-Kreise-Drehen der »Werdebewegung« (von Gebsattel),[30] sie gleicht nicht der Spirale, sondern dem lärmenden Karussell; sie ist, um mit Freud zu sprechen, bestimmt vom »Wiederholungszwang«.[31] Die Infantilfixierung zeigt sich in vielen Formen: Im Haften am »Lustprinzip«[32] und an bestimmten Lusterfahrungen, in den »oralen« Erwartungshaltungen eines unangemessenen Anspruchsniveaus, in der Unfähigkeit zu auch nur vorübergehendem Verzicht auf Triebbefriedigung, in

[28] Studien, I, S. 86.

[29] Über einen autobiographisch beschriebenen Fall von Paranoia, VIII, S. 304.

[30] Störungen des Werdens und des Zeiterlebens im Rahmen psychiatrischer Erkrankungen; in: Prolegomena einer medizinischen Anthropologie, Berlin 1954.

[31] Neue Folge der Vorlesungen zur Einführung in die Psychoanalyse, XV, S. 113.

[32] Vorlesungen, XI, S. 369 f.

Trotzhaltungen, in übermäßigen Indifikationen mit Eltern, Geschwistern und anderen Personen, in einem überstarken Bedürfnis nach Schutz, Anlehnung, Geborgenheit und Autorität.

Der neurotische Kranke ist gewöhnlich an Vorbilder fixiert bis zu erheblichen Graden der Selbstentfremdung. Ohne es zu wissen, versucht er, bis aufs Haar genau so oder aber ganz anders zu sein wie diese oder jene Vorbildsgestalt der Kindheit. Infantil ist auch die oft unüberwindliche Übermacht der Primitivschichten, die nicht einem ausgereiften »personalen Oberbau« eingeformt sind, sondern stattdessen von einem provisorischen Gerüst, das selbst aus dem Material der Primitivschichten gebaut ist, dem »Überich«, mehr schlecht als recht abgestützt werden. Im Gefühlsleben dominieren mit überwältigender Macht die negativen Affekte der Kinderstube: demütigende Abhängigkeitsgefühle, ohnmächtiger Trotz, Gekränktheit, Neid, Eifersucht, Rivalität, Unsicherheit, Furcht vor Strafe, vor Liebesverlust und Alleinbleiben. Diese Affekte sind immer mächtig, aber meist verleugnet, verdrängt. In dem Wort »Fixierung« (hier nicht als Prägungsvorgang verstanden, sondern als geprägte Struktur, als Fixiertsein, An-etwas-Haften) ist schon angedeutet, daß der neurotische Infantilismus nichts im guten Sinne Kindliches, sondern etwas Verfestigtes, Erstarrtes, Kindisches an sich hat, das auch an Verfallsformen erinnert, die im Alter auftreten können. Just die kindliche Fähigkeit und Bereitschaft, Neues anzunehmen, zu lernen, sich wachsend zu verändern, staunend neue Räume der Welt zu entdecken und in sie einzutreten, kurz: die kindliche Entwicklungsfähigkeit, die auch zur Lebendigkeit des reifen Menschen gehört, ist im greisenhaften Infantilismus der Neurose erstarrt und gebunden. Auch hier wird sichtbar, wie sehr die Neurose eine eigentümliche Verlangsamung des Werdens ist. Der Neurotiker reift und wächst nicht mehr, er behilft sich mit dem erreichten Zustand. Infantilfixierungen lösen sich beim gesunden Menschen, wenn eine neue Entwicklungsstufe neue Lebensinhalte, Freuden und Leiden, Werte und Ziele bringt. Nach Freuds Auffassung bleiben Fixierungen erhalten, wenn die Reifungsimpulse beim Eintritt in eine neue Entwicklungsphase erschreckt oder gekränkt, wenn sie mit Angst und Schuldgefühlen belastet werden. Dann kommt es durch Verdrängung der Reifungsimpulse zum Überdauern der infantilen Bindungen. Der Betroffene lebt in einer irrealen Welt, sein Erleben und Handeln ist bestimmt von infantilen Phantasien, imaginären Lusterlebnissen und von der Angst vor den dafür befürchteten Strafen.[33] Sie drängen unter den Bedingungen der Analyse ins Bewußtsein, manchmal kommt es dann zu tiefen autistischen Regressionen, der Kranke gibt in seinem Alltag die Abwehr gegen seine infantilen Phantasien und Impulse auf, er überläßt sich seiner Wunschwelt und entfremdet sich vollends der Wirklichkeit.

In jeder Analyse findet man Dinge, die allen Neurotikern gemeinsam sind. Aber man stößt auch in jeder Analyse auf das Urgestein der menschlichen Natur, auf Befunde, die allen Menschen gemeinsam sind. So kommen wir leicht in die Gefahr, die Bestimmungen der conditio humana mit denen der Neurose zu verwechseln, für spezifisch neurotisch zu halten, was menschlich ist. Die Fixierung ist nicht von Freud entdeckt worden. Platon beschreibt im Höhlengleichnis den Menschen, nicht den Neurotiker, als einen an das Nichtige, Schattenhafte mit Ketten Gebundenen, als gehemmten und fixierten Menschen, wenn man so will. Aber dieses Fixiertsein an die εἴδωλα, diese »Verabsolutierung des Relativen«[34] ist nicht die neurotische Fixierung, die Freud meint. Fixierung ist ein viel-

[33] Vgl. *Anna Freud,* Das Ich und die Abwehrmechanismen, London 1952, S. 7.

[34] *I. Caruso,* Psychoanalyse und Synthese der Existenz, Freiburg 1952; *W. Daim,* Umwertung der Psychoanalyse, Wien 1951.

deutiger, genauer ein analoger Begriff, der auf verschiedenen Ebenen der Existenz Verschiedenes bedeutet. Das Fixieren eines vitalen Triebes ist nicht dasselbe wie die Fixierung der wählenden Personmitte an das von ihr Gewählte. Und sie ist auch etwas anderes als die Gemüts- und Treuebindung des seelisch gesunden und reifen Menschen. Es kann einer vital, libidinös an bestimmte Objekte fixiert sein und dennoch denselben Objekten gegenüber frei von »ungeordneten Anhänglichkeiten« im Sinne zentraler, personaler Fehlhaltungen. Und selbst wenn dort, wo die Libido fixiert ist, die Personmitte sich diese Fixierung in einer ungeordneten Neigung zu eigen macht – das mag weit häufiger der Fall sein als das Gegenteil –, selbst so vereinigt sind personale Haltung und libidinöse Fixierung doch in sich wesensverschiedene Dinge. Die Unordnung in den Werthaltungen und habituellen Willensrichtungen der wählenden Personmitte ist eine andere als die Unordnung in den vorpersonalen Bereichen des spontanen Fühlens und Strebens. Die erste bewegt sich zwischen der Alternative gut–böse, die zweite in der Dimension gesund–krank. Wenn ein neurotisch Kranker Hunger hat und trotzdem Ekel und Brechreiz beim Essen erlebt, dann ist sicher die vorpersonale Ordnung seiner Gefühlsentfaltung gestört, man wird bei ihm traumatische und infantile Fixierungen aufweisen können. Bei der Mehrzahl dieser Kranken wird man auch erhebliche personale Fehlhaltungen finden, »Verabsolutierungen des Relativen«. Aus solchem Zusammentreffen einen Wesens- oder Kausalzusammenhang zu erschließen, geht nicht an. Der Kranke mit der Anorexie mag ein menschenmögliches Optimum an zentraler innerer Ordnung verwirklichen. Das erspart ihm die Neurose so wenig, wie zentrale Unordnung aus sich eine Unordnung in den vorpersonalen seelischen Funktionen erzwingen *muß*. Die Hexe fällt ins Messer, der böse Mann verbrennt – im Bilderbuch, nicht immer in der Wirklichkeit. Ja, im Gegenteil: Wir finden gar nicht so selten die schmerzhafte Situation, in der ein Zuwachs an personaler Ordnung mit einer neurotischen Störung, einer Revolte der vorpersonalen Natur bezahlt werden muß. Es gibt, wie schon gesagt, die Ordnung in den zentralen Haltungen und Akten der Person, kraft deren der Mensch ein guter Mensch ist. Und es gibt die Ordnung in unwillkürlichen psychischen Verläufen und Strukturen, kraft deren er ein gesunder Mensch ist. Wenn dieser Unterschied gesehen wird und das seelische Leben weder auf die personalethische Ebene noch auf die des psychischen Funktionierens reduziert wird, dann ist es freilich an der Zeit, die gegenseitige Abhängigkeit beider Ordnungen zu untersuchen. Solange es aber Kinderneurosen in einem Alter gibt, in dem von personalen, frei gewählten sittlich-religiösen Fehlhaltungen noch nicht die Rede sein kann, solange wir Tierneurosen beobachten, verfehlt die These, Neurose sei Folge persönlicher Schuld, den vor der Freiheit liegenden Bereich der menschlichen Natur, den Freud mit Mühe aufgewiesen hat. Sie übersieht oder vernachlässigt die Tatsache, daß der Mensch, obgleich als Person mit begrenzter freier Verfügung über sich selbst begabt, doch als Naturwesen in mannigfaltigen Naturzusammenhängen und Gesetzlichkeiten steht, die der personalen Verfügung weitgehend entzogen sind. Anthropologie ist mehr als Personologie.

Latente Perversion[35]

Im Zusammenhang der Infantilfixierungen entwickelt Freud die Lehre: Die Neurose ist das Negative der Perversion.

[35] Vgl. *M. Boss,* Sinn und Gehalt der sexuellen Perversionen, Bern und Stuttgart 1952; O. *Fenichel,* Perversionen, Psychosen, Charakterstörungen, Wien 1931; *V. E. von Gebsattel,* Prolegomena einer medizinischen Anthropologie, Berlin und Heidelberg 1954; *H. Kunz,* Zur Theorie der Perversion, Mschr. f. Psychiatrie 105, 1942, S. 1.

Neurose ist Ausdruck verleugneter, verdrängter perverser Neigungen[36] und zugleich Ausdruck der sie verdrängenden Tendenzen.

Man hat Freud diese These übelgenommen, aber der Verdacht läßt sich kaum entkräften, daß der Grund des Übelnehmens nicht in den Überspitzungen und Irrtümern, sondern gerade im Wahrheitsgehalt des Satzes liegt. Der Mensch kann nicht leugnen, daß es so etwas Beleidigendes und Entwürdigendes wie die krassen Perversionen gibt. Aber er würde gern das Perverse wenigen psychopathischen Sonderlingen vorbehalten wissen. Er hört es nicht gern, daß Spuren davon, oft recht kräftige Spuren, nicht nur in der Neurose, sondern auch in den Phantasien und Verhaltensweisen des Durchschnittsmenschen aufzuweisen sind, daß also die spontane Natur gewöhnlich nicht so wohlgeordnet ist, wie er wünschen und glauben möchte.

In Freuds Satz gehen vielerlei Erfahrungen ein. Die erste ist, daß der Neurotische die reife Vollgestalt gegengeschlechtlicher Liebe nicht erreicht. Er ist unfähig, in beseelter Zärtlichkeit dem Menschen des anderen Geschlechtes selbstvergessen zugewandt mit ihm »ein Fleisch zu werden« und darin Glück, Lust und Stillung zu finden. Wo aber die Liebesreife nicht erreicht ist, neigt die Sexualität dazu, Vorgestalten oder Teilgestalten, auch Karikaturen des geschlechtlichen Vollzugs an Stelle der den ganzen Menschen meinenden und beanspruchenden Liebeseinigung zu setzen und eigenartige, oft skurrile Entfaltungsbedingungen zu stellen. Das geschieht in einer Weise, die nicht selten von einer inneren Angst und Abwehr bestimmt scheint, welche vor der verbindenden und verbindlichen Zuwendung beseelter Geschlechtsgemeinschaft flieht.

Die zweite Beobachtung ist, daß in der bewußten und

[36] Drei Abhandlungen zur Sexualtheorie, V, S. 65; Meine Ansichten über die Rolle der Sexualität in der Ätiologie der Neurosen, V, S. 149 ff.; Über die Psychogenese eines Falles von weiblicher Homosexualität, XII, S. 271 ff.

unbewußten, verleugneten Phantasie, die den neurotischen Menschen verwirrt, Wunschgebilde pervers-sexueller Art und solche, die eine nähere oder entferntere Ähnlichkeit mit ihnen haben, andrängen oder in der Vergangenheit andrängten. Nicht selten hören wir von perversen Phantasien in der Kindheit und Jugend, die in mühsamem Kampf unterdrückt worden sind.

In der vorbewußten Phantasie von Neurotikern können viele leibliche und seelische Vorgänge eine sexuelle Tönung oder Nebenbeleuchtung erhalten. So finden wir bei hysterischen Eßstörungen und anderen neurotischen Bildungen bewußte oder vorbewußte Phantasien, in denen der Mund als Konzeptions- oder Kohabitationsorgan erlebt wird. Gelegentlich tauchen bei solchen Patienten spontan ohne vorhergehende Deutung Erinnerungen an harmlose orale Konzeptionsvorstellungen oder weniger harmlose Verführungsszenen der Kindheit auf. Auch koprophage Impulse können sich zeigen. Die sexuelle Empfindungsfähigkeit ist nicht selten auf die Mundzone eingeschränkt oder gerade von ihr ausgeschlossen. Solche und ähnliche Befunde führten in der theoretischen Verarbeitung zum Begriff der »oralen Sexualität«.

Recht häufig wird von sadistischen und masochistischen[37] Erlebnissen und Phantasien berichtet, auch von sexuellen Empfindungen, die Freud mit dem Begriff des »Lustgewinns aus der Reizung erogener Zonen«[38] bezeichnet, z. B. von Empfindungen am Darmausgang, bei der Stuhlentleerung oder bei der Reinigung. Weiter finden wir exhibitionistische Regungen und sexuelle Schaulust unter den ins dispositionell Unbewußte zurückgestauten Antriebsgestalten.

Erlebt werden alle diese Motive, solange sie verhüllt oder nur in leisem Anklang auftreten, etwa legitimiert

[37] Ein Kind wird geschlagen, XII, S. 159 ff.
[38] Drei Abhandlungen zur Sexualtheorie, V, S. 29 ff. Zitat: S. 82 ff.

durch berufliches, wissenschaftliches oder ästhetisches Interesse. Das Fixiertsein an solche mehr oder weniger verborgenen Motive, die in der Perversion sichtbar auftreten, gehört zu den wichtigsten Bestimmungen der Neurose.

In vielen psychoanalytischen Krankengeschichten wird in der »latenten Homosexualität« der Schlüssel zur innersten Kammer der Neurose gesehen. »Was die Männer eigentlich verdrängen, ist das päderastische Element.«[39] »Die Analyse weist nach, daß eine homosexuelle Objektbindung in allen Fällen vorhanden war und in den meisten auch latent erhalten geblieben ist.«[40] Es scheint, daß bei Freud in diesen Begriff allzuviel hineingenommen ist, das eigentlich wenig damit zu tun hat, z. B. die ängstliche Unterwerfung dem Vater und seinen Nachfolgern gegenüber, aus einem gebrochenen Selbstgefühl heraus; Identifizierungen, Fehlidentifizierungen und ähnliches. Aber es ist doch wohl richtig, daß der neurotische Mensch mit dem komplizierten Entwicklungsproblem der homoerotischen Neigung und der homoerotisch getönten Entwicklungsphasen nicht fertig geworden ist, das sich u. a. in den Schwärmereien der jungen Mädchen und in den Pubertätsfreundschaften der Knaben andeutet. Homoerotische und homosexuelle Fixierung ist Ergebnis verschlungener und vielschichtiger Entwicklungsprozesse, kann aus verschiedenartigen Prägungsvorgängen hervorgehen. Homosexualität gibt es in vielen genetischen und strukturellen Deklinationen. Aber es ist wahr, daß in der Neurosenanalyse das Problem der homoerotischen und homosexuellen Einstellung und der Angst vor ihr häufig auftaucht und daß seine Inangriffnahme und Bewältigung oft den Heilungsprozeß fördert.

[39] Aus den Anfängen der Psychoanalyse, London 1950, S. 216; vgl. aber dagegen: Ein Kind wird geschlagen, XII, S. 222 ff.; ferner: Aus der Geschichte einer infantilen Neurose, XII, S. 27 ff.

[40] Abriß der Psychoanalyse, XVIII, S. 78.

Große Bedeutung für Entstehung und Psychologie der Neurose schreibt Freud autoerotischen Neigungen sowie der Masturbation und ihren Begleitphantasien zu, besonders der Kindheitsonanie. Wo sie nicht als Symptom manifest ist, zeigt die analytische Untersuchung oft unbewußte Ausdruckshandlungen, die onanistische Akte oder den unterdrückten Wunsch, sie auszuführen, anzudeuten scheinen. Vielleicht vermitteln die Ausdruckshandlungen durch solchen Anklang ein gewisses Maß lustvoller Befriedigung oder wenigstens eine Spannungsabfuhr ohne eigentliches Lusterlebnis. Gelegentlich läßt sich direkt beobachten oder für die Vergangenheit nachweisen, daß solche Handlungen und Symptome bald nach erfolgreichem Abgewöhnungskampf gegen die Onanie aufgetreten sind.[41]

In Freuds Werk, in den Krankengeschichten und Vorlesungen, in der »Psychopathologie des Alltagslebens« finden sich viele Deutungen, in denen Handlungen, z. B. Fehlleistungen, Zwangszeremonielle usw., auf Grund ihrer Ähnlichkeit mit prägenitalen und sexuellen Verhaltensweisen interpretiert werden. Darunter sind Deutungen, die man als weit hergeholt und wenig überzeugend empfindet, aber es sind auch andere darunter, bei denen die Deutung Freuds ein hochkomplexes Gebilde durchsichtig macht und den Ausdrucksgehalt des Geschehens überzeugend erhellt.

Wichtiger noch als die perversen Einstellungen der Sexualität sind die Neigungen und Charakterhaltungen, die Ähnlichkeit mit den Perversionen zeigen. So ist z. B. der Sadismus als sexuelle Perversion im strengen Sinn nur die Quällust und Quälsucht von deutlich sexueller Erlebnisqualität; aber die Beschäftigung mit den Neurosen zeigt, daß die Quällust und Quälsucht und die in deren Umfeld gehörigen Regungen (Anwandlungen von Grausamkeit, Streitsucht, Zerstörungslust, Unterwerfen- und Demütigenwollen, Kritiksucht) ohne sexuelle Gefühlsqualität bei

[41] Vgl. Analyse der Phobie eines fünfjährigen Knaben, VII, S. 243 ff.

vielen neurotisch Kranken zu finden sind. Von selbst stellt sich die Frage, die im Zusammenhang dieser Untersuchung nicht beantwortet werden kann, was denn nun diese Quälsucht nach Wesen und Herkunft eigentlich sei und was dieser Sadismus[42] im weiteren Sinne mit dem sexuellen Sadismus zu tun habe. Ganz das gleiche gilt für den Masochismus, eine Perversion, in der die sexuelle Lust an das Erleiden körperlicher Schmerzen, an das Gequältwerden, aber auch an Demütigungen und ihren oft krassen Ausdruck gebunden ist. Diese Triebform hat ihre Entsprechung in den Neigungen, sich selbst seelisch zu quälen, herabzusetzen und zu demütigen, bedrückende Situationen und Lebensumstände zu suchen, festzuhalten und jede Art schlechter Behandlung durch andere zu provozieren. Der feine Selbstgenuß in diesem Verhalten ist oft ebenso deutlich wie das Lusterleben in der eigentlichen sexuellen Perversion. Diese Ähnlichkeit genügt freilich nicht, ohne weiteres das eine aus dem anderen genetisch abzuleiten. Es ist nicht einfach jede Neigung zu Selbstbestrafung und Selbstverachtung sublimierter (sexueller) Masochismus. Aber die Ähnlichkeit selbst bleibt, und der Theoretiker muß sie zum Anlaß nehmen, nach der Eigenart der Beziehungen zu fragen, die der Ähnlichkeit zugrunde liegen mögen.[43] Das ist auch darum notwendig, weil sich oft Spuren der manifesten Perversion mit den perversionsähnlichen Charakterhaltungen zugleich finden; zahlreiche Übergänge und Zwischenformen kommen vor. Der überstrenge Vorgesetzte bekennt sadistische Phantasien, der im Umgang mit sich selbst allzu harte Mensch erinnert sich an sexuell-masochistische Vorstellungen, Versuchungen oder Lusterfahrungen.

Dasselbe gilt für andere Perversionen. So hat der Exhi-

[42] den Freud gelegentlich einfach als »Bemächtigungstrieb« bezeichnet! (Drei Abhandlungen zur Sexualtheorie, V, S. 93, 99.)

[43] Vgl. *H. Kunz*, Die Aggressivität und die Zärtlichkeit, zwei psychologische Studien, Bern 1946; *M. Boss*, Sinn und Gehalt der sexuellen Perversionen, Bern 1947.

bitionismus seine Entsprechung in einer Lust an der seelischen Entblößung, die ausgesprochen schamlos wirkt und den Beobachter pervers anmutet. Patienten, die mit deutlichem Selbstgenuß die Analyse erleben, sprechen oft auch mit einem ungesunden, schamlosen Freimut und in auskostender Breite über ihre sexuellen Probleme. Übrigens ist das keineswegs eine besondere Treue und Sorgfalt in der Erfüllung der analytischen Regel, sondern eine Scheinerfüllung, die oft zu den größten Hindernissen der Analyse gehört. Ein Überwuchern allzu bereitwilliger Sexualmitteilung (das wiederum durch eine kokette, genießerisch zögernde Prüderie verdeckt sein kann) ist bei exhibitionistisch gefärbten Neurosen ein beliebter Trick, einen unerfahrenen oder theoretisch verbohrten Analytiker in das Netz der Neurose einzuspinnen, ihm auf der Bühne des Krankhaften die Rolle eines Mitspielers zuzuweisen. Die Spuren der eigentlich wichtigen verborgenen Charakterfehlhaltungen werden auf diese Weise verwischt.[44]

In den Formenkreis der latenten Perversion ordnet Freud aus theoretischen Erwägungen auch eine Gruppe von Befunden ein, die weder Spuren einer sexuellen Erlebnisqualität noch eine inhaltliche Ähnlichkeit mit sexuellen Perversionen haben, wenn man nicht schon die Qualitäten des Dranghaften und des Lustvollen als Zeichen einer Verwandtschaft gelten lassen will. Der Erlebnisstrom des neurotischen Menschen wird in auffälliger Weise gleichzeitig angezogen und beunruhigt, oft gequält von eigenartigen Phantasien und Impulsen, Motiven und Lustqualitäten, die ihm selbst unverständlich, absonderlich und anstößig vorkommen. Diese peinlichen Regungen werden besonders auffällig, wo sie in einem grellen Kontrast zu dem kulturellen, ethischen und ästhetischen Niveau des Betroffenen stehen. Gemeinsam ist ihnen die gewaltsame, leidenschaft-

[44] Vom Narzißmus, einer der fundamentalen perversionsähnlichen Fehlhaltungen, war schon in anderem Zusammenhang die Rede.

liche Weise, in der sie in den Erlebnisraum einzubrechen suchen. Auch hierin haben sie eine formale Ähnlichkeit mit perversen Regungen.

Es gibt kaum einen Neurotiker, der nicht von irgendwelchen ihm selbst unverständlichen, aber in seinem Verhalten oder wenigstens in seinen Phantasien und Gefühlen gewaltsam sich durchsetzenden »Unarten« und Launen geplagt würde, die sich durch eine gewisse Kraßheit von seinem sonstigen Erleben abheben und aus dessen verständlichen Zusammenhängen herausfallen. Anwandlungen von Gier, Habsucht und Geiz, unmotivierte Regungen von Neid, Eifersucht, Mißtrauen, Rücksichtslosigkeit, Zerstörungslust, ein brennender Ehrgeiz, Freude am Obszönen und Ordinären, quälende Empfindlichkeit, vielerlei unbegründete Befürchtungen, »unvernünftige« Gefühle und Impulse stören wie Fremdkörper im Gewebe einer sonst einigermaßen gewahrten Lebensordnung.

Bevor wir eine vierte Gruppe von Beobachtungen darstellen, mag zum besseren Verständnis ein Vorgriff auf die genetische Betrachtung und ein Übergriff auf die Theorie erlaubt sein.

Freud ist der Meinung, die Natur sorge in der Weise für die Anregung sexueller Antriebe, daß beim Kind jedes leibseelische Geschehen einen Nebenertrag von eigentümlicher Organlust einbringe, die eine Vorform der sexuellen Lust sei:[45] das Saugen an der Brust, das Trinken und Essen, das Daumenlutschen, die Hautsensationen bei der Reinigung, bei Liebkosungen und handgreiflichen Strafen, die Empfindung bei passiver Bewegung (Wiegen, Schaukeln), die Erlebnisse der Muskelaktivität, die Ausscheidungsvorgänge und die Reinlichkeitsdressur, das Spiel mit dem eigenen Körper. Außerdem sei jeder starke Affekt geeignet, eine Sexualerregung zu induzieren. Alle diese Erlebnisse haben

[45] Drei Abhandlungen zur Sexualtheorie, V, S. 105 f.; Psychoanalyse und Libidotheorie, XIII, S. 220.

also einen sensuellen Anteil, den Freud mit dem Begriff des »Lustgewinns aus der Reizung erogener Zonen« anspricht; außerdem haben sie aber einen seelisch-geistigen Anteil, denn es handelt sich zum Teil um Situationen, in denen das Kind den Ausdruck der pflegenden Liebe der Eltern erfährt oder in denen es eines anderen Wertes inne wird, der über rein sensuellen Lustgewinn hinausgeht. Die Vorgänge selbst und die Erlebnisse des Kindes sind nicht nur lust- oder unlustvolle sensuelle Reize und Reaktionen, sondern sie sind *Zeichen*, die Sinn und Bedeutung tragen.

Damit geschieht ein Überschritt in einen ganz neuen Bereich. Die *Bedeutungsanalyse* oraler oder analer Erlebnisse und Verhaltensweisen führt zu seelischen Inhalten ganz anderer Qualität als die sensuelle Reizanalyse. Das mag ein Beispiel belegen:

»Kinder, welche die erogene Reizbarkeit der Afterzone ausnützen, verraten sich dadurch, daß sie die Stuhlmassen zurückhalten, bis dieselben durch ihre Anhäufung heftige Muskelkontraktionen anregen und beim Durchgang durch den After einen starken Reiz auf die Schleimhaut ausüben können. Dabei muß wohl neben der schmerzhaften die Wollustempfindung zustandekommen. Es ist eines der besten Vorzeichen späterer Absonderlichkeit oder Nervosität, wenn ein Säugling sich hartnäckig weigert, den Darm zu entleeren, wenn er auf den Topf gesetzt wird, also wenn es dem Pfleger beliebt, sondern diese Funktion seinem eigenen Belieben vorbehält. Es kommt ihm natürlich nicht darauf an, sein Lager schmutzig zu machen; er sorgt nur, daß ihm der Lustnebengewinn bei der Defäkation nicht entgehe. Die Erzieher ahnen wiederum das Richtige, wenn sie solche Kinder, die sich diese Verrichtung ›aufheben‹, schlimm nennen.

Der Darminhalt... hat für den Säugling noch andere wichtige *Bedeutungen*. Er wird offenbar wie ein zugehöriger Körperteil behandelt, stellt das erste ›Geschenk‹ dar, *durch dessen Entäußerung die Gefügigkeit, durch dessen Verweigerung der Trotz des kleinen Wesens gegen seine Umgebung ausgedrückt werden kann.«*[46]

Von dem Motiv des sensuellen Lustgewinns durch Reizung einer erogenen Zone hebt sich der neue Motivkreis ab, den die möglichen »Bedeutungen« des analen Verhaltens, der Defäkation oder der Stuhlverhaltung eröffnen: Die Daseinswerte trotziger Selbstbehauptung, des Eigenwillens und der unwilligen, aber auch der friedlich-freundlichen Anpassung an die Wünsche anderer, schließlich die frühe Erfahrung des Gegensatzes von Gebot und Freiheit. Weiter zeigen sich in diesem Zusammenhang die Motivkreise des Fürsichbehaltens und des Hergebens von eigenem Besitz. Diese Motive verlangen zwar zum Teil einen Verzicht auf erogene Reizlust (soweit vorhanden), haben aber in sich mit dem Lustgewinn aus der Reizung erogener Zonen gar nichts mehr zu tun.

Den Überschritt von der sensuellen Reizanalyse zur »Bedeutungsanalyse«, die auf nicht sensuelle Daseinswerte führt, finden wir also schon bei Freud. Bei ihm sind die Begriffe der »Oral- und Analerotik« große Klammern, die recht Verschiedenartiges zusammenschließen. In der späteren Forschung tritt mehr und mehr die Bedeutungsanalyse in den Vordergrund.[47] Wenn man heute etwa den Depressiven als oral Verstimmten und Verstörten sieht, dann wird von den Psychoanalytikern unter diesem Stichwort viel mehr beschrieben als ein frustiertes Verlangen nach »prägenital« getönter Reizung der Mundschleimhaut.

So beschreibt Freud mit dem Begriff der latenten Perversion, der Oralität, der Analität,[48] mit dem noch zu bespre-

[46] Drei Abhandlungen zur Sexualtheorie, V, S. 87. (Im Original ohne Hervorhebung.)

[47] Grundlegende Bedeutungsanalysen frühkindlichen Erlebens findet man bei *G. Siewerth*, Metaphysik der Kindheit, Einsiedeln 1957.

[48] Eine ausführlichere Beschreibung der Erlebnisbedeutung des oralen und analen Themenkreises folgt im Kapitel: Charakterentwicklung und Prägung im Spiegel der Analyse, S. 239 ff.

chenden Begriff des Ödipalen außer dem Haften an der Lust der Reizung erogener Zonen eine Fülle von verschiedenartigen charakterologischen Befunden. Die Strebungen der Neurotischen konzentrieren sich um charakteristische Motivthemen, die von ihnen in Sehnsucht und Furcht heftig überwertet werden. Neurosen sind »Fehlformen des Liebesstrebens« (W. Heinen) im weitesten Sinne.

So hat die These »Neurose ist das Negativ der Perversion« außer dem engeren, wörtlichen Sinn noch einen weiteren, der sich in den Satz fassen läßt: Es gibt leidenschaftliche Triebregungen und Gefühle, die ein Mensch als unerlaubt, böse oder als häßlich, unwürdig empfinden und darum verleugnen kann. Viele dieser Regungen sind – ob mit Recht oder Unrecht, sei zunächst ausgeklammert – von Sitte und Normbewußtsein verpönt, manche gelten als frevelhaft. Dieses Normbewußtsein ist weder beim einzelnen noch in den verschiedenen Kulturen unfehlbar und darum auch individuell und kulturell sehr unterschiedlich ausgebildet. In der Dynamik der Neurose geht es regelmäßig um Wunsch- und Gefühlsregungen, die der Erlebende als verkehrt, als unerlaubt *empfindet* und darum verleugnet. Freuds These ist der Versuch, die Neurose motivisch zu verstehen, die Motive aufzuweisen, die das Sinnen und Trachten des Neurotischen in besonderem Maße auf sich ziehen. Neurotisch wird nur der, dessen Streben sich vorwiegend um Ziele zentriert, die er selbst nicht bewußt bejahen kann. Den ersten Katalog solcher Motive, die den von ihnen Bewegten gleichzeitig anziehen und abstoßen, fand Freud in den Perversionen. Für ihn ist ein Hauptziel der Analyse der Aufweis perverser (und genitaler) Triebelemente in den komplexen Symptombildungen der Neurose und in den Lebensäußerungen des Neurotikers.

Im Kampf um die Psychoanalyse geht es vor allem um die Frage, ob dieser Motivkreis für das motivische Verständnis der Neurose ausreicht. Freud selbst hat in seinen

Analysen eine Fülle anderer Motive aufgewiesen, aber er hat darauf bestanden, daß alle diese Motive und Antriebskreise, z. B. Macht- und Geltungsstreben, Geborgenheitswünsche, Unabhängigkeitsdrang, ihre neurosenbildende Kraft einem sexuellen Moment verdanken, das ihnen von ihrem Ursprung her anhafte. Eine Gegenposition ist die Behauptung Adlers, der sexuelle Motivkreis sei weder wesentlich noch conditio sine qua non für die Neurose, sondern wesentlich sei der Motivkreis des Macht- und Geltungsstrebens. Wieder eine andere Auffassung vertritt Schultz-Hencke. Er glaubt, im Erleben der Kranken mehrere für die Neurose spezifische oder doch in ihr bevorzugte Themenkreise aufweisen zu können. Nach seiner Lehre sind alle die Motivthemen für das Verständnis der Neurose wichtig, die den Menschen mit der Umwelt und sich selbst in Konflikt bringen. Diese Formel übernimmt Schultz-Hencke von Freud. Bei der inhaltlichen Füllung kommt es Schultz-Hencke auf die unableitbare Eigenständigkeit der Motivkreise an, für deren wichtigste er das Besitz-, das Geltungs- und das Liebesstreben hält. Wenn wir uns an das in der Erfahrung Gegebene halten, können wir die nachprüfbaren Befunde, wiederholend und zusammenfassend, so formulieren:

In längeren Analysen von neurotisch Kranken stellt sich gewöhnlich auch das Problem der perversen Neigung und der Abwehr- und Sicherungseinstellungen, die gegen sie gerichtet sind. Es taucht auf in Erinnerungen, Phantasien, Träumen, Angstvorstellungen und in oft recht massiven manifesten Wunschregungen und Verhaltensweisen. Konflikte um pervers-sexuelle und inzestuöse Regungen finden sich bei Neurosen so häufig, ihre Bearbeitung und Bewältigung hat einen so großen Einfluß auf den Charakter und das Krankheitsbild, daß der Schluß sich aufdrängt, diese Konflikte seien Angelpunkte im Gefüge der Neurose.

Freud hat weiter viele für die Neurose kennzeichnende

Fehlformen des Liebesstrebens im weitesten Sinne beschrieben und aus theoretischen Gründen der Sexualität zugeordnet. Diese Erfahrungen behalten ihren Wert, auch wenn die begriffliche Einordnung aufgegeben werden muß. Jedenfalls ist die allgemeinste Fassung des Freudschen Befundes gut begründet: Der neurotische Mensch reibt sich auf in der Verdrängung nicht bewältigter leidenschaftlicher Gefühle und Wünsche, die er weder aufgeben noch bejahen noch in eine sinngerechte Form umgießen kann.

Die Lehre von der strukturellen und genetischen Verwandtschaft von Neurose und Perversion gehört zu den fruchtbarsten Arbeitshypothesen der Psychoanalyse. Mit ihr ist eine Spur entdeckt, die im Bereich der »klassischen Neurosen« und weit über ihn hinaus zu einer Fülle von Beobachtungen geführt hat. In diesem Sinn darf man behaupten, daß der Sexualismus der Psychoanalyse, wenngleich der schwächste Punkt ihrer theoretischen Anthropologie, doch einer der stärksten ihrer empirischen Neurosenlehre ist. Das ist nun freilich eine polemische Formulierung, die eine Gegenüberlegung herausfordert. Nehmen wir an, der Mensch existiere nicht als Mann und Weib, sondern als geschlechtsloses Neutrum, ohne sexuelle Triebe und erogene Zonen. Wäre er damit gegen Neurosen gefeit? Obwohl die Frage nicht entschieden werden kann, dürfen wir doch annehmen, daß auch dann Fixierungen, Verdrängungen, Hemmungen, Triebspannungen, Versagungen, Ängste, Aggressionen, Konflikte und Entwicklungsstörungen möglich wären, also vermutlich auch Neurosen – ohne sexuelle Problematik und ohne latente Perversion.

In der realen Erfahrung finden wir viele Neurosen, bei denen Störungen der sexuellen Entwicklung Erscheinungsbild und Struktur weitgehend bestimmen, die also Sexualneurosen im engeren Sinne sind. Richtig ist auch, daß es kaum eine Neurose gibt, bei der nicht der sexuelle Bereich mitbetroffen und gestört wäre. Es gibt aber auch, soweit ich sehe, nicht wenige Neurosen, bei denen in diesem Bereich weder der Krankheitsherd noch das Kernproblem liegt. Die psychoanalytische Theorie bezeichnet alle Neurosen als Sexualneurosen, weil sie alle Formen von Liebe im weitesten Sinn (nicht nur Liebe zu Personen, sondern auch zu Dingen und Werten, z. B. Heimatliebe, Wahrheitsliebe, Gerechtigkeitsliebe) für Abkömmlinge des Geschlechtstriebes und seiner Vorformen hält[49] – eine Hypothese, für die es nur wenige und schlechte Argumente gibt.

Die neurotischen Komplexe

Neurotiker leiden unter »Komplexen« – das ist die populärste Auffassung der Neurose geworden. Das Wort taucht bei Freud zum erstenmal auf in dem Terminus »unbewußter Vorstellungskomplex«.[50] Das ist ein der Erinnerung unzugänglicher, verdrängter Gedächtnisinhalt, also eine strukturelle Disposition, die in das gegenwärtige Erleben meist störend einwirkt und ihren Träger auf bestimmte Gegenstände und Situationen affektiv abwegig reagieren läßt. Diese Disposition ist dem Erfahrungsgedächtnis durch ein kränkendes Erlebnis, ein »Trauma«, eingeprägt worden (vgl. Breuers Patientin Anna O. und ihre Trinkscheu, S. 28).

Von der Entdeckung solcher traumatischer Komplexe ist die Psychoanalyse ausgegangen. Inzwischen hat es sich gezeigt, daß die Bedeutung dieser durch einzelne Traumen wie mit einem Schlage geprägten, gleichsam ausgestanzten Teilstrukturen im Aufbau der Neurose verhältnismäßig geringfügig zu sein scheint gegenüber den großen Verformungen des Gesamtgefüges, die nicht mit einem Schlage, sondern langsam, in vielen Jahren der Charakterentwick-

[49] Siehe S. 259.
[50] Studien, I. S. 122 Anm.

lung entstanden sind. Hierher gehören die Beobachtungen, die unter den Stichwörtern »Ödipus- und Kastrationskomplex« zusammengefaßt sind.

Ödipus- und Kastrationskomplex

Wenn wir von dem mit diesen Begriffen Gemeinten alles abziehen, was über die empirisch leicht und sicher zugänglichen Befunde der analytischen Untersuchung hinausgeht, dann bleibt etwa das Folgende übrig:

In vielen Analysen von neurotisch Kranken ist die verworrene Gefühlsbeziehung zu Vater und Mutter ein oder gar das Hauptthema. Neurotische Menschen kleben in leidenschaftlicher Bindung oder Auflehnung an ihren Eltern. Häufig ist das unter einer täuschenden Gleichgültigkeit und Gefühlskälte verborgen. Die Ablösung in Pubertät und Reife ist nicht gelungen. Haß und Trotz oder Angst, Unterwerfung und übermäßige Anlehnung an das Vorbild der Eltern, Werbung um ihre Liebe und Anerkennung beherrschen das Gefühlsleben des Kranken oft bis in sein Alter. Die Elternbeziehung des Neurotischen zeigt sich in leidenschaftlicher Ambivalenz, wenn im Lauf der Analyse die Lösung der Gefühlshemmung und die Befreiung der Spontaneität fortschreitet. Diese Ambivalenz ist oft heftig aggressiv und nicht selten deutlich erotisch oder sexuell getönt. Feindselige Regungen und Eifersucht gegen den einen, im Regelfall gegen den gleichgeschlechtlichen, zärtliche Werbung um den anderen Elternteil, schwere Schuldgefühle gegen beide finden sich häufig. Die Beziehungen zu älteren Menschen und die zum anderen Geschlecht werden von dieser ungeklärten Elternbeziehung durchfärbt und gestört. Besonders in der Ehewahl und Ehe, aber auch in anderen Lebensentscheidungen und Lebenseinstellungen (z. B. in Berufswahl und Beruf) spielt die ungelöste Elternbindung eine große und oft verhängnisvolle Rolle. Über die Erinnerungen und Beobachtungen, die ödipale Prägungsvorgänge in der Kindheit vermuten lassen, wird im Abschnitt über die Neurosengenese berichtet werden.

Die Befunde, die Freud unter dem Stichwort des *»Kastrationskomplexes«* zusammengefaßt hat, sind verschiedener Art und Herkunft. In der Mehrzahl der Neurosen finden wir eine ambivalente Einstellung zum eigenen Geschlechtswesen, eine tiefe Unsicherheit in der eigenen Geschlechtsrolle. Der männliche Neurotiker fürchtet und ersehnt gleichzeitig alles, was als besonders »männlich« gilt; die weiblichen Kranken können sich in ihrer Weiblichkeit nicht zurechtfinden. Gleichzeitig aber geraten beide aus der ambivalenten Einstellung ständig mit den Eigentümlichkeiten ihres eigenen Wesens, die sie als »unmännlich« oder »unweiblich« und darum als unpassend empfinden, in Schwierigkeiten und Konflikte.[51] Ein oft zu beobachtendes Beispiel: Der Mann schämt sich seiner Gefühle, weil er für seine Männlichkeit fürchtet, die Frau überspitzt das rationale Räsonnement, um zu beweisen, daß ihr nichts fehlt, was dem Manne eigen ist. Außer der ambivalenten Einstellung zur Geschlechtsbestimmtheit des eigenen Wesens finden wir in der großen Mehrzahl der Neurosen eine ambivalente Einstellung zum geschlechtlichen Erleben im engeren Sinne, eine Mischung von ängstlicher Ablehnung und unmäßiger Überschätzung. Zärtliches, erotisches und sexuelles Fühlen ist von Angst oder Ekel gestört, manchmal fällt es ganz aus. Die Sexualität ist dem Charakter nicht integriert. Heftige Schuldgefühle treten auf, die mit der oft vorhandenen Unordnung des sexuellen Verhaltens begründet werden, nicht selten aber in Wirklichkeit das geschlechtliche Sein und Erleben als solches meinen. Die unbewußte Metaphysik des neurotischen Menschen ist die manichä-

[51] Simone de Beauvoirs Buch: Das andere Geschlecht, rde 99, bringt viele Belege und ist selbst einer der besten.

ische der Katharer mit ihrer Leib- und Geschlechtsverachtung, der oft eine untergründige Wucherung des Sexuellen entspricht. Die Plotinbiographie des Porphyrios beginnt mit den Worten: »Plotinos war einer, der sich schämte, im Leibe zu sein.«[52] Dieses Wort gilt für viele Neurotiker.

Neben diesem allgemeinen Unbehagen in der Natur, der Protesthaltung gegen die Sexualität und neben der Furcht, den mit der Sexualität gestellten Aufgaben nicht gewachsen zu sein, findet sich oft deutlich das präzisere Motiv der Angst vor Verstümmelung und Kastration in Phantasien und Traumbildern. Freud meint, auf dem Grund jeder männlichen Neurose den Wunsch und die Angst entdecken zu können, zu anderen Männern in eine passive, feminine, »kastrierte« Einstellung zu geraten. Umgekehrt dominiere bei der Frau stets das Motiv, doch noch auf irgendeine Weise dem Manne gleich werden zu können.

Wir geben zu, daß die Analyse bei Kranken eigenartige verborgene Motive, Phantasien, Ängste und Konflikte aufdeckt, wie Freud sie beschreibt; Freud aber behauptet, dieselben Motive bei allen Menschen zu finden. Wenn man das Gesamt der analytischen Befunde überblickt, kann man zu dieser Schwierigkeit sagen: Die bei Freud aufgewiesenen Motive finden sich zwar in Spuren bei jedem Menschen, aber sie werden nicht jedem zum unlösbaren Problem. Die Motive sind da, aber es fehlt das starre Fixiertsein an sie. Man mag dieselben Strukturformen aufweisen, aber sie sind gleichsam in einem flüssigeren Aggregatzustand.

Es fehlen beim Gesunden also die Befunde der Diskontinuität und der Ausfallerscheinungen, der Spontaneitätseinschränkung, der Psychosklerose und des Fixiertseins. Damit verlieren auch die Motive der »latenten Perversion« an Gewicht und Bedeutung, sie mögen vorhanden sein,

[52] *Porphyrii Vita Plotini*, in Plotini Opera, Hrsg. P. Henry S. J. und H. R. Schwyzer, Bd. 1, Paris und Brüssel 1951, S. 1.

aber sie brennen nicht. Auch das gesunde junge Mädchen kann eine starke ödipale Vaterbindung haben. Trotzdem gelingt es ihm, seine Gefühlskräfte einem anderen Manne zuzuwenden, während seine neurotische Schwester dem Ehemann nie verzeihen wird, daß er nicht der Vater, sondern ein Fremder ist und bleibt. In ihrem Leben bleiben alte Gefühlsbesetzungen so stark, daß neue nicht aufkommen können.

Selbst wenn es die von Freud beschriebenen Motive, Phänomene und Strukturen gibt – woher wissen wir, daß sie und nicht ganz andere die Neurose charakterisieren? Tatsächlich fanden andere Forscher mit derselben analytischen Methode andere Motive, Konflikte und Zusammenhänge, die ihnen wesentlich für Struktur, Dynamik und Kräfteökonomie der Neurose schienen. Wer bürgt dafür, daß wir nicht Wesentliches übersehen und unwesentliche Nebenbefunde überwertet haben? Mit letzter Sicherheit bürgt dafür nichts und niemand. Freud selbst hat als alter Mann bekannt, daß ihm das Wesen der Neurose immer noch ein Rätsel sei.

Die psychoanalytische Methode vermag das Problem nicht restlos zu bewältigen. Erfahrung allein erschließt uns nicht das Wesen der Neurose. Sie findet, wie schon gesagt, Phänomene und Strukturen *bei* Neurotikern, darunter solche, die so regelmäßig anzutreffen sind, daß sie wohl Wesenseigenschaften der Neurose sein könnten. Dabei ist die Methode für Möglichkeiten neuer und andersartiger Sicht der Gegebenheiten und Zusammenhänge offen. Wer wollte bestreiten, daß mit ihrer Hilfe Adler, Jung, Binswanger, Gebsattel aus der Generation der »Söhne« Freuds und viele andere Forscher Aspekte und Züge der Charakterkrankheiten aufgezeigt haben, die Freud noch nicht sah, selbst wenn wir alles abziehen, was nicht Neuentdeckung, sondern nur Neuformulierung der Freudschen Befunde ist? Wenn einer dies bestreiten wollte – Freud hätte er gegen sich. Der Psychoanalytiker kann nie sagen: Ich sehe alles, was es gibt. Er kann und darf nur sagen: Was ich sehe, gibt es. Wenn dies aber wahr ist, hat die Methode ihr Recht erwiesen.

Konflikt

Dem Ausbruch der Neurose geht ein unbewältigter Konflikt voraus. Der neurotische Mensch ist mit sich selbst entzweit. Seine seelischen Kräfte verzehren sich im Zwiespalt, sie sind gebunden in einem unentschiedenen Stellungskrieg mit eingefrorenen Fronten. Wille und Gegenwille, Antrieb und Abwehr lähmen einander oder formen eigentümliche Kompromißgebilde.

»Das hysterische Symptom entsteht als Kompromiß aus zwei gegensätzlichen Affekt- oder Triebregungen, von denen die eine einen Partialtrieb oder eine Komponente der Sexualkonstitution zum Ausdruck zu bringen, die andere dieselbe zu unterdrücken bemüht ist.«[53]

Die Neurose ist Ausdruck von verleugneten Strebungen, Ausdruck eines festgefahrenen Kampfes zwischen Antrieb und Antriebshemmung.

Den klassischen Ausgangsbefund formuliert Freud so: »Bei den von mir analysierten Patienten hatte nämlich Gesundheit bis zu dem Moment bestanden, in dem ein Fall von Unverträglichkeit in ihrem Vorstellungsleben vorfiel, d. h., bis ein Erlebnis, eine Vorstellung, Empfindung an ihr Ich herantrat, welches einen so peinlichen Affekt erweckte, daß die Person beschloß, einfach zu vergessen, weil sie sich nicht die Kraft zutraute, den Widerspruch dieser unverträglichen Vorstellung mit ihrem Ich durch Denkarbeit zu lösen.«[54]

[53] Hysterische Phantasien und ihre Beziehung zur Bisexualität, VII, S. 196; der Aufsatz enthält in neun Thesen die kürzeste Fassung der psychoanalytischen Symptomlehre.

[54] Die Abwehr-Neuropsychosen, I, S. 61 f.

Heute noch kann eine Analyse nicht als ausreichend gelten, die eine der Erkrankung unmittelbar vorausgehende Konfliktsituation nicht soweit wie möglich geklärt hat. Daß dem sichtbaren Beginn einer neurotischen Erkrankung ein Konflikt vorauszugehen pflegt, kann als gut belegter Erfahrungsbefund gelten. Aber das post hoc muß kein propter hoc sein. Die Sonne geht nicht deshalb auf, weil es vorher schon hell geworden ist. Man könnte mit Viktor Frankl[55] die Hypothese versuchen, die aus unbekannten Gründen (z. B. »endogen«) sich entwickelnde Neurose bringe als Initialsymptom verstärkte Konflikterlebnisse oder eine eigentümliche Schwäche der Konfliktbewältigung mit sich, dem dann die anderen, massiveren Symptome ohne ursächlichen Zusammenhang mit den Konflikterlebnissen folgen. In dieser Hypothese werden zwei Tatsachen übersehen oder nicht genügend gewogen, die die angeführte Deutung wenig wahrscheinlich machen. Die erste Tatsache: Bei schon voll entwickelten Neurosen und psychosomatischen Krankheiten, die anfallsartige Symptome zeigen, ist oft eindeutig, daß bestimmte konfliktgeladene Erlebnisse das Anfallsgeschehen auslösen.[56] Dasselbe gilt für alle Symptome, die an Intensität ab- und zunehmen können. Die zweite Tatsache: Die analytische Bearbeitung der Konflikte, die dem Krankheitsbeginn vorausgingen, hat nicht selten unmittelbar verändernde Wirkung. Symptome und Angst schwinden oder werden verstärkt, Fehlhaltungen, Verspannungen im Charaktergefüge versteifen oder lösen sich, auch andauernde Heilung kann erfolgen.

Die analytische Untersuchung erfährt den Menschen als das Wesen, das mit sich selbst uneins ist. Es kann sich dem Sog seiner Daseinsmöglichkeiten selten unbesorgt überlas-

[55] Theorie und Therapie der Neurosen, Wien 1956.

[56] *F. Alexander*, Psychosomatische Medizin, Berlin 1951. *W. Bräutigam*, Über die psychosomatische Spezifität des Asthma bronchiale, Psyche, VIII, 1954/55, S. 481 ff.

sen. Nicht nur aktuell von Fall zu Fall gerät der Mensch in Konflikte, sondern er sieht sich gezwungen, seine eigenen Triebtendenzen aus einem Rohzustand zu kultivieren, vorgegebenen Befriedigungsbedingungen anzupassen, begrenzende Schranken, Hemmungen und abstürzende Gegenkräfte in der Charakterstruktur auszubilden. Er muß produktive Formen der Antriebs- und Konfliktbewältigung erlernen und üben.

In der Neurose zeigt sich nun, daß ein Teil dieser strukturformenden Lern- und Bildungsvorgänge ausgefallen ist oder ihr Ziel nicht erreicht hat. Die adäquaten Mittel und »Techniken« der Erlebnisverarbeitung fehlen, so daß die natürlichen Konflikte sich versteifen.

Der Satz von der Konfliktbedingtheit der Neurose, ein Grundstein der psychoanalytischen Phänomenologie und Theorie, ist nicht umkehrbar. Nicht jeder Konflikt, auch nicht jeder unbewältigte und verleugnete Konflikt macht neurotisch. Hier entsteht das Problem der weiteren Entstehungsbedingungen der Neurose, das mit dem Aufweis typischer Konflikte nicht beantwortet ist. Zu seiner Lösung ist grundsätzlich ein Rückgriff auf theoretische und erklärende Psychologie nötig.

Jedenfalls aber »bringt uns jeder neurotisch Kranke ein zerrissenes, durch Widerstände zerklüftetes Seelenleben entgegen.«[57] Der Ausgleich und die Bewältigung unüberbrückter, unfruchtbarer Gegensatzspannungen – es gibt auch fruchtbare und aufbauende – ist ein Wesenszug analytischer Therapie, wie die Unfähigkeit, Konfliktspannungen zu ertragen und zu bewältigen, ein Wesenszug der Neurose zu sein scheint. Die überzeugenden Leistungen der Analyse liegen hier. Sie zeigt die an einem Konflikt beteiligten seelischen Kräfte und Motive auf, sie beschreibt die Sackgassen, die typischen Mißgriffe und Fehlformen der Konfliktbewältigung und deren Gründe.

[57] Wege der psychoanalytischen Therapie, XII, S. 186.

Die Konflikte der Neurose gewinnen oft eine besondere Schärfe, Bitterkeit und Hoffnungslosigkeit durch ein Moment, das in ihnen wohl nie vermißt wird: den Protest gegen die Determination des Daseins (Schottlaender). Freud schreibt: »*Der Neurotiker wendet sich von der Wirklichkeit ab, weil er sie – ihr Ganzes oder Stücke derselben – unerträglich findet.*«[58] Er kann das Unabänderliche nicht akzeptieren. Er reibt sich wund an den harten Grenzen der Wirklichkeit. Er protestiert vor allem gegen die Grundgegebenheiten, daß sein Dasein zeitlich ist, daß er einen Leib hat, daß er ein geschlechtliches Wesen und ein ergänzungsbedürftiges, auf den andern und die anderen angewiesenes animal sociale ist.[59] Er protestiert gegen das Vorhandensein von Leid und Not. Er lehnt sich auf gegen die Grenzen seiner Begabung und seiner äußeren Gaben, gegen seine Mängel und Bedürfnisse. Er protestiert aber auch gegen seine geistige Natur und ihre Konsequenzen. Er protestiert dagegen, daß es in seinem Leben Müssen, Sollen, Dürfen und Nichtdürfen, Können und Nichtkönnen, Wünschen und Nichterlangen gibt, daß diese Welt nicht die beste aller Welten, er selbst nicht ein kleiner Gott ist. Das Gefühl der schlechthinnigen Abhängigkeit ist ihm unerträglich.

VORGÄNGE, ›MECHANISMEN‹ UND STRUKTUREN DER ABWEHR UND HEMMUNG

»Es bringt einen sicheren Vorteil, auf den alten Begriff der Abwehr zurückzugreifen, wenn man dabei festsetzt, daß er die allgemeine Bezeichnung für alle die Techniken sein

[58] Formulierungen über die zwei Prinzipien des psychischen Geschehens, VIII, S. 230. Ein Satz wie dieser zeigt, wie sehr schon Freud »daseinsanalytisch« und über die Grenzen der Sexualität hinaus sah.
[59] Vgl. *F. Schottlaender,* Das Ich und seine Welt, Stuttgart 1959.

soll, deren sich das Ich in seinen eventuell zur Neurose führenden Konflikten bedient.«[60]

Der Abwehrbegriff umfaßt alle Vorgänge von gleicher Tendenz: des Schutzes des Ichs gegen Triebansprüche. Die verstehende Konfliktanalyse hat es mit zwei Grundfragen zu tun: Welche Triebansprüche, welche Werdensmöglichkeiten erlebt der Analysand als bedrohlich? Aus welchen Motiven widersetzt er sich den Triebansprüchen, welche Gegenkräfte setzt er ein?

Dieses motivische Verstehen des Konflikts genügt nicht, es muß durch die Frage ergänzt werden: Welche taktischen Mittel wendet der Neurotische an, um offene Konflikte und in ihnen enthaltene Spannungen zu vermeiden? Die sogenannte Ich- oder Widerstandsanalyse hat vorwiegend die zweite und die dritte Frage zu beantworten.

»Techniken« und Taktiken kann das Ich anwenden, wenn ihm entsprechende strukturell angelegte Funktionen, Psychismen zur Verfügung stehen. Um solche handelt es sich bei den sogenannten »Abwehrmechanismen«.

Die Redeweise: »Das Ich bedient sich gewisser Techniken« ist dabei freilich nicht glücklich, weil sie den Unterschied zwischen unwillkürlichen, meist unbewußt ablaufenden Vorgängen und willentlichen Planhandlungen verwischt. Allerdings gehört eben das Verfließen der Grenzen zwischen unwillkürlichem Geschehen und willkürlichem Handeln auch zu den kennzeichnenden Zügen der Neurose. Besonders der hysterische Charakter versteht es vorzüglich, sein Tun als Geschehen und Erleiden zu maskieren. Er hat oft provoziert und arrangiert, was ihm passiert. Diese List, vieles in aller Unschuld zu erreichen, was bewußt zu wollen und zu vollbringen man nicht verantworten mag, ist selbst schon eine Technik der Konfliktumgehung, die Freud zwar beschrieben, aber erst Adler mit dem Begriff des »Arrangements« prägnant bezeichnet hat.

[60] Hemmung, Symptom und Angst, XIV, S. 196.

Andere Formen neurotischer Konfliktbewältigung, »Abwehrmechanismen«, sind die Verdrängung und ihre Folgen: Konversion, Verschiebung, falsche Verknüpfung. Weitere Kunstgriffe, Wahrnehmung, Selbstwahrnehmung, Erinnerungen und Phantasien zu entstellen, sind Isolierung, Leugnung der Realität, Ungeschehenmachen, Verkehrung ins Gegenteil, Wendung gegen die eigene Person, Projektion, Sublimierung. Eine Sonderstellung unter den Abwehrmechanismen nimmt die Regression ein.

Um die Tatsache zu bezeichnen, daß Abwehr als habituelle Triebhemmung in die Charakterstruktur eingelassen ist, hat Freud die Begriffe der Reaktionsbildung und Gegenbesetzung vorgeschlagen.

Identifizierung und Introjektion sind in sich noch keine Abwehrmechanismen, können aber in den Dienst der Trieb- und Angstabwehr gestellt werden.

Verdrängung

Der wichtigste der Abwehrvorgänge, die Freud beschrieben hat, ist die Verdrängung.[61]

Freud hat nicht entdeckt, daß es Verdrängung gibt. Ein seelischer Vorgang, ein menschliches Verhalten von so großer Bedeutung für das Leben kann nicht leicht verborgen bleiben, so daß eine Entdeckung im eigentlichen Sinne möglich wäre. Das bezeugen schon Wortbildungen der Umgangssprache, wie etwa der Ausdruck »nicht wahrhaben wollen«. Wir finden Verdrängungsvorgänge (im weiteren Sinn) unter anderen Namen lange vor Freud genannt und beschrieben, sogar der terminus technicus erscheint schon

[61] Vgl.: Die Abwehrneuropsychosen I, S. 57ff.; Die Verdrängung, X, S. 248ff.; Vorlesungen, XI, S. 296ff.
Kasuistik besonders in: Studien, I, S. 75ff. Dort auch die erste Theoriebildung.

bei Herbart.[62] Es muß nicht erst belegt werden, daß der Mensch sich seit jeher als ein Wesen gekannt hat, dem lenkende und hemmende Eingriffe in das spontane Sichregen der seelischen Kräfte möglich sind, ein Wesen, das seine Wahrnehmungen, Gefühle, Antriebe, Gedanken willkürlich fördern oder unterdrücken kann. Alle sozialen Gebilde, alle menschliche Tradition und Erziehung, alle Religionen und ethischen Lehren rechnen mit diesem Vermögen und verlangen vom Menschen, daß er es gebrauche. Überall schützt der Mensch sich gegen sich selbst, gegen die Fülle der Versuchungen, die stets Ursprung oder Ansatz in den spontanen Strebungen seiner eigenen Natur haben, mit dem Mittel der Verdrängung eben dieser Strebungen; und er weiß, daß er das tut. Die Verdrängung ist eines der ursprünglichsten Werkzeuge und Waffen des Menschen im Umgang und Kampf mit sich selbst, sie ist Ausdruck der Tatsache, daß die in ihm wirkenden Kräfte ihr Maß und ihre Form nicht aus sich selbst, von Natur, haben, sondern erst durch Pflege, Kultur und Übung (griechisch: askesis) finden können. Der Mensch ist von Natur auf Kultur und Übung angewiesen, er ist von Natur ein asketisches Wesen, und das bedeutet, daß er ein verdrängendes Wesen sein muß. Die notwendige Gabe der Verdrängung macht es dem Menschen erst möglich, als Mensch zu leben, sich als Person von der Macht nur naturhafter Abläufe zu lösen.

Nicht nur zerstörerische, maßlose Affekte und Antriebe können verdrängt werden, sondern auch die fruchtbaren und aufbauenden. Der Mensch kann durch Verdrängung sich von seiner eigentlichen Wesensmitte und dem Anspruch der Wirklichkeit abwenden. Er kann sein »besseres Ich« verdrängen, er kann selbst- und seinsvergessen dahinleben, sich dem Anruf des Gewissens und den Ansprüchen der Natur verschließen.

[62] *J. F. Herbart,* Psychologie als Wissenschaft, neugegründet auf Erfahrung, Metaphysik und Mathematik, 1824.

Freuds Verdrängungslehre geht über das bisher Bekannte hinaus. Er entwickelt sie zunächst in seinen frühen Schriften, die vor der Jahrhundertwende erschienen sind. Da wird Verdrängung beschrieben als ein bewußter, beabsichtigter Akt der Person, die peinliche Dinge aus dem bewußten Denken und Erinnern ausschließen will. Bei den ersten Patienten, die Freud analytisch untersuchte, konnte er feststellen, daß ihre Krankheit begonnen hatte, kurz »nachdem sie eine bewußte seelische Regung verurteilt, absichtlich unterdrückt und vergessen hatten«.[63] Die Verdrängung soll eine gegenwärtige seelische Regung aus dem Bewußtsein beseitigen, sie soll zudem ihre Wiederkehr als Erinnerung verhindern, sie ist ein »beabsichtigtes Vergessen«. Gegenstand der Verdrängung sind »Regungen von Selbstsucht und Grausamkeit, die man allgemein als böse zusammenfassen kann, vor allem aber sexuelle Wunschregungen«.[64] An einer anderen Stelle sagt Freud: »Den Kern des seelisch Unbewußten bildet die archaische Erbschaft des Menschen, und dem Verdrängungsprozeß verfällt, was immer davon beim Fortschritt zu späteren Entwicklungsphasen als unbrauchbar, als mit dem Neuen unvereinbar und schädlich zurückgelassen werden soll.«[65]

Sinn und Ziel der Verdrängung ist vor allem, peinliche Affekte zu beseitigen, also Vermeidung von Unlust. Zunächst beschreibt Freud einen bewußten Akt, der willkürlich vollzogen und unterlassen werden kann. Es gibt eine bewußte, besonnene, willentliche Verdrängung aus guten oder auch schlechten Gründen. Sie ist eine alltägliche, der Selbstbeobachtung zugängliche Erscheinung, die auch in der Analyse häufig vorkommt – zum Kummer des Analytikers. Freud hat bald erkannt, daß dieses Verdrängen gewöhnlich keine pathogene Wirkung hat und sich von der

[63] Vgl.: Studien über Hysterie, besonders die Krankengeschichten, I, S. 75 ff.; Zitat in: Die Abwehr-Neuropsychosen, I, S. 61.

[64] Kurzer Abriß der Psychoanalyse, XIII, S. 412.

[65] Ein Kind wird geschlagen, XII, S. 225 f.

pathogenen Verdrängung deutlich abhebt. Er hat darum später auch begrifflich die pathogene Verdrängung von der »Verurteilung und Unterdrückung« unterschieden.

Diese »normale Urteilserledigung«[66] ist eine notwendige und gesunde Möglichkeit des Menschen im Umgang mit seinen seelischen Regungen. Für Freud ist ein Ziel der psychotherapeutischen Behandlung, Verdrängungen aufzuheben und durch Verurteilung oder Bejahung zu ersetzen: »Es gibt mehrere solcher zweckmäßigen Erledigungen, welche Konflikt und Neurose zum glücklichen Ende führen, und die im einzelnen Falle auch miteinander kombiniert erzielt werden können. Entweder wird die Persönlichkeit des Kranken überzeugt, daß sie den pathogenen Wunsch mit Unrecht abgewiesen hat, und veranlaßt, ihn ganz oder teilweise zu akzeptieren, oder dieser Wunsch wird selbst auf ein höheres und darum einwandfreies Ziel geleitet (was man eine Sublimierung heißt), oder man erkennt seine Verwerfung als zu Recht bestehend an, ersetzt aber den automatischen und darum unzureichenden Mechanismus der Verdrängung *durch eine Verurteilung mit Hilfe der höchsten geistigen Leistungen des Menschen; man erreicht seine bewußte Beherrschung.«*[67]

Freud hat anfangs die pathogene Verdrängung als eine unvollständige, mißglückte Art der Verurteilung und Unterdrückung aufgefaßt.[68] Bei der Verurteilung findet eine seelische Bewegung, eine Wahrnehmung, ein Gefühl, ein Wunsch in ein Bewußtsein Eingang, das der Regung zunächst Raum gibt, sie erlebt und sich entfalten läßt, bis sich zeigt, daß diese Regung anderen Neigungen und Einstellungen der Person grundsätzlich oder in der konkreten Situation widerspricht. Dieser Widerspruch und Konflikt von Tendenzen ist um so leichter und ohne Rest durch Ver-

[66] Selbstdarstellung, XIV, S. 55.
[67] Über Psychoanalyse, VIII, S. 25f. (Im Original ohne Hervorhebung.)
[68] Drei Abhandlungen zur Sexualtheorie, V, S. 71.

urteilung und Unterdrückung zu lösen, je tiefer der Sinn und das Recht des Widerspruchs von der Person erfahren werden, je mehr die Verurteilung in der gegebenen Konfliktsituation aus ganzem Herzen vollzogen werden kann und so ein neues Gefühlsklima schafft. Die Verurteilung muß natürlich und seinsgerecht sein, also einmal der vorgegebenen Natur des Menschen, wie sie in diesem Einzelnen und in dieser einmaligen Lage sich zeigt, entsprechen und darüber hinaus dem Maß seines Selbstverständnisses. Während die Verdrängung als unvollständiger, triebhafter Vorgang Unlust abwehren soll, geht es in der Verurteilung und Unterdrückung nicht notwendig um Vermeidung unangenehmer Affekte, sondern oft um Sinnmotive, die unabhängig von der Lustbilanz gewählt werden können. So kann man aufdringliche Lustphantasien, die weder peinlich noch unlustig sein müssen, unterdrücken, um eine recht unlustige Arbeit zu tun. Konzentration und Sammlung muß meist gegen eine Fülle störender äußerer und innerer Ablenkungen durchgesetzt werden. Es ist gut, diese alltäglichen und ständig notwendigen Unterdrückungsleistungen auch terminologisch mit dem Begriff des »Abdrängens« auszusondern.[69] Ein wichtiger Unterschied zwischen der Verdrängung und der »normalen Erledigung« liegt darin, daß durch die Urteilserledigung der Triebstrebung ihre Energiebesetzung entzogen wird, während die nur verdrängte Triebregung ihre Energiebesetzung behält:

»Der pathogene Vorgang ließ sich jetzt leicht rekonstruieren. Um beim einfachsten Beispiel zu bleiben, es war im Seelenleben eine einzelne Strebung aufgetreten, der aber mächtige andere widerstrebten. Der nun entstehende seelische Konflikt sollte nach unserer Erwartung so verlaufen, daß die beiden dynamischen Größen – heißen wir sie für unsere Zwecke: Trieb und Widerstand – eine Weile unter

[69] *A. Wellek*, Das Schichtenproblem in der Charakterologie, Studium Generale 9, 1956, S. 246.

stärkster Anteilnahme des Bewußtseins miteinander rangen, bis der Trieb abgewiesen, seiner Strebung die Energiebesetzung entzogen war. Das wäre die normale Erledigung. Bei der Neurose hatte aber – aus noch unbekannten Gründen – der Konflikt einen anderen Ausgang gefunden. Das Ich hatte sich sozusagen beim ersten Zusammenstoß von der anstößigen Triebregung zurückgezogen, ihr den Zugang zum Bewußtsein und zur direkten motorischen Abfuhr versperrt, dabei hatte sie aber ihre volle Energiebesetzung behalten. Diesen Vorgang nannte ich Verdrängung.«[70] Die gelungene Unterdrückung und Verurteilung wird häufig ein schmerzhafter Verzicht sein und den Menschen in Not bringen, aber sie schenkt als eigentümliche Freiheitserfahrung einen Zuwachs an Selbstwertgefühl. Sie ist darum keine demütigende Kränkung, nicht Einbuße, sondern Gewinn an personaler »Substanz«. Der Begriff der Verurteilung läßt eine Vorstellung vom gesunden Menschen sichtbar werden, die Freud auch später nie aufgegeben hat. Die Entwicklung des Menschen entscheidet sich daran, ob er lernt, urteilend mit sich selbst umzugehen, oder ob er über das Verdrängen nicht hinauskommt. Der gesunde Mensch ist das Wesen, das sich urteilend zu sich selbst verhält, seine Regungen bejahen oder verurteilen und unterdrücken kann. Der neurotisch kranke Mensch ist das verdrängende Wesen. Verdrängung ist aber ein auf die Dauer ungeeignetes Mittel der Triebbewältigung. »Die Verdrängung, ursprünglich zweckmäßig, läuft doch in schädlichen Verzicht auf Hemmung und seelische Beherrschung aus.«[71] Von dem bewußten Akt des Unterdrükkens gibt es fließende Übergänge zu dem unwillkürlichen Vorgang der Verdrängung, der auch noch bewußt sein kann, ohne den Charakter des überlegten freien Aktes zu haben. Hier beginnt dann die Verdrängung, ein »psychi-

[70] Selbstdarstellung, XIV, S. 55.
[71] Die Traumdeutung, II, S. 622.

scher Mechanismus« zu werden, ein zwangsläufig und blind ablaufender, triebhafter Vorgang, der von vorpersonalen Strukturen gesteuert ist. Im Randbewußtsein deutet sich etwas an, das zu den Voreinstellungen und herrschenden Neigungen nicht paßt. Mit unwillkürlichen Fluchtbewegungen der Aufmerksamkeit, durch Ausweichen auf andere Gegenstände, sucht das Ich Unlust, Angst, Schuldgefühl zu meiden. Noch mehr: »Die Verdrängung bringt es zustande, Vorstellungen in statu nascendi, ehe sie dem Bewußtsein auffallen können, zu hemmen, wenn deren Besetzung zur Unlustentbindung Anlaß geben kann.«[72] Der Aufweis unwillkürlicher und unbemerkter Verdrängungsvorgänge gelingt am besten in der Analyse bestimmter Fehlleistungen, z. B. des Vergessens. Hier läßt sich oft überzeugend die Beteiligung von affektiven Abwehrkräften aufzeigen.[73] Freud beschreibt bei der Darstellung der Abwehrmechanismen teils direkt erfahrbare Tatsachen (z. B. die mühevolle Unterdrückung einer Vorstellung mit der Absicht, sie zu vergessen), teils hypothetische Deutungsmodelle zur Erklärung der Befunde. Die Lehre von der Verdrängung ist ein besonders befundnaher Deutungsversuch von Tatsachen, andere Mechanismen stehen dem hypothetischen Modell näher als dem Befund. Wo die Verdrängung nicht ein aktueller Vorgang, sondern ein dauerhafter Habitus ist, der sich in einer ebenso habituellen Hemmung der Gefühls- und Triebentfaltung auswirkt, spricht Freud von Abwehrhaltung.

[72] Formulierungen über die zwei Prinzipien des psychischen Geschehens, VIII, S. 235. Hier weist Freud auf Sachverhalte hin, die von Friedrich Sander in den Untersuchungen zur »Aktualgenese« experimentell nachgewiesen worden sind. Vgl.: *F. Sander, H. Volkelt,* Ganzheitspsychologie, Grundlagen, Ergebnisse, Anwendungen. Beck, München 1962, S. 113–117.

[73] Zahlreiche Belege in: Zur Psychopathologie des Alltagslebens, IV.

Konversion, Verschiebung, falsche Verknüpfung

Im Wirkungsfeld der Verdrängung und der Abwehrhaltungen tritt ein psychischer, besser psychophysischer »Mechanismus« auf, der von der Verdrängung abhängig zu sein scheint, die »Umsetzung einer (psychischen) Erregungssumme ins Körperliche«,[74] die Freud »Konversion« nennt. Sie gehört zu den Mechanismen, die in sich nicht unmittelbar Gegenstand der Erfahrung sind. Erfahrbar aber ist die Tatsache, daß sich in der Analyse Gefühlsbewegungen und Verdrängungsvorgänge aufzeigen lassen, die von körperlichen Veränderungen begleitet sind oder denen sich solche anschließen. Auch die körperlichen Symptome der Neurose pflegen sich während der Behandlung und in deutlicher Beziehung zu ihrer Thematik zu ändern, sie »sprechen mit«. Diese Korrelation von seelischem und leiblichem Geschehen gehört zu den Tatsachen, die die Analyse feststellen kann und die der theoretischen Erklärung bedürfen.

Bei der Konversion handelt es sich um eine Sonderform der Auswirkung bestimmter seelischer Vorgänge. Nicht jede Muskelkontraktion, die physisches Ergebnis einer absichtlichen psychischen Aktivität ist, nicht jede physische Auswirkung oder Begleiterscheinung eines Affektes (Tränen, Erröten und Erblassen, Erbrechen, Spasmen der Blutgefäße, der Bronchien, der glatten Muskulatur) ist Konversion. Von ihr sprechen wir nicht, wo ein Affektsturm Seele und Leib zugleich erschüttert, sondern wo kraft eines Abwehrvorganges fast ausschließlich im körperlichen Ausdruck etwas geschieht, das auch als Gefühl und Strebung innen erlebt werden könnte und sollte, aber nicht erlebt wird. Der leibliche Vorgang ersetzt und vertritt gleichsam

[74] Die Abwehr-Neuropsychosen, I, S. 63.

das Erlebnis, statt es zu begleiten. So kann etwa eine hysterische Blindheit den verleugneten Wunsch konversiv widerspiegeln, dies und jenes Verbotene anzuschauen, oder den gegenteiligen Wunsch, Dinge nicht sehen zu müssen, die man genau ins Auge fassen sollte. Die Abwehrtechnik der Konversion stellt also den Versuch dar, Antriebe, Gefühle, Phantasien, Erinnerungen, die durch Verdrängung vom Erleben ausgeschlossen wurden, im Ausdrucksfeld der leiblichen Funktionen und ihrer Störung unterzubringen. Konversionssymptome sind leibliche Symbole oder wenigstens deren Andeutungen, wie Zwangsrituale Handlungssymbole sind. Ein Argument für diese These liegt in ihrer theoretischen und praktischen Leistung. Wenn sich die vielen Einzelheiten eines Konversionssymptoms wie die eines komplizierten pantomimischen Zwangszeremoniells durch eine einfache Interpretation als Sinnganzes verstehen lassen, wenn weiter die hinter diesen Symptomen vermuteten Phantasien, die traumatischen Ereignisse und andere Bedingungen auf Grund der Deutung oder im günstigen Falle schon vor jeder Deutung plötzlich ins Bewußtsein einschießen, wenn drittens daraufhin das Symptom verschwindet oder sich wandelt, dann rechtfertigt ein solches Zusammentreffen das vorausgesetzte Modell.

Während der Mechanismus der Konversion für die Hysterie kennzeichnend ist, nimmt Freud für die Zwangsneurose den Mechanismus der »Substitution«[75] oder »Transposition«, der »Verschiebung« eines Affektes von der zu ihm gehörenden Vorstellung auf eine andere, nicht von Abwehr betroffene, an. Der Affekt wird unter dem Einfluß der habituellen oder aktuellen Abwehr disloziert, er gerät an den falschen Platz. Anlaß zu dieser theoretischen Annahme gab die Beobachtung, daß bei Neurotikern heftige Affekte oft mit Inhalten verknüpft sind, zu denen sie nach Art und Maß nicht passen, und daß der quälende Af-

[75] Die Abwehr-Neuropsychosen, I, S. 68.

fekt bewältigt werden und verschwinden kann, wenn es gelingt, die ursprünglich zu ihm gehörende Vorstellung aus der Verdrängung zu heben und den so erneuerten Konflikt »durch Denkarbeit zu lösen«.

Die Substitution ist ein Sonderfall der »falschen Verknüpfung«.[76] In der falschen Verknüpfung begründet der Kranke einen seelischen Vorgang oder Zustand durch ein Motiv, das nicht das wirkliche ist, während das richtige verborgen bleibt. Solche falschen Verknüpfungen, also Motivationstäuschungen, finden wir in der Analyse von neurotisch Kranken auffallend häufig. Sie sind daran kenntlich, daß der Analysand für seine Stimmungen, Gefühle und Handlungen fadenscheinige Motive angibt (»Rationalisierung«) und daß in der freien Assoziation die wahren Motive oft blitzartig und evident einfallen.

Isolierung und Ungeschehenmachen, Verleugnung der Realität

Isolierung und Ungeschehenmachen sind Surrogate der Verdrängung,[77] wo diese selbst nicht gelingt. Es handelt sich um Abwehrtechniken, die besonders für die Zwangsneurose kennzeichnend sind. Isolierung tritt auf, wo eine Zusammengehörigkeit als quälend empfunden wird. Der Isolierung gelingt es, Vorstellung und Erinnerung vom zugehörigen Affekt zu lösen oder zwei ursprünglich miteinander gegebene Regungen (z. B. Liebe und Haß gegen den Vater, oder sexuelle und exkretorische Reize) voneinander zu trennen. Beide Bestandteile bleiben jeweils bewußt, aber ihre Verbindung, ihr ursprünglicher quälender Zusammenhang ist aufgehoben.

Das Ungeschehenmachen ist der Versuch, mit magischen

[76] Vgl.: Studien, I, S. 121.
[77] Hemmung, Symptom und Angst, XIV, S. 149.

Mitteln, in Symbolhandlungen eine schon gestörte Ordnung wiederherzustellen, einen Triebausdruck zu widerrufen.[78]

Die Verleugnung der Realität im engeren Sinn ist ein Mechanismus der Psychose, im weiteren Sinn ist sie ein Begriff, der allen neurotischen Abwehrtechniken einen gemeinsamen Nenner gibt. Neurose ist Wirklichkeits- und Selbstverleugnung. Der Neurotiker will nicht wahrhaben, wer er selbst und wie die Welt ist.

Verkehrung ins Gegenteil, Wendung gegen die eigene Person, Projektion

In der analytischen Beobachtung entsteht der Eindruck, daß es typische Fehlformen der Aktualgenese von Trieb- und Gefühlskeimen gibt. Ein Triebkeim kann sich seinem inneren Wesen gemäß entfalten oder von Abwehrkräften in der Entfaltung entstellt, verformt werden. Typische Triebumwandlungen dieser Art hat Freud in den Begriffen:

Verkehrung ins Gegenteil, Wendung gegen die eigene Person, Projektion und Sublimierung zu fassen versucht. Die Erfahrungen, die den Realwert des ersten Begriffs begründen, sind etwa folgende: Eine Mutter fällt durch ängstliche Überzärtlichkeit gegen eines ihrer Kinder auf. Um dieses Kind ängstigt sie sich übermäßig ohne einleuchtenden Grund, sie verwöhnt und bevorzugt es. In der analytischen Entspannung stellen sich immer deutlicher feindselige Impulse gegen dieses Kind und Erinnerungen an aggressive, rivalisierende und ähnliche Regungen ein. Die spätere Entwicklung zur »Zärtlichkeit« scheint aber nicht einfach einen Gefühlsumschlag ins Positive unter Nachlassen der aggressiven Impulse gebracht zu haben, sondern

[78] Hemmung, Symptom und Angst, XIV, S. 149 f.

die übermäßig verwöhnende Zärtlichkeit selbst scheint als eigentümliche Ausdrucksform verborgener Aggression dienen zu können und wird oft vom Empfänger auch so empfunden. Ähnlich kann offene Feindseligkeit ihre Intensität verleugneter Liebe verdanken. Es scheint darum berechtigt, die Grundform der »Verkehrung ins Gegenteil«[79] von den später zu besprechenden »Reaktionsbildungen« zu unterscheiden, bei denen in zwiespältiger Affektlage eine Strömung forciert und mit ihrer Verstärkung die entgegengesetzte verdeckt wird. In unserem Beispiel würde im Fall der Reaktionsbildung die Feindseligkeit der Mutter nicht durch ängstliche Verwöhnung *geäußert,* sondern die Verwöhnung wäre Ausdruck einer echten, aber überforcierten Zärtlichkeit, die feindselige Regungen verdecken soll. Das Beispiel zeigt, wie feinste Schattierungen des phänomenalen Befundes zu tiefgreifenden Unterscheidungen in den deutenden Modellvorstellungen führen können, es zeigt weiter, wie schwer es ist, Befund und Deutung in den Begriffen der Psychoanalyse voneinander abzuheben.

Wendung gegen die eigene Person[80] ist gegeben, wo ein Antriebskeim den ihm gemäßen Gegenstand nicht erreicht und nun das Subjekt zum Objekt nimmt. Der Typus des Selbstquälers erfährt und zeigt in der analytischen Entspannung und Gefühlsentfaltung Vorgänge der Objektfindung, die der ursprünglichen Richtungstendenz der Antriebskeime und der ursprünglichen Motivlage mehr entsprechen als die gegenwärtig gegebene Wendung der feindseligen Impulse gegen die eigene Person. Er beginnt seine Affekte an die Person zu adressieren, denen sie ursprünglich galten. Offenbar gibt es die Möglichkeit, durch die Wendung gegen die eigene Person Antriebe zu verharmlosen, Angst und Schuldgefühl zu vermindern, in ein scheinbar geringeres Übel auszuweichen, kurz die Wendung ge-

[79] Triebe und Triebschicksale, X, S. 219.
[80] a. a. O.

gen sich selbst als Abwehrtechnik zu erlernen. Wir finden zur Vermeidung von schmerzhaften Versagungen, von demütigenden Abweisungen durch andere auch eine Wendung der Liebeskräfte auf die eigene Person als Selbstverwöhnung und Narzißmus. Auch hier geht es um Abwehr, insofern auf solche Weise Gefahren und Verwundungen vermieden werden sollen, die bei natürlicher, unentstellter Gefühlsentfaltung in Kauf genommen werden müßten.

Bei der Projektion handelt es sich um den folgenden Vorgang: »Eine innere Wahrnehmung wird unterdrückt, und zum Ersatz für sie kommt ihr Inhalt, nachdem er eine gewisse Entstellung erfahren hat, als Wahrnehmung von außen zum Bewußtsein.«[81]

In der Analyse werden Projektionen besonders im Zusammenhang der später zu besprechenden Übertragung deutlich. Es ist die Regel, daß verdrängte Regungen und Haltungen zunächst in der projektiven Entstellung erscheinen. Dem Auftauchen feindseliger Impulse gegen den Analytiker geht eine Zeit voraus, in der auch sachliches und freundliches Verhalten des Arztes als aggressiv oder bedrohlich erlebt wird und Furcht auslöst. In klassischen Fällen gibt der Analysand ein vollständiges Inventar seiner eigenen verleugneten Gefühle, Konflikte und Haltungen, während er den Charakter des Analytikers (oder anderer Personen seiner Umgebung) zu beschreiben glaubt.

[81] Über einen autobiographisch beschriebenen Fall von Paranoia, VIII, S. 302 f.; vgl. auch: Über einige neurotische Mechanismen bei Eifersucht, Paranoia und Homosexualität, XIII, S. 195 ff.; ferner: Neurasthenie und Angstneurose, I, S. 338. Weitere Bemerkungen über die Abwehr-Neuropsychosen, I, S. 401.

Sublimierung

Der Begriff der Sublimierung weist auf ein besonders schwieriges Problem der psychoanalytischen Erfahrung und Theorie.

»Sexualregungen werden sublimiert, d. h. von ihren sexuellen Zielen abgelenkt und auf sozial höher stehende, nicht mehr sexuelle gerichtet.«[82]

Die Sublimierung ist ein Sonderfall des allgemeinen Gesetzes von der Plastizität der Triebe, ihrer Fähigkeit, das Objekt zu wechseln, ihrer Bereitwilligkeit, Surrogate anzunehmen und sich mit Ersatzbefriedigungen zu begnügen. Die Beobachtung von Menschen und von Tieren zeigt, daß Bedürfnisspannung aus umschriebenen Antriebsbereichen sich lösen kann, wenn statt der ersehnten Objekte andere aus demselben Bedürfnisfeld oder auch Objekte ganz anderer Antriebsbereiche angeboten werden. Schon der alte Satz »Müßiggang ist aller Laster Anfang« weist darauf hin, daß jegliche Aktivität vielerlei Triebspannungen herabsetzen oder aufsaugen kann.

Wenn es etwas wie Ersatzbefriedigung gibt, Lösung von Antriebsspannung durch Erlebnisse, die an sich nicht diesem Antrieb als dessen adäquate Erfüllung zugeordnet sind, so wird man erwarten dürfen, daß es sich bei sexuellen Bedürfnisspannungen ähnlich verhält. Auch sie können gedämpft oder gelöst werden durch beliebige Tätigkeiten und Erlebnisweisen, die den Menschen interessieren, erfreuen und erfüllen, ja selbst durch mißliebige Beschäftigungen, sofern sie nur die Aufmerksamkeit in Anspruch nehmen und ablenken. In der Sprache Freuds ausgedrückt: Jedes Interesse bindet und verzehrt Libido, jede Befriedi-

[82] Vorlesungen zur Einführung in die Psychoanalyse, XI, S. 16; vgl.: Über Psychoanalyse, VIII, S. 58.

gung kann für die Sexualität Ersatzbefriedigung werden. Handelt es sich um höhere, sozial wertvolle und aus übervitalen Wertbereichen erwachsende Befriedigungen, dann spricht Freud von Sublimierung. Wenn man diese Aussagen von theoretischen, metapsychologischen Implikationen freihält, bleiben sie zutreffende Beschreibung von Erfahrungsbefunden. Für die theoretische Deutung bieten sich dann mehrere Modelle an. Es ist nun wichtig, daß bei Freud in die Begriffe der Ersatzbefriedigung und der Sublimation einmal der Erfahrungsbefund eingegangen ist, dann aber auch eines von mehreren möglichen Deutungsmodellen und darüber hinaus ein philosophisches Vorurteil.

Das theoretische Deutungsmodell geht über die Erfahrung hinaus mit der These: Sexuelle Spannung wird durch Ersatzbefriedigung nicht nur gedämpft und gelöst, wie etwa Bedürfnisse oder aggressive Spannungen beim Kind durch Reizung seiner Neugier befriedigt werden können, sondern die eine sexuelle Libido findet in allen denkbaren Betätigungen und Erlebnissen Spuren der von ihr gesuchten spezifischen Lustqualitäten und kann *darum* auch mit allen möglichen Objekten abgefunden werden.

Ein Drangerlebnis von spezifischer Qualität ist gegeben. Ihm folgen Tätigkeiten und Erlebnisse, in deren Verlauf die drängende Spannung abklingt. Diese Reihe von Phänomenen kann erklärt werden mit der Annahme, in den Handlungen und Erlebnissen müsse etwas enthalten sein, das den spezifischen Befriedigungserlebnissen des beteiligten Triebes entspricht. Die lösenden Handlungen und Erlebnisse seien also Ausdruck und Ergebnis der spezifischen Triebaktivität. Dieses Postulat ist ein Grundprinzip der psychoanalytischen Theorie, das sie als selbstverständlich voraussetzt und für dessen Allgemeingültigkeit ein Beweis bisher weder erbracht noch versucht wurde.

Die Befunde können ebenso erklärt werden mit der Annahme, es gebe Lösung spezifischer Triebspannung durch

Erlebnisse und Vorgänge, die in keiner Weise als Ausdruck des Triebes gelten können, den sie ablösen und entspannen.

Nach der ersten Annahme würde das angeführte Beispiel so gedeutet: Beim zornigen Kind fließt Libido im Strombett des sadistischen Partialtriebes. Neugier wecken heißt Libido in das Strombett des Partialtriebes sexueller Schaulust und Wißbegier umlenken, die das eine und einzig wissenswerte Sexuelle andeutungsweise und symbolisch in allem Sicht- und Wißbaren anzutreffen hofft. Daß es Ersatzbefriedigung in diesem engen und spezifischen Sinn auch gibt, ist gut begründet. Bei einer großen Zahl der von Freud als Sublimierung gedeuteten Beobachtungen scheinen aber andere Zusammenhänge im Spiel zu sein. So hat wohl in vielen Fällen der vorgeblich sublimierte Trieb nur eine Einführungs- und Anregungsfunktion. Ein Kind mag für anale Schmierlust Ersatzbefriedigung und Sublimierung im Malen und Modellieren suchen. Dabei kann es die Freude künstlerischer Gestaltung und den Weg in einen entsprechenden Beruf finden, ohne daß in der späteren Tätigkeit nun die anale Lustqualität tragendes oder auch nur mittragendes Motiv bleiben müßte. Ein Kind kann aus sadistischen und destruktiven Impulsen dem Teddybären den Bauch aufschneiden und das Spielauto zerstören, dabei aber die faszinierenden Geheimnisse der Stimme des Bären, des Triebwerks im Auto entdecken und zum kleinen und großen Techniker oder Physiker werden, auch wenn es nicht an seine zerstörerischen Triebimpulse fixiert bleibt.[83]

In diesem Zusammenhang muß darauf hingewiesen werden, daß jede spezifische Bedürfnisspannung, die nicht ans Leben geht wie Hunger und Durst, an der man also auch nicht stirbt, ihre Dringlichkeit nicht so sehr aus ihrer Spezifität gewinnt als aus der Tatsache, daß sie überhaupt Be-

[83] Vgl. G. Allports Lehre von der funktionellen Autonomie der Motive (Persönlichkeit, Stuttgart 1949).

dürfnisspannung ist, in der sich der Mensch als leer, arm, freudlos, als Mangelwesen erfährt. Jede Bereicherung, jede unspezifische Erfüllung mildert diesen quälenden Zug des Bedürfniserlebens. Ein Kind, das auf dem Jahrmarkt nichts so sehnlich wünscht wie eine Portion Eis, wird von einem Windrädchen oder einer Fahrt auf dem Karussell ganz getröstet sein und die Ersatzbefriedigung gelten lassen, obgleich in ihr nichts zu finden ist, was dem ersehnten Triebziel ähnlich wäre, will man nicht den sehr abstrakten Nenner des Lustgewinns dafür gelten lassen.

Freuds Lehre von der Sublimierung wird nicht aus der analytischen Erfahrung, sondern erst aus einem metaphysischen a priori ganz verständlich. Er geht von dem Glaubenssatz aus, im Menschen könne es keine anderen Grundkräfte geben als im Tier: Selbsterhaltungstrieb und Arterhaltungstrieb.[84] Freud hat sich die etwas mühsame Aufgabe aufgebürdet, alle psychischen Erscheinungen entweder als egoistisch oder als sexuell zu erweisen. Daß es dazu einigermaßen komplizierter Konstruktionen bedarf, ist zu erwarten und am Ergebnis, der psychoanalytischen Theorie, abzulesen.

In den Begriffen der Ersatzbefriedigung und Sublimierung sind also drei Aussagen enthalten, von denen die erste sicher richtig, die zweite wahrscheinlich richtig und die dritte falsch ist:

1. Viele befriedigende, erfreuliche, mit Interesse ergriffene Betätigungen können auf spezifische Triebspannungen eine dämpfende und lösende Rückwirkung haben. Der Mensch kann aus bedrängenden Triebspannungen in andersartige Motivbereiche ausweichen und so Entlastung finden. Dieser Möglichkeit kann er sich als einer Abwehrtechnik bedienen.

[84] *A. Portmann* hat in sorgfältigen Studien gezeigt, daß selbst die Zoologie mit diesen Prinzipien ihre Beobachtungen nicht bewältigen kann (Die Tiergestalt, Basel 1948).

2. Spezifische Triebbefriedigung kennt Abstufungen. Sexuelle Triebspannung drängt nicht nur zur vollständigen Abfuhr in Handlungen, die den Orgasmus herbeiführen. Sie kann sich für einige Zeit oder ständig damit begnügen, Andeutungen von Vorlust zu erreichen oder auch ohne Lusterleben, aber mit Spannungsmilderung, sich auszudrücken und auszuwirken. Dieser letzte Sachverhalt scheint für die Symbol- und Symptombildung wichtig. Ein Symptom gäbe dann Ersatzbefriedigung, nicht weil es in sich lustvoll wäre, sondern weil es Triebspannung ausdrückt und Energie bindet, im Grenzfall ohne jede Spur von anklingender Vorlust. Spezifische Triebspannung drängt auch zu unvollständigen Ausdrucksformen in Phantasie, Rede, Handlungen und Vorgängen, die Ähnlichkeit mit den eigentlichen Triebhandlungen haben und Vorlusterlebnisse anklingen lassen. Schon die Triebbefriedigung durch Wort und Phantasie kann als Sublimierung bezeichnet werden. Hätten die homerischen Helden sich mit Schimpfreden begnügt, dann wäre ihre Redeschlacht als eine verfeinerte, sublimierte Form des Kampfes gegenüber dem blutigen Gemetzel auf dem Schlachtfeld anzusehen, so grob die Beschimpfungen auch ausgefallen wären. Noch mehr trifft das da zu, wo agonale und aggressive Bedürfnisse nur im Kampf der Wagen und Gesänge gestillt werden. Wesentlich ist, daß in diesem und in ähnlichen Fällen spezifische Triebspannung nicht durch ganz andersartige Befriedigung abgelöst wird, sondern daß sie als sie selbst in den lösenden Erlebnissen wirksam ist und sich ausdrückt.

Wenn ein Gegenstand kraft einer bloßen Ähnlichkeit mit den eigentlichen Triebobjekten die Triebenergie auf sich ziehen und binden kann, ist es möglich, daß sensuelle, biopsychische Antriebe und Bedürfnisse in einer Aktivität Befriedigung finden, die über die vitale Thematik hinausgeht. Alles Tun, das sich im Raum der Kultur bewegt, in Politik, Recht, Wirtschaft, Technik, Wissenschaft, Kunst,

Religion, scheint auch Qualitäten an sich zu haben, die biopsychische Triebenergie auf sich ziehen. Eine wissenschaftliche Polemik, eine chirurgische Operation, ein pädagogischer Akt können ihrer Natur nach geeignet sein, auch sadistische Impulse aufzunehmen und auszudrücken. Dieselben Tätigkeiten zeigen eine andere Gefühlstönung bei Menschen, die häufig und starke unmittelbare sadistische Impulse zu verarbeiten haben, als bei solchen, in deren Antriebsstruktur sadistische Elemente unerheblich sind. Wenn man nicht annehmen will, daß die Gefühls- und Antriebssphären des Menschen gegeneinander isoliert sind, wird man daran auch nichts Unglaubliches finden.

Nach diesen zwei richtigen Sätzen nun der dritte, den wir für falsch halten:

3. Alle höheren Erlebnisse, Handlungen und Leistungen, die gesamte menschliche Kultur sind Auswirkungen und Ausdruck von Selbsterhaltungstrieb und sexueller Libido, oder von narzißtischer Libido, von Objektlibido und Todestrieb – sonst nichts. Keine anderen Komponenten kann die psychologische Analyse aufweisen.

Dieser Satz ist nicht Ergebnis analytischer Beobachtung, sondern ein Vorurteil.

Romano Guardini hat in seiner Gedenkrede zu Freuds 100. Geburtstag die Lehre von der Sublimierung mit einer entscheidenden Überlegung gefördert:

»Eine der wichtigsten Erkenntnisse Freuds ist seine Theorie der Sublimation. Von ihr war bereits die Rede. Danach ist der Trieb nicht eindeutig festgelegt. Zunächst will er seine unmittelbare Erfüllung. Ihm eignet aber eine Bildbarkeit, kraft deren er vom unmittelbaren Objekt abgelöst, auf ein anderes gerichtet und eben damit umgeformt werden kann. In dieser Umformung bringt er Akte sozialer Selbstlosigkeit, Werke der Kunst, metaphysisch-religiöse Ideen, mit einem Wort die Kultur hervor – richtiger gesagt: in ihnen den Ausgleich seiner Spannung.

Nun aber: Der Trieb könnte sich nie vom unmittelbaren Objekt lösen, auf ein anderes richten und durch Entsagung und Selbst-Umformung das zunächst Fremde hervorbringen, wenn er das aus sich selbst heraus leisten müßte. Der Sinn des Kulturwerkes ist von dem der unmittelbaren biopsychischen Selbstentfaltung nicht nur gradweise, sondern wesentlich verschieden. Die Bewegung zu ihm hin bedeutet, im Vergleich mit dieser Entfaltung, keine einfache ›Entwicklung‹, sondern einen Überschritt; einen qualitativen Sprung, der nicht nur anstrengend ist, sondern für das Unmittelbare zerstörend werden kann, wie das jede saubere Analyse des kulturschaffenden Aktes zeigt. Es gibt keine dem Trieb als solchem eigene Logik, nach welcher dieser aus sich selbst heraus den Schritt zum Kulturwerk vollziehen könnte. Die Ähnlichkeitsmomente, die zwischen dem ersten Befriedigungsobjekt und dem zweiten bestehen, genügen in keiner Weise, um eine solche Ablösung, das heißt aber: Entsagung, zu wecken und zu tragen.

Der Trieb kann sich nur deshalb vom Gegenstand seiner unmittelbaren Erfüllung ablösen und in die kulturelle Leistung hinübergehen, weil er von dorther gerufen, angefordert, in Dienst genommen wird. Es gibt keine einseitige, rein aus der Ausgangsinstanz hervorgehende Beziehung; vollends keine, welche die Selbstaufopferung der Ausgangsenergie bedeutete. Immer muß sich das Gegenüber ›zeigen‹, als gültig bezeugen. Soll aber dieses gesichtet, seine Forderung empfunden und ihr Folge geleistet werden, dann muß ein Moment wirksam sein, das nicht mit dem Trieb identisch ist, sondern über ihm steht, und das ist der Geist.

Das alles heißt wieder, daß die Freudsche Theorie selbst die Ansätze zur Überwindung ihrer Einseitigkeiten in sich trägt, weil die Wirklichkeit sie ihr aufzwingt.«[85]

[85] Philosophische Anmerkungen zu Sigmund Freuds Psychologie; in Jahrbuch für Psychologie, Psychotherapie und Medizinische Anthropologie, 11. Jg., 1964.

Daß dem Begriff der Fixierung aufweisbare psychische Realität entspricht, läßt sich an vielerlei alltäglichen und klinischen Erfahrungen zeigen. Hat der Begriff der Regression, der den der Fixierung voraussetzt, den gleichen Realwert, gibt es das von ihm Gemeinte in der seelischen Wirklichkeit?

Der Mensch hat im Laufe seiner Entwicklung gleichzeitig und nacheinander verschiedene Möglichkeiten der Befriedigung und des Werterlebens. Von diesen gibt er von selbst viele auf, oder er schränkt sie ein, sobald die wachsende Reife ihm neue Erlebnismöglichkeiten eröffnet. Formen der Befriedigung, die aufgegeben oder minder wertvoll geworden sind, können aber wiederaufgenommen werden, wenn andere, die der erreichten Reifungstufe mehr entsprechen, sich versagen. So kann etwa für den Erwachsenen unter widrigen Lebensumständen, die ihm Einschränkungen auferlegen, die kindliche Lust am Naschen eine unerwartete Wichtigkeit gewinnen, während andere Auswege des Luststrebens, die den Kindheitsfreuden weniger ähnlich sind, auch weniger gern benutzt werden. Oft zeigt sich bei Versagungen nicht nur eine allgemeine Ausweichtendenz auf die noch zugänglichen Weisen der Befriedigung, sondern eine gewisse Bevorzugung gerade kindlicher oder juveniler, »oraler« und »analer«[86] Befriedigungsformen. Deutlich regressiv sind gewisse Wunschphantasien erwachsener Patienten, in denen sie sich in Kindheitssituationen zurückträumen: Von der Mutter gepflegt und liebkost, vom Vater geschlagen werden, bös und trotzig sein, die Geschwister quälen, das Bett naß machen dürfen und ähnliches ist ihr Inhalt. Bei Kindern beobachtet man in Bela-

[86] Siehe unten S. 256ff.

stungssituationen oft Rückgriffe auf schon überwachsene Gebräuche: sie trinken aus dem Fläschchen, sprechen Kleinkindsprache, nässen und koten ein usw.

Aus solchen Beobachtungen darf man schließen, daß es im Menschen die Neigung gibt, in Lebensschwierigkeiten Orientierung und Trost durch den Rückgriff auf überholte und überwachsene Lebensformen zu suchen. Wenn man neurotische und manche psychotische Erlebens- und Verhaltensweisen unter der Voraussetzung betrachtet, es könne sich bei ihnen um solche regressive Kunstgriffe der Wiederbelebung kindlicher Befriedigungen handeln, dann bringt diese hypothetische Anwendung unserer Einsicht auf den Einzelfall oft Sinn und Zusammenhang in viele sonst unverständliche Einzelheiten. Darüber hinaus hat diese Form des »Als-ob-Verstehens«[87] einen hohen instrumentalen Wert. Sie hilft dem Analysanden, von dem als Regression gesehenen oder verstandenen inneren und äußeren Verhalten Abstand zu gewinnen und sich aus ihm zu lösen. Auf diese Weise können unangemessene Erwartungshaltungen, Gefühle und Strebungen am falschen Platz langsam, manchmal aber auch ganz plötzlich aufgegeben oder umgestimmt werden.

Reaktionsbildung und Gegenbesetzung

Es ist ein Grundgedanke der analytischen Psychologie, daß die menschliche Antriebsstruktur antithetisch gebaut sei. Der Mensch als Naturwesen liegt mit sich selbst als Kulturwesen in beständigem Streit. Er wird von der Umwelt und der eigenen Vernunft angeregt, ja gezwungen, gegen seine ursprünglichen Antriebe Gegenkräfte wachzurufen: Ekel, Scham, Furcht und Gewissensregungen. Das kann er

[87] *K. Jaspers,* Allgemeine Psychopathologie, Berlin-Heidelberg [4]1946, S. 254, 452.

nur, weil er dazu durch seine Naturausstattung begabt ist, weil er eine ursprüngliche Anlage zu solchen Erlebnissen mitbringt. Schließlich bildet er dauernde Charakterzüge aus, die als »psychische Dämme«[88] gegen Triebeinbrüche und Affektüberschwemmungen aufgerichtet werden. Diese Vorgänge nennt Freud »Reaktionsbildungen«.[89] Wo dauernde Triebabwehr auch dauernden Energieaufwand fordert, spricht er von »Gegenbesetzung«.[90] Der diese Auffassung begründende Befund sieht so aus: Neurotiker zeigen oft Charakterzüge und Verhaltensweisen, die übertrieben, unecht und forciert wirken. Wenn man die Patienten auf diese Eigenart hinweist und sie in der freien Assoziation Einfälle dazu sammeln läßt, dann zeigen sich häufig zwei Ergebnisse: Einmal stellt sich heraus, daß der betreffende Charakterzug in einem Entwicklungsbruch entstanden ist. Ein trotzendes Kind etwa wird von einem Tag auf den anderen allzu lieb und gefügig, ein kleiner Schmutzfink wird pedantisch sauber und zimperlich, eine zärtliche Tochter wird spröde und aufsässig, ein grausamer kleiner Quälgeist wird mitleidig. Weiter zeigt sich, daß das in der Analyse besprochene charakteristische Erleben und Verhalten zu plötzlichem Umschlag neigt oder von jeher erstaunliche Ausnahmen von der Regel aufwies. Auffallend genügsame und bescheidene Menschen zeigen ein Benehmen oder erleben Phantasien, die im Wortsinne »nichts zu wünschen übrig lassen« und vom Durchbruch eines maßlos gierigen Anspruchs zeugen. Bei überhöflichen, liebenswürdigen und bereitwilligen Analysanden taucht gelegentlich ein gehässiger, irrationaler Trotz auf, der sie selbst überrascht. Charakterzüge, die nicht in den Dienst der Triebformung und Triebbeherrschung gestellt, sondern zur Triebabtreibung und -verleugnung mißbraucht

[88] Drei Abhandlungen zur Sexualtheorie, V, S. 79.
[89] Drei Abhandlungen zur Sexualtheorie, V, S. 140f.
[90] Vorlesungen zur Einführung in die Psychoanalyse, XI, S. 374; Selbstdarstellung, XIV, S. 55.

werden, zeichnen sich dadurch aus, daß sie Unzuverlässigkeit, Unechtheit, Übertriebenheit und unlebendige Starrheit zeigen, sind auch gegen Kritik, ja gegen bloße Betrachtung überempfindlich. Es gibt Eigenschaften, die besser verständlich werden, wenn man sie als Schutzbildungen gegen innere oder äußere Gefahren, gegen Verwundung, Kränkung, Angst und Schuldgefühl deutet. Es gibt Menschen, die ganz in solche Schutzbildungen eingepackt sind und deren seelische Beweglichkeit wie von einer Rüstung eingeengt ist. Wilhelm Reich fand dafür den Begriff des »Charakterpanzers« und nannte den Aufweis dieser Schutz- und Abwehrhaltungen und der von ihnen ausgehenden besonders starren, situationsunabhängigen Widerstände »Charakteranalyse«,[91] wobei er freilich den von Freud eingeführten Begriff[92] in unzweckmäßiger Weise verengte.

Freud selbst führt als Beispiel für Charakterzüge, die er teils als Triebausdruck, teils als Reaktionsbildungen gegen Triebgefahren deutet, die Trias Eigensinn, Geiz, Pedanterie an, die sich bei Zwangsneurosen nicht selten findet.

Die analytische Meditation zeigt eine lebensgeschichtliche »Genealogie der Moral«, eine Vorgeschichte von Tugenden, Scheintugenden und Untugenden, die Freuds Lehre von der Reaktionsbildung in den dargestellten Grundzügen bestätigt. In der Kinderbeobachtung und -analyse sind solche Entwicklungen oft mit Händen zu greifen. Ein Kind erwehrt sich übergroßer Eifersucht und Feindseligkeit gegen ein neues Geschwisterchen, indem es eine deutlich »gemachte« Fürsorglichkeit und Überzärtlichkeit zu Hilfe ruft. Es erwehrt sich einer übermächtigen Zärtlichkeit, eines bedrängenden Liebesbedürfnisses durch ruppiges, widerborstiges Unwesen. Kinder bauen die ihnen gegebenen Erlebens- und Verhaltensmöglichkeiten und damit auf die Dauer ihren Charakter so aus und um, daß

[91] *W. Reich*, Charakteranalyse, Wien, 1933.
[92] Drei Abhandlungen zur Sexualtheorie, V, S. 140.

ihnen ihr eigenes Wesen in ihrer Welt erfreulich oder wenigstens erträglich wird – wenn sie nicht statt ihres Charakters ihre Umwelt umbauen. Denn oft genug sind auch die Kinder die Stärkeren.

Identifizierung und Introjektion

Bei diesem Bemühen, die eigenen Antriebsimpulse mit den Forderungen und Drohungen der Welt abzustimmen, lernt das Kind an Vorbildern. Die Vorgänge der Identifizierung und Introjektion,[93] des Sichangleichens und des Aufnehmens dieser Vorbilder, die zu den wichtigsten Prägungs- und Bildungskräften zählen, sind nun in sich keineswegs nur Weisen der Triebabwehr und des Ichschutzes, können aber auch diesen Zwecken dienen, da Identifizierung Triebspannung mildern, Triebunterdrückung erleichtern, Angst dämpfen und lösen kann. Aus diesem Grund werden auch sie von Freud unter die Abwehrmechanismen eingereiht.

Freud beschreibt zehn solche Mechanismen. Ist seine Aufzählung vollständig? Offenbar nicht, es mag deren hundert oder tausend geben, wir wissen es nicht. Darum ist es auch töricht, sich einer Erweiterung des psychoanalytischen Kanons zu widersetzen. Fortschritt der Tiefenpsychologie über Freud hinaus gibt es offensichtlich auch in der Erweiterung dieses Kanons, in der Entdeckung neuer Grundformen der Konfliktvermeidung, der Triebbewältigung und der unwillkürlichen Lebenstaktik. Hier liegen auch die Möglichkeiten, mit experimentellen Studien die klinische Beobachtung zu ergänzen, während in der verstehenden Motivationsforschung die phänomenologisch-biographische Methode der Analyse im Verein mit der ältesten psychologischen Methode, der Introspektion, allen überlegen ist.

[93] Massenpsychologie und Ich-Analyse, XIII, S. 115 ff. Vgl. X, S. 228.

Die Abwehrmechanismen tragen ihren Namen, wenn wir von der Verdrängung absehen, nicht ganz mit Recht. Es handelt sich um strukturell angelegte Umwege der Gefühls- und Triebentwicklung, die begangen werden, wo Hemmungsvorgänge und Abwehrschranken eine unbehinderte Gefühls- und Antriebsentfaltung verhindern. Die Abwehr und Hemmung geht also der Sublimierung, der Verkehrung ins Gegenteil, der Verschiebung und den übrigen Abwehrmechanismen immer schon voraus. Freilich ist so etwas wie eine Bahnung dieser Seitenwege denkbar; die Antriebskeime würden sich dann später von vornherein in der Richtung der Seitenwege entfalten.

Jedenfalls ist Freuds Feststellung berechtigt, daß Vorgänge und Strukturen der *Hemmung* im Gefüge der Neurose an entscheidenden Stellen das seelische Geschehen bestimmen und als wesentliche Befunde der analytischen Erfahrung sichtbar werden. Darum ist der Begriff der Hemmung auch unter vielen Verkleidungen und Namen in allen tiefenpsychologischen Theorien als tragender Grundbegriff nachzuweisen.

Die Abwehrhaltungen und das Überich

Wir sahen schon, daß die Entfaltung seelischer Vorgänge nicht nur von gegenläufigen Vorgängen und Akten gehemmt wird. Es gibt hemmende Strukturen, Grenzen im Gefüge der Person, »psychische Dämme«,[94] »Strukturschranken« (Wellek[95]), die der Entwicklung von Vorgängen entgegenstehen, ohne selbst Vorgänge zu sein. Ein Fahrzeug in Bewegung kann durch einen Bremsvorgang, eine hemmende Bewegung verlangsamt werden, es kann

[94] Drei Abhandlungen zur Sexualtheorie, V, S. 79.

[95] Beiträge zu einer Strukturtheorie der Hypnose, Psych. Rundschau, VI/1, 1955, S. 39.

aber auch an eine Mauer stoßen. Obwohl der Begriff der Abwehr zunächst einen Akt oder Vorgang beschreibt, gehen doch später auch strukturelle Bestimmungsmomente in ihn ein. Das kommt im Begriff der »Abwehrhaltung« zum Ausdruck. In den Bereich des Abwehrbegriffs gehört also auch all das, was man als (in der Neurose: falsch gezogene und erstarrte) Strukturschranke bezeichnen kann.

Bei allen neurotisch Kranken zeigt die Analyse eine gewissensähnliche Instanz, in der die Abwehrhaltungen zu einer Struktureinheit organisiert sind, von der normative, gebietende, verbietende und zurechtweisende Regungen ausgehen: das Überich. Außer den dauernden Willenshaltungen der Person gibt es dauernde Neigungen, Gefühls- und Strebedispositionen, die relativ unabhängig von den Willenseinstellungen sind, mit ihnen übereinstimmen, aber auch gegen sie beharren können und in ihren Äußerungen sich anfühlen wie Gewissensregungen. Freuds Strukturbegriff »Überich«[96] will ausdrücken, daß diese Neigungen und Dispositionen organisiert sind, nicht nur eine Summe von Strebungselementen, sondern eine dynamische Struktur, ein als Ganzheit faßbares seelisches Gebilde sind, ähnlich wie ein Glied oder Organ eines Leibes. Felix Krueger nennt ein solches Gefüge eine »Teilstruktur«, Alexander Pfänder spricht von »Seelenorganen«.

Freud nennt das Überich einen »psychischen Apparat«, ein »psychisches System« und drückt damit die relative Selbständigkeit dieser Struktur aus. Es bringt Konflikte zwischen dem Ich und den Triebregungen, Peinlichkeits- und Schuldgefühle hervor, die oft keinen Sinnzusammenhang mit den bewußten Werteinsichten und Werthaltungen der Person zeigen. Dieses Überich, wie es Freud beschreibt, ist nicht das Gewissen, weder der Kernbereich

[96] Massenpsychologie und Ich-Analyse, XII, S. 120f.; Das Ich und das Es, XIII, S. 256; Neue Folge der Vorlesungen zur Einführung in die Psychoanalyse, XV, S. 62ff.

noch der noetische Oberbau der Person, sondern eine seelische Struktur, die mehr dem Trieb-, Instinkt- und Gefühlsbereich des Menschen zugehört, ein vorpersonales Gebilde, das mehr aus triebhafter und ängstlicher sozialer Anpassung und Dressur entsteht als aus Wertintuition, Werteinsicht und Wertfühlen.

Sein Aufbau weist gewöhnlich auf das Vorbild der Eltern und auf die Dressurseite der Kindheitserziehung zurück, es handelt sich also zunächst um eine infantile Vorform des Gewissens, deren kindliche Ausprägung nicht an der Gesamtreifung der Person teilgenommen hat. Der Neurotiker leidet an seinem strengen Überich. »Sein Ich leidet, statt zu verzichten, sein Überich straft, statt zu verbieten« (Franz Alexander). Der vom Überich Beherrschte läuft einem tyrannischen und illusionären Ich-Ideal nach, dem keine sittliche Verbindlichkeit zukommt.

Die beschriebenen negativen Aspekte treten in der Neurose auffällig hervor, gehören aber nicht zum Wesen des Überich, das auch an der gesunden Reifung der Person teilhaben kann. Dem reifen Gewissen des erwachsenen Menschen eingefügt, ist das Überich nicht überflüssig, sondern entlastet das bewußte Fragen und Suchen in all den Situationen, die mit Recht von Sitte, Geschmack und Konvention im Sinne des »Das tut man« und »Das tut man nicht« vorentschieden sind. Ein gut gebildetes Überich hemmt den Menschen da, wo Hemmungen eine Lebenshilfe sind, und läßt ihn ungehemmt gehen, wo er wirklich gehen darf und soll.

Der Gegensatz von »Es« und »Überich«[97] entspricht nur zum geringen Teil dem von Natur und Person, oder dem von Trieb und Geist, »Roß und Reiter«, sondern vielmehr

[97] Das »Es« bezeichnet bei Freud die Primitivschichten und den »endothymen Grund« (Lersch) als Quellgrund der triebhaften Strebungen und Leidenschaften. »Sein Inhalt ist alles, was ererbt, bei der Geburt mitgebracht, konstitutionell festgelegt ist« (Abriß der Psychoanalyse, XVII, S. 67 f.). Vgl.: Das Ich und das Es, XIII, S. 237 ff.

dem von Trieb und Dressur, Instinkt und Dressur bzw. den Strukturen, die beim Menschen dem Instinkt und den Dressurprägungen des Tieres entsprechen. Es handelt sich also weniger um die notwendige Spannung zwischen Mögen und Sollen, »endothymem Grund« und »personalem Oberbau«, sondern um oft sehr überflüssige Spannungen und Gegensätze innerhalb der vorpersonalen Schichten, die den Neurotiker bedrängen, weil er Überich und Gewissen nicht unterscheiden kann. Das wird oft übersehen, ist aber in vielen Zusammenhängen wichtig. Den personalen Kern und das Gewissen hat Freud nur in seinen frühesten Schriften noch eben gesehen und benannt, später engt die theoretische Vorentscheidung den Blick ein auf eine vorpersonale, gewissensähnliche Instanz, das Abwehrich. Nur die Beschreibung drängt noch über die Grenzen der Theorie hinaus. Schichtentheoretisch betrachtet ist das »Überich« im Sinne Freuds zum guten Teil eine Organisationsform der Primitivschichten. Das geht schon daraus hervor, daß ein Überich auch höheren Tieren zugesprochen wird, wenn sie dressiert sind. Im Überich sind die Gebote und Verbote, die Verhaltensmaßstäbe der geliebten und gefürchteten Autoritäten unabhängig von ihrer Richtigkeit repräsentiert. Das Gewissen kann diese Autoritäten relativieren, denn es fragt nicht danach, ob ein Verhalten ihnen gefällt, ob es Strafe, Liebesverlust oder Mißgefühle mit sich bringen könnte, sondern ob sich das Tun dem Sinn des Daseins einfügt, ob es der Wesensordnung des Menschseins gerecht wird oder nicht. Sein Ursatz, in dem die Wesensrichtung der geistigen Person zu Wort kommt, sagt: Das Gute ist zu tun; unabhängig davon, ob es den Autoritäten der Kindheit oder der Gegenwart gefällt. Dieser absolute Imperativ des Urgewissens, der keine Relativierung zuläßt, bedarf freilich der Konkretion: dies oder jenes ist hier und jetzt das Gute. In diesem Bereich der Situationsethik, des praktischen, sittlichen Einzelurteils, liegen vielerlei Möglichkeiten der Verwechslung und des Konflikts von Gewissen und Überich. Das geht so weit, daß wir uns einer guten Tat schämen können, weil sie nicht dem entspricht, was »man tut«, weil sie zu der in einer sozialen Gruppe akzeptierten Einschränkung und Auswahl des Humanen nicht paßt.

Alle beschriebenen Eigenarten der Neurose werden nicht nur *durch* die Analyse sichtbar, sondern sie treten *in* der Analyse und in der Beziehung zum Arzt auf. Die analytische Situation selbst wirkt wie ein Vergrößerungsglas, in dem sich die Neurose besonders deutlich darstellt. So finden wir bei Freud die Grundzüge neurotischer Erlebnisverläufe und ihrer Bedingungen zusammengefaßt in der Darstellung der Behandlung selbst, die unter den Stichworten »Übertragung« und »Widerstand« gegeben wird. Doch vor der Beschreibung von Übertragung und Widerstand soll noch ein Einwand besprochen werden, der sich inzwischen dem Leser aufgedrängt haben mag:

Wird denn in den bisher gezeichneten Zügen wirklich das Antlitz der Neurose distinkt sichtbar? Läßt sich nicht alles bisher Beschriebene bei jedem Menschen nachweisen? Wer wäre denn nicht hier ein wenig gehemmt und dort ein wenig getrieben oder verwahrlost? Wer fühlte sich ganz frei von Verdrängungen, unbefangen und flüssig im Kontakt mit jedermann, unbehindert von Komplexen, unbeschränkt in ursprünglicher Spontaneität? Diesen Einwand beantwortet eine Grundthese der Neurosenpsychologie Freuds: Die neurotische Persönlichkeit zeigt keine psychopathologischen Phänomene, keine psychischen Mechanismen und Vorgänge, keine Strukturen, die nicht auch beim Gesunden nachzuweisen wären. Die neurotischen Phänomene sind graduell, nicht essentiell von den normalen Erscheinungen des seelischen Lebens verschieden.[98] Der Neurotische wie der seelisch ganz Gesunde sind Grenzfälle der

[98] Schlußwort der Onaniediskussion, VIII, S. 338.

Psychologie und Charakterologie des »Normalen«. Neurotoide Charakterzüge zeigt fast jeder Mensch. Praktisch wird man aber nur den neurotisch nennen, der durch sein Gehemmt- und Getriebensein in wesentlichen Lebensäußerungen und in dem ihm notwendigen seelischen Können schwer beeinträchtigt ist. Diese These Freuds scheint der analytische Untersuchungsbefund vorerst zu bestätigen. Auch die in den nächsten Abschnitten beschriebenen neurotischen Verhaltensweisen überkommen in der Analyse auch den Gesunden (z. B. in einer Lehranalyse), freilich in geringerem Maß als den Kranken.

BEZIEHUNG UND ÜBERTRAGUNG

Was auch immer eine Analyse sonst noch sein mag, sicher ist sie ein Gespräch, eine Beziehung zwischen zwei Menschen. Ein eigenartiges Gespräch und eine eigenartige Beziehung, die in der bisherigen Geschichte kein zutreffendes Vorbild hat. Sie ist weder Freundschaft noch das Verhältnis von Meister und Jünger oder das von Lehrer und Schüler. Sie entspricht nicht der Beziehung des Seelsorgers zu dem ihm Anvertrauten, nicht der des Seelenführers zum Geführten oder der des Priesters zum Beichtenden, weder der des Beraters zum Ratsuchenden, noch der des Psychologen zur Versuchsperson und auch nicht einmal der der gewohnten Form der Beziehung des Arztes zum Kranken. Sie ist aber noch weniger die schicksalhafte Begegnung des unverstandenen mit dem verstehenden, des verirrten und ratlosen mit dem weisen, des leidenden mit dem barmherzig tröstenden und helfenden Menschen. Alle diese Beziehungen, vor allem aber die menschlichen Urbeziehungen in der Familie: das Verhältnis zwischen Eltern und Kindern, der Geschwister untereinander, sind der analytischen Beziehung in diesem und jenem Zuge ähnlich, sie alle klingen in ihr fördernd oder störend an, aber sie sind doch auch wieder von ihr ganz verschieden. Das zeigt sich schon in der äußeren Form des analytischen Gesprächs. Der Patient liegt, den Blick vom Arzt abgewandt. Dieser sitzt hinter dem Patienten, kann ihn sehen, ohne selbst gesehen zu werden. Die Einrichtung soll dem Patienten erleichtern, in ein meditatives Selbstgespräch einzutreten, die Versenkung in das freie Spiel der Gedanken und Gefühle fördern, sie soll die dabei irritierende Einstellung auf den anderen als Gesprächspartner so verändern, daß die Sicherungen und Abwehrhaltungen des konventionellen Gesprächs leichter aufgegeben werden können.

Jede menschliche Beziehung hat eine Form, hat Gesetze und Spielregeln, auch die analytische. Ihr Ziel ist die Heilung. Ihr Mittel, daß der Mensch versucht, anzuschauen und auszusagen, was in ihm spontan vorgeht. Daß er seine Strebungen und Gefühle zu Wort kommen läßt, seine verborgenen Wünsche sich eingesteht, ohne sie sich sogleich zu erfüllen, von seinen Leidenschaften Kenntnis nimmt, ohne sich ihnen zu überlassen. Überall da, wo in seinem bisherigen Leben kein Ausweg aus der Alternative Verdrängung oder Sichgehenlassen sichtbar geworden ist, bietet ihm die Analyse eine Möglichkeit an, in der übenden Erfahrung innezuwerden, daß es zwischen beiden Kurzschlußlösungen ein Drittes gibt: fühlen, ohne überschwemmt zu werden, Antriebe erleben, ohne sich von ihnen überwältigen zu lassen, Spannungen aushalten, ohne von ihnen zerrissen zu werden, und Konflikte mit Besonnenheit entscheiden.

Der Analytiker gibt der Beziehung ihre Eigenart und ihre Spielregel durch seine Einweisung am Anfang der Analyse. Er sagt nicht: In dieser Stunde ist alles erlaubt. Es ist ausdrücklich nicht erlaubt, tätlich zu werden, den Arzt anzugreifen oder seine Möbel zu zerschlagen. Es ist gewöhnlich nicht einmal erlaubt, während der Stunde aufzustehen. Es wird nicht erlaubt, irgend etwas in oder außer der Analyse zu tun, was das Gewissen verbietet, weil kein Mensch dem anderen so etwas positiv erlauben könnte. Freilich wird der Analytiker manches tolerieren, das zu hindern oder zu erlauben er weder Recht noch Macht hat.

Die Enthaltung des Psychotherapeuten von Werturteil und sittlicher Weisung schließt ein autoritatives Erlauben aus. Wo der Arzt zu diesem Mittel greift, liegt gewöhnlich ein Mißverständnis der analytischen Methode und ihres Sinnes vor, das den Patienten in der oben erwähnten neurotischen Alternative künstlich fixiert, anstatt ihm herauszuhelfen. Die Auslebetherapie, die den Patienten eigentlich ermuntern müßte, den Vater zu ermorden und die Mutter zu vergewaltigen, ist kein psychoanalytisches Rezept.[1] Freilich mag es mit ihrer Hilfe hie und da gelingen, ein neurotisches Symptom aufzuheben, indem man den Personkern und das Gewissen vergiftet und zerstört und die Neurose gegen existentiellen Verfall eintauscht. Man kann auch nicht leugnen, daß es Psychotherapeuten gibt, die nach diesem Prinzip arbeiten, weil für sie das Böse eine Art von psychischem Hormonpräparat ist, dessen dosierten Gebrauch man zu Reifungszwecken rezeptieren kann. Aber dieses Prinzip gehört nicht zum Wesen der Psychoanalyse. Die analytische Freiheit hat einen anderen Sinn und ist erst auf dem Hintergrund einer strengen Bindung an sichernde Regeln und Formen möglich. Das Triebleben des Menschen ist kein harmloses Idyll. Es ist bezeichnend, daß Freud von seinen Patienten während der Analyse vielfältigen harten Verzicht auf neurotische Ersatzbefriedigung verlangt hat: »Die analytische Kur soll, soweit es möglich ist, in der Entbehrung – Abstinenz – durchgeführt werden. ... Die Aktivität des Arztes muß sich als energisches Einschreiten gegen die voreiligen Ersatzbefriedigungen äußern. ... Es ist zweckmäßig, ihm gerade die Befriedigungen zu versagen, die er am intensivsten wünscht und am dringendsten äußert.«[2]

Es ist aber in der Analyse vieles mit Recht erlaubt, was in keiner anderen menschlichen Beziehung erlaubt werden kann und darf: Alles mitzuteilen, was im Bewußtsein auftaucht. Der Arzt verzichtet damit ausdrücklich für die Spanne der Behandlungsstunde – aber auch nur für die Zeit, in der der Patient liegt – auf die ihm geschuldete Höflichkeit und Rücksicht. Vielleicht ist selbst das schon zuviel gesagt, denn in einem gewissen Sinne muß die analytische Freiheit eine spielerische Freiheit bleiben. Der Pa-

[1] Vorlesungen, XI, S. 448 f.
[2] Wege der psychoanalytischen Therapie, XII, S. 187, 189.

tient muß wissen, daß nicht alles ernst wird und nicht ernst werden kann, was ihm da einfällt an Gedanken und Impulsen. In der reellen Grundschicht der Beziehung muß die Haltung der Achtung und des Vertrauens bleiben. Sie erst ermöglicht das freie Verhalten. Der Patient darf also auch den Arzt und dessen Angehörige beschimpfen, er darf indiskrete Fragen stellen, finstere Verdächtigungen äußern – während er liegt. Dagegen wird ihm versagt, die Beziehung zum Arzt über die Analyse hinaus zu erweitern, an dessen Privatleben teilzunehmen, von ihm andersartige Hilfe zu verlangen, etwa berufliche, rechtliche, wirtschaftliche Unterstützung, Gutachten, Fürsprache, Vermittlung von gesellschaftlichen Verbindungen usw. Selbst die häufig notwendige Ermäßigung des Honorars wird ein gefährliches Unternehmen, sobald sie sich dem Charakter eines Geschenkes annähert und die Honorierung nicht mehr als einigermaßen angemessen empfunden werden kann. Eine karitative Analyse belastet die innere Freiheit des Patienten unerträglich, und auch der Analytiker kann sie innerlich nur leisten, wenn er sie sich »äußerlich« leisten kann. Der Patient soll die Beziehung nicht als Almosenempfang, sondern als faire gegenseitige Leistung empfinden. Die analytische Atmosphäre muß auch in dieser Hinsicht Klarheit und Sauberkeit haben, um hilfreich zu sein. Die Geste des Wohltäters und die Prüderie des schlechten Gewissens in Gelddingen stehen dem Analytiker fast ebenso schlecht wie die Gier des Ausbeuters. Alle diese äußeren Dinge sind wichtig, weil von ihnen eine wortlose Ordnungskraft ausgeht. Die richtige äußere Form verhindert viele Fehlentwicklungen und ermöglicht den Aufbau der richtigen analytischen Beziehung, die den analytischen Prozeß fördert und Widerstände vermindert.

Denken wir uns einen ganz fein und ganz richtig wahrnehmenden Patienten, der zudem mit geradem Verstand und einem guten Charakter ausgestattet ist. Er würde dem

Arzt begegnen und genau dessen Gestimmtheit und Gesinnung spüren. Er nähme mit einer sicheren physiognomischen Intuition das Wesen des anderen auf, wie es sich auf ihn, den Patienten, hin konstelliert. Aus dieser präzisen Feinwahrnehmung würde der Kranke eine ganz angemessene Gefühlsantwort in sich erleben, in der Sympathie und Antipathie, Furcht und Vertrauen, Befriedigung und Enttäuschung ganz so gemischt wären, wie es dem Wesen und der Haltung des Arztes, seinen Vorzügen und Fehlern entspräche. Dieser Patient würde auch sogleich den Sinn der Analyse ganz richtig verstehen, und es gelänge ihm, zum Arzt und zur Methode genau die Einstellung zu finden, die für die Analyse die günstigste ist. Nehmen wir weiter an, es handle sich um einen beinahe idealen Analytiker, einen gütigen, reifen und vornehmen Menschen, von nur geringen Fehlern belastet, der Herz und Kopf am rechten Fleck hat. Beide seien so ähnlich und so verschieden, daß sie einander verstehen könnten, ohne einander zu langweilen. Wenn diese beiden Bilderbuchmenschen einander als Arzt und Patient begegneten, würde der eine den anderen ganz unverzerrt wahrnehmen. Dieses gegenseitige Anschauuen würde Achtung, Vertrauen und Zuneigung wecken. Eine reell fundierte, unverzerrte, positive Beziehung entstünde.

Verändern wir nun einen der Idealmenschen ins Negative, so wird die Beziehung sogleich von negativen Gefühlen getönt. Nehmen wir an, die gegenseitigen Regungen blieben reell fundiert, sie seien adäquate Gefühlsantworten auf richtig wahrgenommene, vorgefundene Wirklichkeit. Ist also der Analytiker nicht gütig, sondern selbstsüchtig, so wird unser feinfühliger Patient dies gewiß spüren, wird wenig Achtung, Vertrauen und Zuneigung aufbringen. Mit Recht werden sogar Zorn und Abneigung in ihm aufsteigen. Es wird sich gekränkt fühlen und enttäuscht sein, weil sein Selbstwertgefühl ihm sagt, daß er in dieser Situation ein Mindestmaß von freundlicher Zuwendung, warmer Aufmerksamkeit vom anderen erwarten darf. Wer dies nicht geben kann, so findet er, tut nicht recht, sich ihm als Arzt anzubieten. Diese Gefühle induzieren nun wieder im Arzt Antworten und Regungen unfreundlicher Art, und so fort. Es treten also negative, berechtigte und unberechtigte, aber in der Wahrnehmung der Eigenschaften und Verhaltensweisen des Gesprächspartners reell fundierte Gefühlsregungen und Strebungen auf.

Wenn wir das Beispiel nun in die Wirklichkeit übersetzen, finden wir, daß in jeder menschlichen und also auch in jeder analytischen Beziehung ständig solche reell fundierten, positiven und negativen Regungen zu erwarten sind und auch tatsächlich auftreten. Angeregt von der Realität der Wesensarten und des Verhaltens der beiden Partner, des Arztes und des Patienten, können in ihrer gegenseitigen Beziehung fast alle positiven und negativen Gefühle anklingen, die es überhaupt zwischen zwei Menschen gibt und die wir aus Geschichte, Dichtung und eigener Erfahrung kennen, buchstäblich bei Adam und Eva, Kain und Abel angefangen. Das ganze überaus reiche und verworrene Spiel dieser Realbeziehung, soweit es also auf richtigen Wahrnehmungen des anderen und angemessenen (das ist hier nicht ethisch, sondern psychologisch gemeint) spontanen Reaktionen auf diese Wahrnehmungen besteht, ist für den Verlauf der Behandlung oft entscheidend. Es ist grundsätzlich in sich und aus sich selbst verständlich, es bedarf keiner analytischen Rückführung auf anderes.

Die Frage: Warum erlebe ich Furcht oder Zorn, wo ich unfreundlicher Haltung begegne, kann nicht aus irgendwelchen Kindheitserlebnissen ableitend beantwortet werden. Was da zu verstehen ist, bleibt ein psychoanalytisch nicht mehr reduzierbares psychologisches Urphänomen. Die reelle, positive und negative Beziehung ist Gegenstand der verstehenden Psychologie. Wenn etwas in dieser reellen

Beziehung nicht stimmt, die Analyse hindert, muß es erkannt, geändert oder ertragen, darf aber nicht auf Kindheitserlebnisse zurückgeführt werden, auch wenn eine solche Störung als Widerstand wirksam wird. Es ist wichtig, diese Grundstörung im Verhältnis von Arzt und Patient nicht zu vergessen, die alle anderen analytischen Vorgänge fundiert und mitbestimmt. Das ist eigentlich selbstverständlich, muß aber hervorgehoben werden, weil die Betonung des eigentümlichen Phänomens der Übertragung den Blick von der ihr zugrunde liegenden echten Beziehung abgelenkt hat.[3] In diesem tragenden Grund sind vor allem die begründete gegenseitige Achtung, das Vertrauen und beim Arzt ein Mindestmaß von Sehvermögen für die individuelle Eigenart des Patienten Bedingungen einer heilen und heilenden Analyse. Wie in jedem Irrtum ein Körnchen Wahrheit steckt, so ist in jedem Verhältnis und in jeder Störung des Verhältnisses von Arzt und Patient ein Kern von reeller Beziehung, von wahrer gegenseitiger Erfassung und richtigem, angemessenem Gefühl enthalten. Ja, die reelle Beziehung ist auch hier Möglichkeitsbedingung der verzerrten. Solche Verzerrungen sind von der Psychoanalyse in großer Fülle beobachtet und beschrieben worden. Wenn wir unsere Modellvorstellung schrittweise der Wirklichkeit näherrücken, dann ist zunächst zu berücksichtigen, daß keiner der beiden Partner als tabula rasa rein wahrnehmend in die Beziehung eintritt. Jeder Mensch läßt seine Stimmungen, seine Gefühle, Neigungen und Strebungen, das ganze Apriori seines Charakters in einem gewissen Maß in seine Wahrnehmung und Intuition einfließen, oft bis zur Fälschung. Der Schuldbewußte wittert im anderen den verurteilenden und strafenden Richter auch da, wo beim Partner diese Haltung nicht oder nicht

[3] Den Unterschied von Beziehung und Übertragung hat Freud nicht betont, aber gesehen. (Vgl.: Die endliche und die unendliche Analyse, XVI, S. 65 f.)

in dem empfundenen Maß vorhanden ist. Der Mißgestimmte und Verärgerte erlebt harmlose Äußerungen des Mitmenschen als unverschämte Angriffe. Diesen Vorgang, in dem die Wahrnehmung durch die Gestimmtheit, Affektivität oder ganz allgemein durch seelische Vorgegebenheiten im Wahrnehmenden entstellt und eigene seelische Qualitäten dem erfahrenen Gegenstand zugeschrieben werden, nennt Freud den psychischen Mechanismus der *Projektion.*[4] Es ist klar, daß sie positive und negative Züge in das Verhältnis von Arzt und Patient eintragen kann.

Der Mensch tritt in jede mitmenschliche Beziehung als ein von mannigfaltigen Erfahrungen geformter ein. Bestimmte Anmutungsqualitäten der begegnenden Welt und der begegnenden Personen gewinnen aus der Erfahrung Lock- und Warncharakter. Alle neuen menschlichen Beziehungen werden von den Urerfahrungen mitbestimmt, werden mitgeformt durch Vorbilder und Muster, die der Mensch in seinen frühesten und späteren Beziehungen erlebt hat. Die Weise des Wahrnehmens und Begegnens, der Auswahl unter den anlangenden Eindrücken und die Art der unwillkürlichen Deutung wird von Vorerfahrungen beeinflußt. Wir treten unwillkürlich und oft ohne es zu merken mit Erwartungshaltungen, Einstellungen, Gefühls- und Handlungsbereitschaften an den anderen heran, die wir zum Teil in früheren Erfahrungen erworben haben und die wir auf den neuen Partner und die neue Situation »übertragen«.[5]

[4] Neurasthenie und Angstneurose, I, S. 338. Weitere Bemerkungen über die Abwehr-Neuropsychosen, I, S. 401. Vgl. Seite 152f.

[5] Vgl. zum Folgenden: Zur Psychotherapie der Hysterie, I, S. 253; Zur Dynamik der Übertragung, VIII, S. 363ff.; Erinnern, Wiederholen, Durcharbeiten, X, S. 126ff.; Vorlesungen zur Einführung in die Psychoanalyse, XI, S. 447ff.; Bemerkungen über die Übertragungsliebe, X, S. 306ff.; Aus der Geschichte einer infantilen Neurose, XII, S. 27ff.; Die endliche und die unendliche Analyse, XVI, S. 65ff.; *M. Steinbach,* Die Übertragung, Geschichte und Entwicklung einer Theorie, Psyche, VII, 1953/54; die Vorträge über »Übertragung« auf dem Int. Kongr. f. Psychotherapie, Acta Psychotherapeutica, Supp. III, 1955.

Das ist nun keineswegs ein pathologischer Vorgang, der an sich schon die richtige Wahrnehmung des anderen und die Beziehung zu ihm fälschen müßte. Im Gegenteil: Ohne den Vorgang der Übertragung wären wir den Mitmenschen gegenüber so hilflos, als müßten wir ein Buch lesen, in dem jedes Wort in einer neuen, unbekannten Schrift und Sprache geschrieben wäre. Die Übertragung ist eine große Hilfe für die Wahrnehmung. Sie entlastet diese für die Aufgaben der Feineinstellung auf den anderen. Darüber hinaus wirkt sie konstellierend und induzierend: Wer vorwiegend gute mitmenschliche Erfahrungen zu übertragen gewohnt ist, bietet dem Mitmenschen ein Beziehungsklima an, das Angst und Aggressionen dämpft und freundliche Gefühle fördert. Freundliche Erwartungen fördern freundliche Antworten, ängstliche, mißtrauische Erwartungen fördern feindliche, unwillige Antworten. Hier zeigt sich ein Zusammenhang zwischen Urerfahrung und Schicksal. Die Weise, wie die Mitwelt einem Menschen begegnet, was sie ihm antut und was sie ihm versagt, ist auch abhängig von den Gefühlen und Regungen, die er durch seine Übertragung in den anderen ermöglicht und induziert. Die Übertragung verhält sich zur aktuellen Wahrnehmung des anderen ähnlich wie die Sinneserfahrung der Vergangenheit zur aktuellen Sinneswahrnehmung. Die Vorerfahrung fördert, ja ermöglicht oft die richtige Wahrnehmung, kann aber gelegentlich auch zu Täuschungen Anlaß geben. Es gibt eine Pathologie der Übertragung, wie es Sinnestäuschungen gibt, wenn das gegenseitige Sichdurchdringen und Ergänzen der beiden Funktionen, nämlich des »antizipierenden Schemas« und seiner Auszeichnung und Korrektur im aktuellen Bemerken, gestört wird. Dann überwuchert die Übertragung die Wahrnehmung und die in ihr begründete reale Beziehung, statt sie vorzubereiten. Das kann in verschiedener Weise geschehen.

Freud hat die pathologische Übertragung in einer besonderen Erscheinungsform entdeckt und beschrieben, in der sie unter den besonderen Bedingungen der Neurosenanalyse auffällig sichtbar wird. Übertragung zeigt sich hier verknüpft mit und abhängig von den Mechanismen der Abwehr, besonders der Verdrängung. Das ist eine Verbindung, die nicht zum Wesen der Übertragung gehört, aber anscheinend ihr Überwuchern und Entgleisen fördert. Pathologisch wird die Übertragung besonders dann, wenn sie aus der Dynamik der Verdrängung entsteht, also von verdrängten Regungen bestimmt ist, die sich irgendwie einen Zugang zum vollbewußten Erleben erzwingen wollen.

Damit sind wir bei den Erscheinungen angelangt, die Freud in der psychoanalytischen Behandlung gesehen und beschrieben hat. Wir müssen sie als die pathologische Übertragung von der normalpsychologischen, gesunden abheben. Die erste Beschreibung und Theorie des Phänomens finden wir in dem Aufsatz »Zur Psychotherapie der Hysterie«.[6] Freud bespricht da die Hindernisse im Fortschritt der Analyse: »Ich habe bereits als möglich zugestanden, daß die Druckprozedur versagt, trotz alles Versicherns und Drängens keine Reminiszenz heraufbefördert. ... Dieser Fall tritt ein, wenn das Verhältnis des Kranken zum Arzt gestört ist, und bedeutet das ärgste Hindernis, auf das man stoßen kann. Man kann aber in jeder ernsteren Analyse darauf rechnen. ... Soviel ich erfahren habe, tritt dieses Hindernis in drei Hauptfällen ein. 1. Bei persönlicher Entfremdung, wenn die[7] Kranke sich zurückgesetzt, gering geschätzt, beleidigt glaubt oder Ungünstiges über den Arzt und die Behandlungsmethode gehört hat. Dies ist der am wenigsten ernste Fall; das Hindernis ist durch Aussprechen und Aufklären leicht zu überwinden,

[6] I, S. 307 ff.

[7] Zur Zeit der Niederschrift der »Studien« hatte Freud nur wenige männliche Neurotiker behandelt.

wenngleich die Empfindlichkeit und der Argwohn Hysterischer sich gelegentlich in ungeahnten Dimensionen äußern können. 2. Wenn die Kranke von der Furcht ergriffen wird, sie gewöhne sich zu sehr an die Person des Arztes, verliere ihre Selbständigkeit ihm gegenüber, könne gar in sexuelle Abhängigkeit von ihm geraten. 3. Wenn die Kranke sich davor erschreckt, daß sie aus dem Inhalt der Analyse auftauchende peinliche Vorstellungen auf die Person des Arztes *überträgt*. Dies ist häufig, ja in manchen Analysen ein regelmäßiges Vorkommnis. Die Übertragung auf den Arzt geschieht durch falsche Verknüpfung. Ich muß hier wohl ein Beispiel anführen: Ursprung eines gewissen hysterischen Symptoms war bei einer meiner Patientinnen der vor vielen Jahren gehegte und sofort ins Unbewußte verwiesene Wunsch, der Mann, mit dem sie damals ein Gespräch führte, möchte doch herzhaft zugreifen und ihr einen Kuß aufdrängen. Nun taucht einmal nach Beendigung einer Sitzung ein solcher Wunsch in der Kranken in bezug auf meine Person auf; sie ist entsetzt darüber, verbringt eine schlaflose Nacht und ist das nächste Mal, obwohl sie die Behandlung nicht verweigert, doch ganz unbrauchbar zur Arbeit. Nachdem ich das Hindernis erfahren und behoben habe, geht die Arbeit wieder weiter, und siehe da, der Wunsch, der die Kranke so erschreckt, erscheint als die nächste, als die jetzt vom logischen Zusammenhange geforderte der pathogenen Erinnerungen. Es war also so zugegangen: Es war zuerst der Inhalt des Wunsches im Bewußtsein der Kranken aufgetreten, ohne die Erinnerung an die Nebenumstände, die diesen Wunsch in die Vergangenheit verlegen konnten; der nun vorhandene Wunsch wurde durch den im Bewußtsein herrschenden Assoziationszwang mit meiner Person verknüpft, welche ja die Kranke beschäftigen darf, und bei dieser Mésalliance – die ich falsche Verknüpfung heiße – wacht derselbe Affekt auf, der seinerzeit die Kranke zur Verweisung dieses unerlaubten Wunsches gedrängt hat. Nun ich das einmal erfahren habe, kann ich von jeder ähnlichen Inanspruchnahme meiner Person voraussetzen, es sei wieder eine Übertragung und falsche Verknüpfung vorgefallen. Die Kranke fällt merkwürdigerweise der Täuschung jedes neue Mal zum Opfer.«

Es handelt sich also in der Beschreibung um einen Fall, in dem ein verdrängtes, traumatisches Erlebnis, dem die analytische Arbeit nahegekommen ist, sich in der Beziehung zum Arzt zu erneuern sucht, ehe es als Erinnerung wieder auftaucht. Ebenso wie hier der verdrängte Wunsch in der Übertragung auf den Arzt wiederholt wurde, kann die Abwehr und Mißstimmung gegen diesen Wunsch, die Selbstverachtung, der Ärger, die ihm etwa folgen, in der Übertragung als aggressive Haltung gegen den Arzt wiederholt werden, der als Anwalt des Verdrängten erlebt wird und so alle Affekte auf sich zieht, die dem Verdrängten gelten. Die Übertragung der Abwehr kann wiederum der Übertragung des Wunsches und dem Auftauchen der Erinnerung vorausgehen.

Daß solche Vorgänge häufig vorkommen, läßt sich in der analytischen Arbeit ausreichend belegen. Denn wir finden auf dem Umweg über die Übertragung nicht nur Erinnerungen an weit zurückliegende verdrängte Erlebnisse, die den Ausbruch der Neurose veranlaßt haben mögen, sondern wir finden diese Vorgänge in der analytischen Arbeit so frisch von einem Tag auf den anderen, daß der innere Zusammenhang nicht zu übersehen ist. Die psychoanalytische Methode kann weiter als aufweisbare Erfahrung zeigen, daß die Art und Weise, wie der Patient den Analytiker erlebt, daß also die Erwartungen, Befürchtungen, das Mißtrauen, die Über- und Unterschätzung, die Wünsche und Gefühle, die er ihm entgegenbringt, oft bis in Einzelheiten der Art und Weise ähnlich sind, in der er als Kind seinen Vater und seine Mutter erfahren zu haben scheint. Wenn z. B. ein Analysand den Pfeife rauchenden Analytiker ohne weiteres als armen Mann ansieht, der sich keine teuren Zigaretten leisten kann, wird man vermuten dürfen, daß das Problem der Sparsamkeit, die Angst, der Vater werde verarmen, oder ähnliche Sorgen die Kindheit des Patienten belastet haben. Aus der Ähnlichkeit zwischen den in der Erinnerung auftauchenden Erfahrungen der Kindheit mit denen ihnen damals entsprechenden Antworthaltungen und den aktuellen, nicht situationsgemäßen Erlebnisstereotypien, die in der Gegenwart auftreten, läßt sich schließen, daß die Kindheitserfahrungen mit den Eltern Einstellungen geformt haben, die sich gegenüber allen Menschen von ähnlicher Anmutungsqualität später reaktivieren können. Dieser Schluß gewinnt an Wahrscheinlichkeit durch die Beobachtung, daß oft spontane Erinnerungen solcher Art aus der Vergessenheit auftauchen, kurz nachdem die ihnen entsprechende Übertragungseinstellung in auffälliger Weise die Beziehung zum Arzt verzerrt hat, wie es Freuds Beispiel zeigt, das wir oben zitiert haben. Wir dürfen also mindestens vermuten, daß verdrängte Erlebnisse und Erfahrungen durch die von ihnen geprägten Strukturen schon in Erleben und Handeln einstrahlen, ehe sie die Verdrängungsschranken als Erinnerungen durchbrechen können. In der Übertragung wird die Gegenwart nach dem Muster der vergessenen Vergangenheit umerlebt. Die Vergangenheit wird wiederholt, »agiert«, aber nicht wie es eigentlich geschehen sollte, in der Analyse erinnert.[8]

Je größer der Abstand der Psychoanalyse von einer allzu einfachen Traumtheorie später wird, umsomehr wird die Übertragungslehre erweitert. In dem angeführten Beispiel, an dem Freud die Übertragung entdeckte, handelt es sich um Übertragung eines ganz konkreten Erlebnisses auf den Arzt, das darum auch präzis erinnert werden konnte. Später zeigte sich, daß nicht nur Regungen, die in einer

[8] Vgl.: Vorlesungen, XI, S. 447.

bestimmten Situation einmal aufgetreten und verdrängt worden sind, übertragen werden, sondern auch und vor allem Erfahrungen, Einstellungen und Gefühlsbereitschaften, die ganze Lebensphasen bestimmt haben und gar nicht auf ein Einzelerlebnis zurückgeführt werden können. Damit wird der Begriff der Übertragung immer mehr zum Inbegriff aller starren Haltungen, die in Kindheitserfahrungen wurzeln, stereotype Erlebens- und Verhaltensweisen begründen, und von späteren Erfahrungen nicht korrigiert worden sind. Übertragung ist also das starre Beziehungsklischee, oder das Repertoire dieses Klischees, das der Kranke auf alle Menschen anwendet, insofern es in der Behandlung dem Arzt gegenüber wirksam und sichtbar wird.[9] Übertragung ist schließlich das Eindringen der infantilen Wertungen, Vorurteile und Fehlhaltungen in die Einstellung zum Mitmenschen überhaupt. Durch die Erweiterung des Begriffs wird die Übertragungsanalyse zu einer ganz umfassenden Durchforschung des Gesamtverhaltens nach den infantilen Erlebens- und Verhaltensmustern (patterns of behavior) und den Strukturprägungen, die im Umgang des Patienten mit sich selbst, mit dem Arzt und mit seinen Mitmenschen die Angemessenheit des Erkennens, Fühlens, Strebens und Handelns stören.

Hier ist die Brücke von der Übertragungsanalyse Freuds zur neueren Anpassungs- und »Charakteranalyse«.[10] Der Zusammenhang zwischen Übertragung und Verdrängung und damit das Erinnern traumatischer Einzelsituationen tritt dabei immer mehr zurück. Das ist eine Entwicklung, die sich schon bei Freud anbahnt und deren erster Ansatz sich in den »Studien über Hysterie« zeigt.[11] Weitere Aspekte gewinnt der Begriff der Übertragung in der Lehre Jungs,

[9] Vgl.: Zur Dynamik der Übertragung, VIII, S. 365.

[10] Der Begriff stammt von Freud. V, S. 140. – Vgl. *W. Reich,* Charakteranalyse, Wien 1933; *K. Horney,* New Ways in Psychoanalysis, New York 1939.

[11] I, S. 310.

der Freuds Auffassung von der Projektion vervollständigt. Jung hat gezeigt, daß das Bild des Arztes nicht nur durch Projektion der Elternbilder verzerrt wird, sondern daß es auch durch die Projektion aller unbewußten seelischen Fehlhaltungen (des »Schattens«), aller unentwickelten Anlagen, der unerfüllten Wünsche und Hoffnungen und der Kindheitsideale auf den Analytiker phantastische Entstellungen erfährt. »Der Arzt wird gewissermaßen zur Ersatzfigur, in die alles hineinprojiziert wird, was gerade durch die Neurose im Kranken zugleich ersehnt und verhindert scheint.«[12]

Zu dem Beispiel freilich, aus dem Freud seine Auffassung der Übertragung ableitet (vgl. S. 185), noch mehr zu dem Schluß, den er daraus zieht, muß sich doch ein Einwand melden: Ist denn nicht der Wunsch dieser Frau möglicherweise ganz ausreichend aus der aktuellen Beziehung zu verstehen? Sind erotische und zärtliche Wünsche nur als Übertragungen zu erwarten, sind sie nicht umgekehrt jetzt und hier, in der bei aller Distanz so intimen Vertrauensatmosphäre der Analyse so naheliegend, daß man gar eher eine »Rückübertragung« zärtlicher Gefühle auf die Erinnerungen erwarten könnte, als das, was Freud annimmt? Ist der Schluß, es müsse sich immer um Übertragung handeln, wo sich Gefühle und Strebungen dem Analytiker zuwenden, die seiner Auffassung vom angemessenen Verhältnis zum Arzt nicht entsprechen, ist dieser Schluß nicht eine allzu kühne Verallgemeinerung? Wir dürfen das ruhig zugeben. Hier ist einer der Sprünge des Freudschen Denkens, an dem ein eigenartiges Prinzip seiner Gedankenführung sichtbar wird. Diese gewaltsame Überraschungslogik, die Großzügigkeit der Verallgemeinerung hat ihre Genialität. Mit ihrer Hilfe wird die Fülle der Phänomene in ein Schema gezwungen und alles ausgeklammert, was

[12] *Ph. Dessauer:* Ärztliche Psychotherapie und priesterliche Seelsorge; in: »Geist und Leben«, Zeitschrift für Aszese und Mystik, 1951, S. 443.

sich einer bestimmten Perspektive nicht fügen will. Diese selbst ist von großem heuristischem Wert. Sie dient dem Versuch, alle Erscheinungen der Neurose und der Analyse in Beziehung zum Verdrängungsprozeß zu setzen. Das Verfahren ist für den Phänomenologen einigermaßen unerträglich, für den Praktiker der Analyse aber eine Hilfe, die ihm vieles erleichtert. Denn die Vereinfachung und Reduktion der seelischen Wirklichkeit hat eine Funktion: sie hilft dem Analytiker, in den mannigfachen Schwierigkeiten der Beziehung zum Patienten einen festen Stand zu bewahren.

Der letzte Satz in dem zitierten Text offenbart gerade in der Großzügigkeit seiner Logik die affektive Tendenz. Ein so leidenschaftlich bewegter Mensch wie Freud, der seine äußere Ausgeglichenheit nicht ohne Gewaltsamkeit erreicht haben mag, mußte wohl zugreifen, wo sich ihm ein Schutz gegen die Gefahren einer Überlastung und Überforderung seiner ärztlichen Haltung bot. Nicht nur der Patient bedarf der Widerstände zum Schutz gegen sich selbst und den Arzt, auch der Analytiker ist ein Mensch, der seine Widerstände hat und braucht. Der letzte Satz des zitierten Textes ist nicht nur ein Aufweis des Übertragungswiderstandes, er ist selbst ein Fall von Übertragung und Widerstand, nämlich des Analytikers auf und gegen seine Patienten. Was Freud einmal erfahren hat, überträgt er auf alle künftigen Patienten und Situationen, auch um sich vor ihnen zu sichern. Ein Präzedenzfall, der sich wiederholt.

Was für die phänomenologische Betrachtung als unzulässige Verallgemeinerung eines Teilaspektes gelten muß, hat aber doch noch mehr als eine instrumentale, pragmatische Bedeutung. Man kann auch mit falschen Schlüssen zu richtigen Ergebnissen kommen. Freud scheint mit seiner Lehre von der Übertragung an einen Kernpunkt der Psychologie des neurotisch Kranken gerührt zu haben, in dessen Charakter die Neigung zu wild wuchernden Übertragungen einen hervorragenden Platz einnimmt. Die Gesetzlichkeit der pathologischen Übertragung ist auch in der Analyse so wichtig, daß nichts eine Analyse so gefährdet wie ihre Vernachlässigung oder Mißachtung. Das richtige therapeutische Verhalten im Umgang mit den beschriebenen Erlebnissen des Patienten ist offenbar nicht ohne sorgfältigste Aufmerksamkeit, Reflexion und Selbstkontrolle möglich. Das hat Freud schärfer und richtiger gesehen als alle seine Gegner. Allerdings wird man sagen dürfen, daß er dabei die reelle Beziehung weitgehend ignoriert hat. Er glaubte sie für so eindeutig bestimmt durch die bewußte und beabsichtigte Behandlungssituation, daß er jede Abweichung von dem damit gegebenen Kanon, jede »ähnliche Inanspruchnahme seiner Person« (z. B. in zärtlichen Wünschen usw.) »ohne weiteres als Zwang und Täuschung«, als projektive Wiederholung verdrängter Erlebnisse deutete. Andererseits wird gerade in dem angeführten Text die Übertragung noch von anderen Störungen der Beziehung zwischen Arzt und Patient unterschieden. Erst später wird Freud dazu übergehen, nahezu alle Störungen der Beziehung zwischen Arzt und Patient und schließlich diese Beziehung selbst in der Übertragung verschwinden zu lassen. Alles Vertrauen, alle Sympathie und Achtung zwischen Arzt und Patient wird in den übergroßen Topf der Übertragung und Gegenübertragung geworfen. Hier wirkt das evolutionistische Vorurteil, daß alles spätere Erleben nur Wiederholung, Neuauflage, bestenfalls Variation und Kombination der primitiven »Elemente« sein könne. Der neurotische Mensch in seinem starren Werdestreik neigt freilich dazu, immer wieder unveränderte Neudrucke seines Erlebens herauszugeben.

GEGENÜBERTRAGUNG

Es gehört zu den wichtigsten Erkenntnissen der Psychoanalyse, daß und wie die Person des Beobachters und Helfers den beobachteten Vorgang verändert. Freud hat gesehen, daß die Beziehung zwischen Arzt und Patient nicht nur von dessen Neurose verzerrt, sondern auch von den Infantilismen und Fehlhaltungen des Analytikers bedroht ist. Er hat das Scherzwort ernst genommen, der Psychiater unterscheide sich von seinen Patienten nur durch den weißen Mantel und den Besitz des Stationsschlüssels. Das ist die notwendige Konsequenz seiner Auffassung, nach der die Übergänge zwischen Gesundheit und Neurose fließend sind. Ist Neurose Fehlentwicklung des Charakters, dann überzeugt ein Blick in die Welt, daß auf einen wohlentwickelten Charakter nicht jeder Anspruch machen kann, der im Besitz einer ärztlichen Approbation und frei von groben neurotischen Symptomen ist. (Freud selbst litt an einer symptomreichen Neurose, die er in seiner Selbstanalyse weitgehend überwand.) Freud setzt also als selbstverständlich voraus, daß auch der Arzt Verdrängtes und Verdrängendes in sich trägt, daß er auch pathologische Übertragungen entwickelt und zudem von den Übertragungen des Patienten konstelliert und induziert wird. Dies letzte würde übrigens auch für den ganz unneurotischen Analytiker gelten, sofern es ihn gibt. Die Abwehrhaltungen des Arztes sorgen dafür, daß er beim Patienten das nicht sieht oder *nur* das sieht, was er bei sich selbst verdrängt. Seine ungeklärten Konflikte und Fehlhaltungen werden ihn hindern, den Patienten geduldig anzuhören, richtig zu sehen und zu verstehen. Sie werden ihn aggressiv, konkurrierend, empfindlich, sentimental und unsachlich reagieren, falsche Ansprüche und Erwartungen an den

Patienten herantragen lassen. Wenn der Arzt sehr neurotisch ist, wird die Analyse mehr eine Neurose zu zweien als ein Heilungsvorgang werden. Alle diese und noch viele andere Erscheinungen dieser Art hat Freud unter dem Stichwort »Gegenübertragung«[13] zusammengefaßt.[14] Die meisten erfolglosen Behandlungen scheitern an einer unverstandenen Übertragung und an einer unkontrollierten Gegenübertragung, die die Entwicklung einer befreienden und lösenden Vertrauensbeziehung, einer Angst und Spannung mindernden Atmosphäre in der Analyse verhindern. Das ist ein Erfahrungssatz, den wohl die meisten Psychoanalytiker vertreten und von dem man sich überzeugen kann, wenn man Gelegenheit hat, die Behandlung anderer Kollegen zu »kontrollieren« oder die eigene kontrollieren zu lassen.

Um diese Gegenübertragung nicht ganz unreflektiert und störend in die Analyse eindringen zu lassen, hat schon Freud verlangt, daß der künftige Analytiker seine Ausbildung mit einer Lehranalyse beginne. Sie ist gewiß kein Allheilmittel gegen Charakterfehler und Begabungsmängel des Arztes, macht aus Menschen keine Erzengel und schützt weder vor Torheit noch vor groben Fehlern in der Behandlung. Dem vorsichtigen, besonnenen und für seinen Beruf nicht ganz untauglichen Psychotherapeuten ist sie dennoch eine große Hilfe im Umgang mit seinen Kranken und mit sich selbst, ein einzigartiges Mittel, die eigentümlichen Wirkungen und Gefahren des analytischen Prozesses an sich selbst zu erfahren.

[13] Vgl. W. *Kemper,* Die Gegenübertragung, Psyche, VII, 1953/54.

[14] Die zukünftigen Chancen der psychoanalytischen Therapie, VIII, S. 108.

WIDERSTAND

Wenn der Analytiker dem Patienten sagt, er dürfe und solle alles aussprechen, was ihm durch den Sinn geht, dann erwartet er, daß der Patient nun Wahrnehmungen, Erinnerungen, Phantasien, Gefühle, seelische Regungen aller Art äußern werde, die schließlich zu den Brennpunkten seines Erlebens und seiner Krankheit führen.

Diese Erwartung, aus der Beobachtung des spontanen Erlebens Selbsterkenntnis gewinnen zu können, ist nicht neu. Wir finden sie in der Tradition der Lehrer des inneren Lebens etwa in der Form des Rates, sich häufig am Tag in einem kurzen Blick auf das eigene Erleben zu fragen: Wo ist mein Herz? Das heißt: Wo liegt jetzt im Augenblick der Schwerpunkt, welches sind die Motive und Ziele meines Fühlens und Strebens? Es ist klar, daß der Mensch auf diesem einfachen Wege der Momentaufnahme seines spontanen und willkürlichen Erlebnisstromes zu recht genauen Vorstellungen über dessen Grundrichtungen und Kräfte kommen kann. Wer diese Übung konsequent und aufrichtig gegen sich selbst längere Zeit durchhält, wird dabei entdecken, wie viele von den sogenannten unbewußten Vorgängen in Wirklichkeit mehr oder weniger bewußt erlebt werden oder doch erlebt werden können.

Bei einer freien Assoziation in der Analyse treten nun regelmäßig Hindernisse auf, die sich dem freien Ablauf in den Weg stellen. Dann schweigt der Patient. Das kann verschiedene Gründe haben: Er wird so bedrängt von einer Erlebnisfülle, daß er nicht weiß, wo er anfangen soll. Oder eine merkwürdige wogende Leere tut sich auf, in der Einzelheiten nicht recht zu greifen sind. Meist aber hat sich eine Kritik in ihm zu Wort gemeldet, die Einfälle von der Mitteilung ausschließt. »Dies ist unwichtig, das gehört nicht hierher, jenes ist peinlich, so etwas kann man doch nicht sagen, das hab' ich schon mal erzählt.« Oft kann er auch seine gefühlshafte Hemmung einfach nicht überwinden. Der Entschluß, alles ohne Ausnahme mitzuteilen, kommt gegen diese Widerstände nicht auf, oder er wird vergessen. Der Patient kann die auswählende und redigierende Kritik, das hemmende Gefühl weder aufgeben und überwinden, noch zugeben. Er greift mit willkürlichen Kursänderungen in den Ablauf des Erlebens ein. Er fühlt sich zuzeiten so gequält, daß er versucht ist, jeden Anlaß zur Unterbrechung auszunutzen oder zumindest die analytische Meditation in eine Konversation, Diskussion oder ein Frage-Antwort-Spiel mit dem Arzt zu verwandeln. Kurzum, er erlebt zahlreiche affektive Widerstände gegen seine eigene Absicht, sich mitzuteilen.[1]

Wir können nun diese Situation als Testsituation auffassen. Dann ergibt sich für jeden Menschen in der Analyse ein individuelles Widerstandsprofil, das sich mit der Zeit immer feiner auszeichnet. Jeder Mensch hat bestimmte charakteristische Themenkreise, die er in der Analyse gern vermeidet. Dem einen fällt es schwer, von seinen Leistungen zu reden, der andere mag nichts über seine religiöse Einstellung sagen, ein Dritter verschweigt alles, was den Arzt betrifft, oder er spricht nicht gern über seine Kindheit, seine Eltern und Geschwister. Dieser will nicht von Geld reden, jener nicht von Sexualität. Weiter sind bestimmte Weisen des Erlebens durch individuell verschiedene Widerstände von der Mitteilung ausgeschlossen. Ärgerliche Regungen, freundliche Sympathie, zärtliche Wünsche, Ansprüche und Enttäuschungen, kritische Aussetzungen, ehrgeizige Pläne, eitle Selbsteinschätzungen, bestimmte Affekte wie Neid, Eifersucht, Gekränktheit können

[1] Zur Psychotherapie der Hysterie, I, S. 267 ff.; Die zukünftigen Chancen der psychoanalytischen Therapie, VIII, S. 107 ff.; Zur Dynamik der Übertragung, VIII, S. 364 ff.; Vorlesungen, XI, S. 296; Hemmung, Symptom und Angst, XIV, S. 189 ff.; *Anna Freud*, Das Ich und die Abwehrmechanismen, London 1946.

dann nicht ausgesprochen werden. Andere Patienten können inhaltlich alles sagen, aber sie leiern ihre Einfälle ohne emotionale Beteiligung herunter. Dabei kann man beobachten, daß es gewisse charakteristische Entstellungsformen für aufkeimende Gefühlsregungen gibt: Intellektuelles Räsonnement, Selbstironie, Humor, aber auch Affekte wie Jähzorn und Aggressivität können als Mittel der Gefühlsabtreibung verwendet werden, zu der alle Neurotiker neigen. Es zeigen sich also in der Analyse als Widerstände individuell ausgeprägte Neigungen, die in das aufkeimende Spontangeschehen »kultivierend« oder denaturierend, formend oder verbildend einwirken und es seiner Ursprungskraft entfremden.

Der Zeitpunkt dieses Eingriffs in die Aktualgenese der seelischen Regungen ist verschieden. Deutlich zu fassen sind die Mitteilungswiderstände. Eine fertige, erlebte seelische Regung wird verschwiegen. Wir dürfen aber annehmen, daß es Widerstände gibt, die schon das Bemerken eines an sich bewußten seelischen Vorganges oder Zustandes oder gar schon seine vorbewußte Ausgliederung in das Bewußtsein hinein verhindern.[2] So kann es vorkommen, daß ein Problem, welches den Kranken lange Zeit intensiv beschäftigt, ihm während der Analysenstunde nie einfällt. Oder ein Gefühl, das die Beziehung zum Arzt deutlich färbt und sich in Ausdruck und Verhalten zeigt, wird nie bemerkt und ausgesprochen. Eine Kränkung tritt erst Tage oder Wochen, nachdem sie geschehen ist, als gestalthafte, greifbare Erinnerung ins Bewußtsein, während sie vorher nur den Stimmungsraum depressiv oder aggressiv gefärbt und das Verhalten mitbestimmt hat. Viele Patienten erlauben sich erst Monate oder Jahre nach Abschluß der Analyse, über den Analytiker zu denken, was sie eigentlich schon von der ersten Stunde an von ihm gehal-

[2] Formulierungen über die zwei Prinzipien des psychischen Geschehens, VIII, S. 235.

ten haben. Es ist ihnen aber im wahrsten Sinne des Wortes während der Analyse nicht einmal im Traume eingefallen.

DIE NICHTNEUROTISCHEN WIDERSTÄNDE

Freud hat den Widerstand im Zusammenhang seiner Neurosentheorie gesehen und gedeutet. Er war der Meinung, daß der Analysand nach der Beseitigung aller neurotischen Züge theoretisch in der Lage sein müsse, die analytische Grundregel ohne Schwierigkeit zu befolgen. Er hat den Widerstand als Wiederholung und Repräsentanz der Verdrängung aufgefaßt. Aber zunächst ist der Widerstand in der Analyse eine sinnvolle, unmittelbar verständliche und gesunde Erscheinung. Der Mensch will Schmerz, Leid, Unlust und Demütigung vermeiden. Diese natürliche Vermeidungstendenz ist ständig wirksam und hemmt alle seelischen Regungen, die von ihr betroffen werden.

Zum Wesen der Person gehört die Verborgenheit, die sich öffnet, aber auch verschließen kann. Seelisches Leben liegt nie offen bis auf den Grund, es ist oft, vielleicht immer, mehr verborgen als enthüllt. Die Mitteilung dieses Verborgenen ist an Bedingungen geknüpft, deren Erfüllung eher Ausnahme als Regel unter Menschen ist: Vertrauen und Geborgenheit. Wenn der Mensch sich erschließt, wird er verwundbar. Was er ausspricht, gibt er weg, er gefährdet und zerstört es, wenn die Mitteilung nicht den rechten Hörer zur rechten Zeit findet. Das menschliche Wort ist gefährlich, es kann Unsagbares töten, Verbindlichkeit und Entscheidung vor der Zeit setzen, zartes Wachstum zerreden. Lüge und Halbwahrheit zersetzen das innere Leben, und es ist schwer, die schlichte, gerade, eindeutige Wahrheit zu sagen, sich selbst aufrichtig mitzuteilen. Das Verhältnis des Patienten zur Analyse ist notwendig zwiespältig, weil die Analyse ihrem Wesen nach kein reines Vergnügen ist. Was in ihr verlangt wird, ist für jeden Menschen, nicht nur für den neurotischen und nicht nur aus neurotischen Dynamismen, eine Zumutung, die immer wieder Abwehr hervorrufen muß. Sich restlos mitteilen heißt, solange der Mensch unvollkommen ist, oft auch sich demütigen. Ohne Abwehr erinnern und phantasieren rührt unangenehme, ärgerliche, angstbeladene, peinliche Themen auf. Das Selbstwertgefühl wird empfindlich verwundet, und es ist verständlich, daß jeder Mensch diese unerfreulichen Affekte gern meidet. Der Mensch scheut sich vor der seelischen Enthüllung, er erlebt Scham und Furcht in der Mitteilung, solange noch ein Funke von gesundem Feingefühl in ihm ist. Er will und muß erproben, ehe er sich erschließt, ob der andere vertrauenswürdig und berufen ist, sein innerstes Leben anzuschauen.

Dazu kommt, daß der andere das Bekenntnis nicht erwidert und so im Hilfsbedürftigen das Gefühl der Erniedrigung und Unterlegenheit vertieft. Der Widerstand gegen die Demütigung taucht in jeder Analyse auf, aber an ganz verschiedenen Stellen. Jeder Analysand bringt sein eigenes Ehrgefühl in die Analyse und empfindet andere Dinge als demütigend. Der Aufbau dieser Gefühle spiegelt sein emotionales Normbewußtsein, seine Meinung davon, wie er eigentlich sein oder wenigstens in den Augen des Analytikers erscheinen sollte. In diesem Normbewußtsein geht es häufig nicht um sittliche Normen. Oft fühlen sich Patienten in der Analyse vom Bekenntnis einer vitalen Insuffizienz oder eines Verstoßes gegen ästhetische Normen tiefer gedemütigt als von der Mitteilung schwerer Schuld. Damit wird im Widerstand das Bild vom Menschen sichtbar, das der Patient in seinem Wertgefühl für verbindlich und verpflichtend hält, an dem er seinen eigenen Wert mißt und an dem er sich vom anderen gemessen glaubt. Dieses gefühlshafte Leit- und Richtbild darf nicht mit dem

Gewissen gleichgesetzt werden. Es entspricht eher dem seelischen Gebilde, das Freud »Überich« oder »Idealich« genannt hat.

Der Patient ist auf die Achtung des Analytikers und auf die eigene Selbstachtung angewiesen. Er weiß, daß trotz allen gegenteiligen Versicherungen beide zerbrechlich sind. Die tragende Eisschicht der analytischen Urteilsenthaltung scheint ihm dünn, und oft ist sie wohl auch nicht allzu stark, in jedem Fall hat sie brüchige Stellen und Lükken. Das ist selbstverständlich, wenn man bedenkt, daß der Verzicht auf Werturteile über andere eine personale Leistung ist, die außerhalb der Analyse zu den Zeichen menschlicher Reife, zu den Tugenden gehört, die ungewöhnlich selten zu finden sind. Diese Haltung wird durch die Besonderheit der analytischen Situation dem Arzt erheblich erleichtert, aber darum noch nicht immer leicht. Und wenn sie einem Analytiker so ganz leicht fällt, dann fragt es sich noch, ob das ein eindeutig gutes Zeichen ist. Es gibt eine falsche Toleranz, die eine Scheintugend ist, weil sie in dem Mangel an wirklichen Wertbeziehungen gründet.

Widerstände wecken nicht nur die Gefahr der Demütigung. Der Patient fürchtet, mit der Achtung auch das Wohlwollen und das freundliche Interesse des Arztes zu verlieren, wenn er alles sagt. Bei Menschen, die, wie die meisten neurotisch Kranken, ohnehin schon isoliert und vereinsamt sind, würde das eine unerträgliche Verarmung, eine Bestätigung ihrer eigenen Liebensunwürdigkeit sein, die sie so sehr fürchten. Weil Wohlwollen in der »Logique du cœur« gewöhnlich ein Wohlgefallen voraussetzt, fürchtet sich der Patient, dem Arzt zu mißfallen, auch wo damit keine Demütigung verbunden wäre. Er versucht also nicht nur, unsichtbar zu lassen, was dem eigenen Richtbild, sondern auch, was dem vermuteten Richtbild, den Wertungen des Arztes widersprechen könnte. Diese Anpassungstendenz, ein untergründiger Konformismus, weckt Widerstände gegen die offene Selbstmitteilung überall, wo vielleicht Spannungen und Meinungsverschiedenheiten mit dem Arzt auftreten könnten, wo das eigene Sosein, wie es in den Einfällen erscheint, Mißfallen wecken könnte.

Der Mensch weiß instinktiv, daß Fremdheit nicht nur Interesse, sondern auch Haß auf sich ziehen kann. Andersartigkeit ist anstößig. Persönliche Eigenart, Eigenart eines Sozialstils, familiäre, nationale, religiöse Eigenheiten, die in vertrauter Umwelt selbstverständlich sind, werden vor dem Fremden Anlaß zu Überheblichkeit, wo man von der Überlegenheit der eigenen Stilform überzeugt ist, zum Anlaß der Scham und Menschenfurcht, wo diese Sicherheit fehlt. Denn man weiß, daß für den anderen, weil er ein Mensch ist, die eigene Andersartigkeit ärgerlich sein kann. Der Mensch ist gefährdet, wo er in seinem individuellen Sosein offenbar wird, denn er kann nicht sicher sein, daß sein wahres Gesicht dem anderen liebenswert erscheint. Anpassung, Mimikry, Maskierung sind spontane und weithin notwendige Schutzmaßnahmen. Wo sie aufgegeben werden sollen, müssen wir Widerstände erwarten, die auch in der Analyse oft recht real begründet sind. Wohl kein Analytiker ist von der Aggressivität gegen das Fremde, Andersartige ganz frei; das wird z. B. in den Schulkämpfen deutlich. In unserem Kulturraum spielt dieses Gesetz im religiösen Bereich eine besonders wichtige Rolle. Viele Patienten können ohne allzu große Schwierigkeiten peinliche sexuelle Erlebnisse berichten, aber eine Mitteilung aus zentraleren Intimbereichen der Person ist ihnen fast unmöglich, weil sie hier des wohlwollenden Verständnisses nicht sicher sein können. Und nicht immer haben sie mit dieser Annahme unrecht.

Der Patient teilt sein Erleben dem Arzt mit, damit er ihm helfe. Er erwartet ordnende, wegweisende Eingriffe in sein innerstes Leben, Rat und Führung. Er weiß aber auch, oder er ahnt, was er da wagt. Wie groß ist das Risiko, daß der Lahme an den Blinden gerät, daß der Führer in irgendeinem Sinn ein Verführer sein könnte und der Weg ein Irrweg. Der Patient spürt, daß das von ihm verlangte Anvertrauen ein Sprung ins Dunkle ist, in die unerprobte Zuverlässigkeit eines fremden Menschen, von dem man nicht weiß, ob er ein Weiser ist oder ein Tor, ein guter Arzt und Mensch oder ein Scharlatan. Selbst wenn der Kranke, von der Behutsamkeit und Besonnenheit des Arztes beeindruckt, ihm ein fachliches Können zuzubilligen bereit ist, das er doch nie nachprüfen kann, dann weiß oder ahnt er ja doch, daß die Wesensgesetze seelischer Entwicklung tief in Geheimnisse der menschlichen Existenz hinabreichen, die keine Fachausbildung je erreicht.

Wenn es so steht, dann ist es fast verwunderlich, daß es überhaupt Menschen gibt, die in eine Analyse eintreten. Aber noch verwunderlicher ist die Selbstverständlichkeit, mit der Psychotherapeuten sich für so fraglos vertrauenswürdig halten, daß sie jeden Widerstand als Zeichen neurotischer Gehemmtheit werten. Denn der Widerstand gegen die vorbehaltlose Selbsterschließung kommt zu einem guten Teil aus einem gesunden Gefühl für die Fragwürdigkeit der analytischen Situation. Von vornherein ist es keineswegs sicher, daß der Mensch sich ihr als einer heilen und heilenden überlassen kann und darf. Sie ist von ihrem Wesen her nicht nur für den Neurotiker und nicht nur persönlicher Mängel des Arztes wegen unheimlich. Weil dieser Widerstand in einem natürlichen Feingefühl für die Verletzlichkeit der Seele wurzelt, darf er weder vom Arzt noch vom Patienten gewaltsam überrannt werden. Das ist eine Gefahr, die besonders in der Hypno- und Narkoanalyse, aber auch in allen Beschleunigungsversuchen anderer therapeutischer Methoden droht. Der Patient hat ein Recht, die neue Situation, ihre Gefahren und ihre Tragfähigkeit zu erproben. Er muß erst erspüren, ob die Atmosphäre sauber und der Partner verläßlich ist. Es gibt keine sichere Garantie, daß der Analytiker die Diskretion wahrt, daß er das versprochene Wohlwollen bewahrt, daß er auf ein Verurteilen auch innerlich verzichtet, daß er die Labilität und Abhängigkeit des Patienten nicht mißbrauchen wird und den mit der analytischen Situation gegebenen Versuchungen gewachsen ist. Das alles ist nicht ganz selbstverständlich, und der Patient weiß das zuweilen besser als der Arzt. Er muß prüfen, ob der Analytiker zartere, feinere Weisen des Erlebens überhaupt verstehen kann, ehe er sich darin exponiert.

Überdies gibt es keine Garantie, daß der Patient selbst physisch und moralisch dem gewachsen sein wird, was in der Analyse auf ihn zukommt. Er kann des Arztes, er kann seiner selbst nicht sicher sein. Der Patient fürchtet nicht nur vielfältige Kränkung, Demütigung und Schädigung, er fürchtet auch *Schuld*. Er spürt, daß die Analyse leidenschaftliches Erleben jeder Art in Bewegung setzen kann, und er weiß nicht, ob er dem gewachsen sein wird. Er fürchtet, daß Haß, Rachsucht, Zorn, sexuelles Begehren, Auflehnung gegen Gott und seine Gesetze ihn fortreißen könnten. Er kann das Ansinnen des Arztes, sich dem eigenen spontanen Erleben furchtlos zu öffnen, als leichtfertigen oder gar bösartigen Verführungsversuch erleben. Er ahnt, daß dieses Unternehmen nicht harmloser Natur sein kann: »Flectere si nequeo superos, acheronta movebo«, heißt nicht umsonst das Motto zu Freuds »Traumdeutung«. Der Patient kann sich durch die analytische Verhaltensregel im Gewissen gefährdet fühlen. Er weiß, daß die Schuld im Herzen beginnt, nicht erst in Werken, sondern schon in Gedanken und Worten. Er weiß, daß kein Analytiker der Welt ihm Schuld erlauben kann, daß aber die analytische Methode Regungen hervorruft, die den Charakter von Versuchungen annehmen können. Wenn er also noch irgendein Interesse daran hat, nach einer sittlichen Norm, nach seinem Gewissen zu leben, wenn ihm das gar wichtig und notwendig ist, wird sich von daher als Antwort auf eine wirkliche Gefahr ein gesunder und berechtiger Widerstand melden.

Es hat keinen Sinn, diese Gefahren sensationell aufzubauschen, und es läßt sich aus ihnen kein grundsätzlicher Einwand gegen die Psychoanalyse ableiten. Viele Dinge des Lebens, die der Mensch tun soll und muß, sind gefährlich. Der Mensch kann nicht jede Gefahr, auch nicht jede sittliche Gefahr, umgehen und vermeiden, und er soll das auch gar nicht. Aber sehen und wägen muß er sie, ehe er sie aus gewichtigen Gründen auf sich nimmt.

In dieser Erwägung haben wir außer den gesunden Widerständen, die der konkreten Erfahrung mit Analyse und Analytiker gewissermaßen vorausgehen, schon andere erwähnt, die sich aus eben dieser Erfahrung ergeben und unter Umständen mit der Dauer der Analyse wachsen. Ein gesunder berechtigter Widerstand wird nicht nur vom Wesen der Analyse her aufgerufen, sondern manchmal auch von den konkreten Erfahrungen, die der Patient mit diesem seinem Arzt macht. Der Kranke spürt es, wenn der Arzt, durch eigene Sorgen beansprucht, die volle Zuwendung nicht geben kann, wenn er die Geduld verliert, wenn er vom Erfolg oder vom Honorar allzu abhängig ist, wenn er die Analyse nicht mehr ausreichend übersieht oder wenn Lücken in Einsicht, Wissen und Erfahrung ihn unsicher werden lassen. Der Patient fühlt, ob der Arzt das fundamentale Wohlwollen durchhalten kann, ohne das er keine Behandlung beginnen sollte. Er spürt es, wenn er mit einer aggressiven Kritik eine wirkliche Schwäche des Arztes getroffen hat, und er nimmt die feine Spannung in der Stimme, ja selbst im Schweigen des Getroffenen wahr. Es gibt Menschen, bei denen uns sehr grobe, und es gibt solche, bei denen uns sehr zarte Dinge nicht einfallen oder vor denen wir sie nicht sagen können. Ein eitler Analytiker wird selten wirklich treffende Kritik an seiner Person hören. Er stellt in einem feinen Verbieten, das sein Wesen ausstrahlt, dem Patienten nicht frei, sich Kritik einfallen zu lassen. Ein zynischer Analytiker wird von Gewissensregungen, von intimeren religiösen Problemen nichts sehen. Die Fühler der Seele sorgen dafür, daß dem Patienten in der Stunde solche Dinge nicht einfallen. Der überzarte, zerbrechliche Arzt wird aggressive oder grobsexuelle Einfälle verhältnismäßig selten oder nur von bestimmten Patienten hören. Niemand kann jedem beliebigen Arzt alles sagen. Die Persönlichkeit des Analytikers erschließt und verschließt schon durch ihr Sosein ganze Bereiche und Möglichkeiten des Erlebens beim Patienten.

Wir können dies in einer kurzen Formel zusammenfassen: Kein Patient kann das Versprechen des Analytikers, er dürfe ohne Gefahr alles sagen, ganz glauben, weil kein Analytiker dieses Versprechen vollkommen halten kann.

Schließlich kann sich im Widerstand eine innerste Gesundheit des Personkerns zeigen, wenn der Analytiker echte Gewissenshaltungen abzubauen und den Patienten in fragwürdige sittliche Verhaltensweisen hineinzudrängen sucht, weil er dessen Gewissen mit dem Überich oder mit »neurotischen Ideologien« (Schultz-Hencke) verwechselt. Der Kranke wird unfrei, wenn er sich in wesentlichen Dingen mißverstanden oder analytisch reduziert fühlen muß, wenn der Arzt das Echte im Unechten, den gesunden Kern in der neurotischen Schale, das Positive im Negativen übersieht. Manche Widerstände erwachsen aus einer feinen spirituellen Intuition, die wittert, daß und wenn in der Analyse die Dimension der personalen Existenz übersehen wird. Für manchen Patienten ist es ein Glück, wenn seine Analyse an solchen Widerständen scheitert, ehe Schlimmeres geschieht.

Alle diese Widerstände sind nicht psychoanalytisch auflösbar. Überall, wo ein seelischer Akt seinem Gegenstand adäquat ist, ist die analytische Reduktion sinnlos. Wenn ein Mensch einsieht, daß zwei mal zwei gleich vier ist, kann der Analytiker zur Erhellung dieser Einsicht wenig beitragen.

Aber auch der unberechtigte Widerstand gegen einen wie immer gearteten Prozeß der Selbsterkenntnis ist nicht nur ein neurosenpsychologisches Phänomen. Der Kranke widersetzt sich der Analyse nicht nur aus guten Gründen oder aus der Zwangsläufigkeit seelischer Haltungen und Vorgänge, die krankhaft sind, sondern auch aus der unwilligen Trägheit, unangenehme Wahrheiten über sich selbst zur Kenntnis zu nehmen und angenehme Fehllösungen der Lebensführung aufzugeben. Aus einer Trägheit, die nicht nur zum Charakter des Neurotikers, sondern zur Natur des Menschen gehört. Der Patient fürchtet, daß die Wahrheit sein Leben schwerer oder zu schwer machen wird, daß sie Schmerzen, Pflichten, Konsequenzen mitbringt, die er um jeden oder doch um einen recht hohen Preis vermeiden will. Er fürchtet die Veränderung seines Lebens, weil sie eine Belastung sein könnte. Überall, wo in der Analyse vom Vorgriff der Ahnung Einsichten berührt werden, die die schützende Lebensgestalt gefährden, müssen wir mit Widerstand rechnen. Der Mensch hat die Möglichkeit, die feinen Bewegungen seiner Aufmerksamkeit von Gegenständen abzulenken, die sich schon von fern am Erlebnishorizont als unangenehm oder unbequem ankündigen. Widerstand ist eine ursprüngliche Möglichkeit des Menschen in der Begegnung mit Wahrheit und Wirklichkeit, die seine Position bedrohen. Er kann sich dem eigenen Selbstsein und dem Zu-Wort-Kommen seiner Wesensanteile widersetzen, er kann »verzweifelt nicht er selbst sein wollen« (Kierkegaard).

Dieser Widerstand kann in der konkreten Analyse oft weder vom »gesunden« noch vom neurotischen unterschieden werden, weil beide sich verbünden können oder einer den anderen in seinen Dienst stellen kann. Sie können aber auch verschiedene Wege gehen. Es gibt Analysen, in denen ein neurotischer Widerstand einem »personalen Widerstand«[3] zuliebe geopfert wird. Der Patient verliert sein Symptom, vielleicht überwindet er sogar seine Neurose, um die Analyse in einem großartigen Raffinement des Selbstbetruges in einen Exkulpierungsprozeß umzufälschen, in dem für Fehlentscheidungen, die verantwortet werden müßten, eine analytische Reduktion und Scheinentschuldigung gefunden wird. Und der Arzt, ein betrogener Betrüger, hilft dazu. Es gibt eine Flucht in die Analyse, wenn die Erkenntnis eigener Schuld unerträglich ist. Was freiwillige Schuld war, wird in neurotische Gebundenheit und Hemmung umerinnert, analytisch »verstanden« und sich selbst verziehen. Dieser Vorgang wird um so eher eintreten, wenn der Analytiker daran interessiert ist, das Phänomen der freien schuldhaften Entscheidung mit Hilfe seiner Theorie aus dem Bewußtsein zu verdrängen. Hier liegt eine Gefahr der Analyse, als Ferment des existentiellen Verfalls und der Zersetzung von Arzt und Patient mißbraucht zu werden, die nur durch ein wachsames Wissen und Gewissen von beiden bestanden werden kann.

Wenn es so steht, wer mag da noch Analytiker sein und sich an Widerstände heranwagen? Ist es dann überhaupt erlaubt, so notwendige Dämme zu durchstoßen? Das Lebensgesetz der Analyse ist Wahrhaftigkeit. So kann es nicht Aufgabe des Analytikers sein, die Fragen und Zweifel des Patienten zu beschwichtigen oder gar zu widerlegen. Wo sie sich ankündigen, soll er ihr Recht anerkennen. Er kann offen eingestehen, daß er eine nicht ungefährliche Methode und ein beschränktes Wissen, nicht aber den Stein, noch

[3] *V. E. von Gebsattel,* Die Person und die Grenzen des tiefenpsychologischen Verfahrens; in: Prolegomena einer medizinischen Anthropologie, Berlin 1954, S. 329.

weniger den Stern der Weisen anzubieten habe. Daß er ein Mensch sei und kein Engel an Einsicht und Tugend. Er darf ruhig zugeben, daß er dem Patienten nur beistehen könne mit gutem Willen, einigem Wissen und einiger Erfahrung. Er sollte wissen und sagen, daß er für die Aufgabe des Seelenführers nicht ausgerüstet sei und darin keine Autorität habe; daß er als Psychotherapeut keinen Heilsweg und keine Weltanschauung anzubieten habe und auch das Gewissen des Patienten nur zu sorgfältigerer Besinnung anregen, nicht aber mit Rat und Weisung leiten könne.

So kann der Patient spüren, daß er gute Gründe haben muß, sein Vertrauen zu vergeben, und daß vielleicht nicht alle seine Gründe gut sind. Er wird darauf aufmerksam, daß er die Verantwortung für sein Tun auch in der Analyse auf niemanden abwälzen kann.

Das alles ist nicht selbstverständlich. Der Mensch, der den Psychotherapeuten aufsucht, ist nicht nur krank, sondern er ist meist in den wesentlichsten Dingen des Lebens seiner Sache nicht sicher. Er weiß nicht, wie er sein soll und was er tun soll. Er ist sich über sein letztes Ziel oder die Wege zu ihm nicht klar und fürchtet, allein keine Klarheit finden zu können. Oder er glaubt, Ziel und Weg zu kennen, ist aber dennoch in Schwierigkeiten geraten, die er nicht bewältigen kann. In der Unsicherheit zeigt sich, daß es für den Menschen nicht leicht ist, von sich aus die Sinnlinien seines Daseins sicher zu erkennen.

Dieser inneren Situation scheint nun von der Anlage des Menschen her eine ursprüngliche Vertrauensbereitschaft zu entsprechen. Er erwartet immer wieder, daß sich irgendwo eine Autorität finden lassen müsse, die ihm gültige Auskunft und Weisung über Ziel und Weg geben kann. Diese Vertrauensbereitschaft ist zäh, setzt sich gegen mannigfache Enttäuschungen, gegen jede Aufklärung und intellektuelle Skepsis durch, die zwar das Vertrauen zu bestimmten Autoritäten erschüttern, aber nicht verhindern können, daß alsbald die alten durch neue ersetzt werden. So erhalten fragwürdige Autoritäten ein unverdientes und unangemessenes Vertrauen. Die Vertrauensbereitschaft des Menschen übertrifft oft die Vertrauenswürdigkeit bei weitem, die der Mensch bei seinesgleichen voraussetzen kann. Er neigt dazu, Instanzen und Personen, z. B. dem wissenschaftlichen Fachmann, eine absolute Autorität zu geben, die ihnen nicht zukommt.

Praktisch bedeutet das für die Analyse, daß ein gesunder Widerstand oft von einem ungesunden Vertrauen übersprungen wird. Es ist aber wichtig für die Reinheit des analytischen Vorganges, daß gesunde Widerstände aus gesunden Motiven überwunden werden. Und solche guten Gründe gibt es nun doch auch, dem Arzt zu vertrauen. Wiederum finden wir da ein intuitives Erfassen und Beurteilen der analytischen Situation nach ihren positiven Möglichkeiten vor der näheren konkreten Erfahrung. Das Vertrauen des Kranken hat dann einen irrational-vernünftigen Kern, er ist durch Gefühl und Intuition zureichend begründet. Er versteht, daß die analytische Situation, die ihm der Arzt beschreibt, ihrem Baugesetz nach eine geordnete und helfende Beziehung ermöglicht, ohne die Beteiligten zu überfordern und Übermenschliches an Weisheit und Tugend zu verlangen. Er spürt, daß sie ihm eine Freiheit anbietet, die sich von Willkür und Verwahrlosung deutlich abhebt, daß die Beziehung zum Arzt ihn in einen seelischen Raum und unter Bedingungen stellt, die ihn vor sich selbst schützen. Wir dürfen doch auch hoffen, daß der Arzt oft genug als zuverlässig, zuständig und vertrauenswürdig erfahren wird und sich so in der Erprobung erweist, weil er es wirklich ist. Die Tragfähigkeit der Situation und die Redlichkeit dessen, der sie anbietet, werden manchmal in der ersten Besprechung wie mit einem Blick erfaßt und sehr präzis ausgemessen. Daraus kann sich eine menschlich richtige Vertrauensbeziehung entwickeln, die der Wirklichkeit angemessen ist und nicht von Täuschungen lebt, die man darum aber auch nicht mit der Übertragung verwechseln sollte. Von ihr aus sind auch gesunde Widerstände auf redliche Weise zu überwinden. Dieses begründete Urvertrauen, das in der Personmitte wurzelt, ist es, was vor und jenseits aller Technik die psychoanalytische Behandlung zu einer möglichen, geraden und lauteren menschlichen Beziehung machen kann.

Überdies sind Abwehr und Flucht nicht die einzigen Möglichkeiten des Menschen in der Begegnung mit der Gefahr. Sein Leben und Handeln ist vielfacher Unsicherheit und Bedrohung ausgesetzt. Es stünde schlecht, wenn er nur mit Flucht und Abwehr antworten könnte. Hoffnung und Mut bieten ebenso ursprüngliche Möglichkeiten, sich der Gefährdung zu stellen und ihr handelnd zu begegnen. Sie sind die Kräfte, die die Bewegung den Widerständen zum Trotz vorantreiben. Hoffnung auf Heilung wird meist das erste Motiv sein, sich der Analyse zu überlassen. Aber auch ein ursprüngliches Bedürfnis zur Selbstmitteilung, ein Ausdrucksdrang, der zum Wesen des Menschen gehört wie die Verborgenheit seines Inneren, ein urtümlicher Antrieb, in der Not mitmenschliche Hilfe zu suchen, ein ursprüngliches Vertrauen, in der Welt müsse es für die Not der seelischen Krankheit den ihr zugeordneten kundigen Helfer geben, dürfen wir bei jedem Patienten voraussetzen. Dazu kommen Triebkräfte, die nicht nur verständliche Reaktionen auf die seelische Fehlentwicklung, sondern ihre unmittelbare Auswirkung sind: Eine Wucherung des Ausdruckstriebes ins maßlos Exhibitionistische, ein Selbstmitleid, das mitheulende Klageweiber sucht, das Bedürfnis, die eigene Person zum Mittelpunkt endloser lustvoller Reflexionen und Gespräche zu machen, der schon erwähnte Wunsch, für drückende Schuldgefühle billige Absolution zu erhalten, die weder Umkehr noch Wiedergutmachung fordert, oder die Erwartung, im Arzt den strafenden Richter zu finden, der Buße und Sühne auferlegt. Andere suchen aus der Sinnarmut und Ziellosigkeit ihres Daseins in der Psychoanalyse neue Sinngebung und richtungweisende Autorität. Schließlich wird für den in seiner Einsamkeit Gefangenen die Psychoanalyse manchmal der einzige Weg, einen anderen Menschen werbend für sich zu interessieren. Es ist zum Glück selten, daß solche Töne im Akkord der Motive dominieren, aber sie klingen doch häufig an. Wo sie gar nicht vorhanden sind, ist Psychotherapie wohl überflüssig. Der analytische Prozeß wird in jedem Falle auch von kranken und »perversen« Antrieben in Gang gebracht und in Bewegung gehalten. Das ist unvermeidlich und kein Einwand gegen die Psychoanalyse, solange sie nicht perverse Neigungen pflegt und verstärkt, in der Meinung, so die Neurose überwinden zu können.

DIE NEUROTISCHEN WIDERSTÄNDE

Die Widerstände, die wir bisher beschrieben haben, sind bei Freud nicht gänzlich übersehen, aber sie haben nicht sein Interesse. Er hat anscheinend das Vertrauen der Patienten leicht gewonnen und war darüber nicht verwundert, obgleich just der Traum, an dem ihm der Grundgedanke seiner Traumlehre aufgegangen ist,[4] erhebliche Zweifel an der eigenen ärztlichen Vertrauenswürdigkeit zum Inhalt hat. Es gibt außer den sinnvollen und berechtigten Widerständen gegen den Arzt und die psychotherapeutische Behandlung auch solche, die mit der besonderen Psychologie und Struktur der Neurose zusammenhängen und aus ihr verständlich werden, neurotische Widerstände also, die Freud vor allem beschreibt.

[4] Die Traumdeutung, II, S. 111.

Verdrängungswiderstand

Die Kranken erleben manchmal eine unüberwindliche innere Abwehr, die auftauchenden Einfälle und Bilder mitzuteilen. Sie ist aus dem Inhalt der Einfälle oft nicht ausreichend verständlich. Nicht nur peinliche Einfälle oder solche, deren Mitteilung ein besonderes Vertrauensverhältnis voraussetzen würde, sind von diesem Widerstand betroffen, sondern auch Einfälle völlig harmloser Art.[5] Jedenfalls findet der Kranke hundert Gründe, sich von der Mitteilung zu dispensieren. Gelingt es ihm aber, diese inneren Hindernisse zu überwinden, dann zeigt sich häufig, daß der Einfall, dem die abwehrende Kritik galt, entweder selbst schon das Gesuchte, die traumatische Situation oder die in ihr verdrängten Regungen enthält oder eine Brücke zu ihnen schlägt. »Durch solche Erfahrungen gewann ich den Eindruck, es würde in der Tat möglich sein, die doch sicherlich vorhandenen pathogenen Vorstellungsreihen durch bloßes Verdrängen zum Vorschein zu bringen, und da dieses Drängen mich Anstrengung kostete und mir die Deutung nahelegte, ich hätte einen Widerstand zu überwinden, so setzte sich mir der Sachverhalt ohne weiteres in die Theorie um, daß ich durch psychische Arbeit eine psychische Kraft bei den Patienten zu überwinden habe, die sich dem Bewußtwerden (Erinnern) der pathogenen Vorstellungen widersetze. Bis mir einfiel, dies dürfte wohl dieselbe psychische Kraft sein, die bei der Entstehung der hysterischen Symptome mitgewirkt und damals das Bewußtwerden der pathogenen Vorstellung verhindert habe – nämlich die Verdrängung.«[6]

[5] Ein gutes Beispiel in: Aus der Geschichte einer infantilen Neurose, XII, S. 125. – Zahlreiche Belege bringt: Zur Psychopathologie des Alltagslebens, IV.

[6] Studien, I, S. 628.

Wo die Bewegung des freien Einfalls in Bereiche eindringt, in denen verdrängte Gefühlsströme und Strebekräfte anklingen, da zieht sich die vorfühlende Spitze des Bewußtseins zurück, wie die Schnecke ihre Fühler einzieht, und meidet die Vertiefung und Ausweitung des Erlebens in dieser Richtung. Die Fühler des Bewußtseins reichen gleichsam in vorgestaltliche Stadien der Aktualgenese hinab, die der distinkteren vollbewußten Erfassung vorausgehen. Bei dieser ahnenden Vorwegnahme einer möglichen Begegnung mit dem Verdrängten entstehen Mißstimmungen und Abwehrspannungen, die einmal den Fluß der seelischen Vorgänge erstarren lassen, weiter oft »generalisieren« und alsbald das ganze gegenwärtige Gesamterleben, also die analytische Situation, d. h. die Beziehung des Patienten zu sich selbst und zum Analytiker, depressiv, aggressiv oder ängstlich verfärben. Hier liegt wohl die Brükke zwischen den beiden Polen des Widerstandes, der nach Freud einmal die Verdrängung respräsentiert,[7] dann aber sich regelmäßig als »Furcht, Trotz und Mißtrauen« gegen den Analytiker als gegenwärtigen Beziehungspartner, Anstifter und Zuschauer des unerfreulichen Prozesses wendet.[8]

Übertragungswiderstand

Freud hat beobachtet, daß der Patient im Widerstand dem Arzt gegenüber auf Weisen des Erlebens und Verhaltens, auf Erwartungshaltungen, Einstellungen und Gefühle zurückgreift, »regrediert«, die denen ähnlich sind, die er als Kind seinem Vater, seiner Mutter und seinen Geschwistern entgegengebracht hat. Widerstand ist meist auch »Furcht, Trotz, Mißtrauen gegen den Vater« bzw. gegen die Mutter, auf den Arzt übertragen.[9] Eingeübte Haltungen gegen

[7] Vgl.: Studien I, S. 168, 267f.
[8] Die zukünftigen Chancen der psychoanalytischen Therapie, VIII, S. 108.
[9] Die zukünftigen Chancen der psychoanalytischen Therapie, VIII, S. 108.

frühe Beziehungspersonen werden am Analytiker erneuert, ohne daß dem Patienten der Übertragungsvorgang bewußt wird. Freud kennt also außer dem Verdrängungswiderstand den »Übertragungswiderstand«.[10] Er ergibt sich einmal direkt aus den Gefühlen, die in der sogenannten negativen Übertragung auftreten (nämlich u. a. Trotz, Furcht und Mißtrauen), weiter aus der Neigung, die peinlichen Übertragungsgefühle abzuwehren und zu verschweigen. Es fällt vielen Patienten überaus schwer, sich in diesem Punkt zu stellen und aggressive, zärtliche, erotische oder gar sexuelle Regungen einzugestehen, die sich auf den Arzt richten. Hier ruft die Übertragung, soweit es sich um solche handelt, den Widerstand hervor.

Freud nimmt außerdem an, daß umgekehrt der Verdrängungswiderstand die Übertragung in seinem Sinne arrangieren könne. Im Extremfall: Der Patient verliebt oder verhaßt sich in den Arzt, um einen Vorwand zu haben, die Behandlung abzulenken oder gar abzubrechen. Es gibt aber einen noch innigeren Zusammenhang von Verdrängungswiderstand und Übertragung: »Verfolgt man nun einen pathogenen Komplex von seiner (entweder als Symptom auffälligen oder auch ganz unscheinbaren) Vertretung im Bewußten gegen seine Wurzel im Unbewußten hin, so wird man bald in eine Region kommen, wo der Widerstand sich so deutlich geltend macht, daß der nächste Einfall ihm Rechnung tragen und als Kompromiß zwischen seinen Anforderungen und denen der Erforschungsarbeit erscheinen muß. Hier tritt nun nach dem Zeugnisse der Erfahrung die Übertragung ein. Wenn irgend etwas aus dem Komplexstoff (dem Inhalt des Komplexes) sich dazu eignet, auf die Person des Arztes übertragen zu werden, so stellt sich diese Übertragung her, ergibt den nächsten Einfall und kündigt sich durch die Anzeichen eines Widerstandes, etwa durch eine Stockung, an. Wir schließen

[10] Vgl.: Vorlesungen, XI, S. 296.

aus dieser Erfahrung, daß diese Übertragungsidee darum vor allen anderen Einfallsmöglichkeiten zum Bewußtsein durchgedrungen ist, *weil* sie auch dem Widerstande Genüge tut. Ein solcher Vorgang wiederholt sich im Verlauf einer Analyse ungezählte Male. Immer wieder wird, wenn man sich einem pathogenen Komplex annähert, zuerst der zur Übertragung befähigte Anteil des Komplexes ins Bewußtsein vorgeschoben und mit der größten Hartnäckigkeit verteidigt.«[11]

Wegen der inneren Beziehung von Übertragung und Widerstand müssen wir hier einiges wiederholen.

Unter den Widerständen, die in der Analyse auftreten, sind viele, die nicht als neue, angemessene Antwort auf eine neue Erfahrung verstanden werden können. Widerstand ist oft Wiederholung alter Verhaltensmuster in neuen Umständen, ist starres, konservatives Festhalten an Gewohnheiten, unveränderte Neuauflage der Verdrängungen, die in der Kindheit ausgebildet wurden. Dem Menschen ist bewahrendes Festhalten am sichernden Seil des Bewährten ebenso notwendig wie der tastende Schritt in neue, ungewohnte Bereiche, ebenso notwendig wie die Einstellung auf nicht erlernte Lebensumstände, neue Erfahrungen, neue Menschen, neue Lebensphasen, neue Mittel der Bewältigung des Unbekannten. Im Widerstand zeigt sich, daß er in dieser Fähigkeit der elastischen Anpassung eingeengt ist, daß ihm nichts Neues mehr einfällt, daß er sich nur auf festgelegten Schienen zu bewegen wagt, ob sie nun zu einem Ziel führen oder nicht. Widerstand ist Repetition infantiler Erlebens- und Verhaltensweisen. Der Patient weiß nichts Besseres, als die neue Situation mit alten Mitteln (Flucht und Trotz) zu bewältigen, so nämlich, wie er als Kind seine Kindheitssituaton recht und schlecht bewältigt hat. Damit wird der Widerstand gegen die analytische Bewegung zum Spiegel des Gesamtverhaltens.

[11] Zur Dynamik der Übertragung, VIII, S. 369.

Aber das ist nur eine Seite. Der Patient wehrt die neue Situation ab, weil er sie gleichsam mit der alten verwechselt, weil er sie für eine Wiederholung der alten hält, aber ebensosehr, weil sie nicht die alte ist, weil der Analytiker nicht der Vater ist und nicht dieselben Forderungen stellt wie dieser. Widerstand ist nicht nur Trotz, Furcht und Mißtrauen gegen den Vater, sondern auch mit dem Vater, gegen jeden, der anders ist und anderes will als der Vater oder die Mutter. Dieses Dilemma ist charakteristisch für die Neurose. Umgekehrt kann die Bereitwilligkeit, ja Unterwürfigkeit und Anpassung an den Analytiker, die wir auch häufig finden, zwanghafte Wiederholung[12] einer alten Unterwerfungsgeste gegen den Vater sein, die der eigenen Werdebewegung widersteht und in der Analyse wiederum den Durchbruch zum eigenen Gefühl und Urteil verstellt. Der Mangel an Widerstand gegen den Analytiker kann dann Widerstand, und zwar ein sehr mächtiger, gegen den Prozeß der Selbstwerdung sein, gegen die Ausformung des eigenen Wesens. Freilich kann man auch diese »Identifizierungswiderstände« zu denen rechnen, die schließlich der Furcht vor dem Vater entspringen mögen. Übermäßige Identifizierung hat gewöhnlich auch einen Furchtanteil. »Trotz gegen den Vater« ist als pars pro toto zu verstehen, insofern die ganze Skala aggressiven Fühlens: Haß, Rachsucht, Verachtung, Neid, Eifersucht, Eigensinn, Ressentiment, sich im Trotz sammelt. Alle diese Gefühle können als Widerstände gegen den analytischen Prozeß und seine Intention wirksam werden. Ebenso sind im »Mißtrauen« die Zweifel- und Kritiksucht, das intellektuelle Räsonieren, die übermäßige Skepsis und auch das neugierige Forschen nach dem Privatleben des Arztes, in der emsigen Hoffnung, ein Ärgernis zu finden, mitgemeint.

[12] »Der Analysierte wiederholt alles, was sich aus den Quellen seines Verdrängten bereits in seinem offenkundigen Wesen durchgesetzt hat, seine Hemmungen und unbrauchbaren Einstellungen, seine pathologischen Charakterzüge.« (Erinnern, Wiederholen, Durcharbeiten, X, S. 131.)

Widerstand aus dem Krankheitsgewinn

Oft genug wird der Psychotherapeut sich mit einem bescheidenen Ziel begnügen müssen. Er wird mit Freud dem Kranken sagen: »Sie werden sich überzeugen, daß viel damit gewonnen ist, wenn es uns gelingt, Ihr hysterisches Elend in gemeines Unglück zu verwandeln. Gegen das letztere werden Sie sich mit einem wiedergenesenen Seelenleben besser zur Wehr setzen können.«[13] Diese Versicherung ist nun für viele Kranke nichts weniger als überzeugend und bei manchen nicht einmal zutreffend. Wir werden damit rechnen müssen, daß der Patient sich gegen den Fortschritt der Analyse und gegen die Gesundung auch sperren kann, weil seine Neurose ihm aus vielerlei Gründen lieb, wert und nützlich geworden ist oder wenigstens als das geringste Übel erscheint, während ihn mit der Gesundheit ein Maß von Last und Not, von gemeinem Urglück erwartet, das sein hysterisches Elend weit übertreffen mag. Es ist klar, daß ein Patient in dieser Lage nicht eben sehr eifrig mitarbeiten wird.

Widerstand als Folge der Enthemmung

Neurotischer Widerstand geht nicht nur von den Verdrängungskräften, Abwehrhaltungen und Übertragungstendenzen aus. Er kann auch umgekehrt gerade dann auftreten, wenn und weil die Abwehrhaltungen sich lockern und aggressive Impulse aus den Primitivschichten der Person eruptiv durchbrechen. Gestaute, bisher verdrängte Haßgefühle werden frei und richten sich gegen den nächsten besten, also auch gegen den Arzt und seine Absichten. Ein

[13] Das ist das letzte Wort in Freuds erstem Buch (Studien I, S. 312).

Verdrängungswiderstand kann so umschlagen in einen »Enthemmungswiderstand«. Viele Übertragungswiderstände sind wohl auch in dieser Weise zu verstehen. Dieser Enthemmungswiderstand ist in Freuds Werken gar nicht und in seinen Briefen nur an einer Stelle beschrieben:

»Ich habe meine sämtlichen ziemlich verfahrenen Fälle durch einen Gedanken über den Widerstand sanieren können, so daß sie jetzt erfreulich weitergehen. Der Widerstand, der endlich das Arbeiten versagt, ist nichts anderes, als der damalige Charakter des Kindes, der degenerative Charakter, der sich infolge jener Erlebnisse entwickelt hat oder hätte, die man in den sogenannten degenerativen Fällen als bewußt vorfindet, der hier aber durch die Verdrängungsentwicklung überlagert wird. Durch die Arbeit grabe ich ihn aus, er sträubt sich, der erst so brave, edle Mensch wird gemein, verlogen oder trotzig, Simulant, bis ich's ihm sage, und so den Charakter überwindbar mache. So ist mir der Widerstand sachlich greifbar geworden, und ich wollte, ich hätte auch schon anstatt des Begriffes Verdrängung die dahinter verborgene Sache.«[14]

Fünf Arten des Widerstandes

In der großen Revision seines Systems, die Freud in der Schrift »Hemmung, Symptom und Angst« vorlegt, wird auch die Lehre vom Widerstand ergänzt. Freud unterscheidet da fünf Arten des Widerstandes:[15] die drei Ich-Widerstände, die wir kennengelernt haben: Verdrängungswiderstand, Übertragungswiderstand und den Ichwiderstand, der vom Krankheitsgewinn ausgeht. Zu diesen kommen zwei später entdeckte Arten des Widerstandes: *der Widerstand des Es* (auch etwas irreführend Widerstand des Un-

[14] Aus den Anfängen der Psychoanalyse. Briefe an Wilhelm Fliess, London 1950, S. 240f.

[15] XIV, S. 191ff.

bewußten genannt) und *der Widerstand des Überichs.* Die Aufstellung dieser Begriffe ist in folgenden Befunden begründet:

Es gibt Patienten, bei denen die analytische Deutung, besonders die Deutung der Ichwiderstände, handgreifliche Wirkungen hat. Ihre Symptome sprechen an, ändern, verschlimmern oder lösen sich, eingefahrene Verhaltensweisen werden aufgegeben, Charakterstrukturen und Umweltbezüge beginnen sich sichtbar zu wandeln. In der Terminologie Freuds: Libido löst sich von Fixierungen, wird verschiebbar, sie fließt neuen Objekten zu und steht dem Ich wieder zur Verfügung. Bei anderen Patienten bewegt sich die Analyse im Kreis. Bestimmte Bindungen scheinen unlösbar, stereotype Erlebens- und Verhaltensmuster, die das Leben seit langem beherrschen, werden wie unter Zwang unverändert wiederholt, obwohl die Ichwiderstände aufgearbeitet zu sein scheinen. Die Libido haftet klebrig an ihren Fixierungspunkten, der »Wiederholungszwang« beherrscht das Bild. Freud erklärt sich dieses Bild durch die Annahme einer erbkonstitutionell bedingten Haftungsneigung, Zähflüssigkeit der Libido und durch eine besondere Intensität von Partialtrieben, die sich ihrer Ein- und Unterordnung widersetzen. Ohne Zweifel gibt es Unterschiede in der Festigkeit und Formbarkeit der Charakterstruktur, schon die Betrachtung der verschiedenen Lebensalter zeigt das. Der kindliche Charakter ist flüssiger als der des alten Menschen. Aber auch individuelle Unterschiede wird man annehmen müssen; es gibt offenbar Grade der Plastizität, der Wandlungsfähigkeit und damit der Heilbarkeit, die nicht allein vom Ich und seinen Motiven her verstanden werden können, das ängstlich eine gewohnte Lebensform festhalten möchte, sondern die eine Berufung auf so etwas wie Härte-, Elastizitäts- oder Flüssigkeitsgrade des seelischen »Stoffes« nötig machen.

»Der fünfte Widerstand, der des Überichs, der zuletzt

erkannte, dunkelste, aber nicht immer schwächste, scheint dem Schuldbewußtsein oder Strafbedürfnis zu entstammen; er widersetzt sich jedem Erfolg und demnach auch der Genesung durch die Analyse.«[16]

Welche Befunde führen zu dieser Annahme? Es gibt Patienten, deren Analyse ein Übermaß von Schuldgefühlen und ein entsprechendes Strafbedürfnis bis zur masochistischen Leidenssucht zeigt. Bei ihnen löst eine zutreffende Deutung regelmäßig eine negative Reaktion aus. Jeder Zuwachs an Einsicht, jede Gefühlsentfaltung muß mit vermehrtem neurotischem Leid bezahlt werden. Diese Kranken benutzen die Neurose als Bußgürtel, jede Lockerung verschärft das schlechte Gewissen. Sie gönnen sich die Gesundheit nicht. Auch Erfolge, Anerkennung, Glückszufälle erschrecken und bedrücken solche Menschen, als drohe ihnen der Neid der Götter. Der Analyse bleiben sie treu, solange sie sich darin quälen können, und sie erfinden immer neue Listen, den Analytiker in die Haltung des harten, strafenden Vaters zu drängen. Der Wert der Neurose und der Analyse ist für sie der Sühnewert; weil sie darin unersättlich sind, bestehen sie auf unendlicher Neurose und unendlicher Analyse. Die Einsicht: mir ist nicht zu helfen, gibt ihnen endlich eine qualvolle Befriedigung.

Die Erfahrung mit der Analyse macht die ahnende Vorwegnahme peinlichen Erlebens immer empfindlicher, und das gebrannte Kind sucht nun schon in weiter Entfernung vom »Feuer« die analytische Bewegung mit fast unmerklichen Eingriffen zu lenken, d. h. abzulenken, so daß der ganze Vorgang, wie es scheint, von taktischen Manövern gestört wird. Bald zeigt sich, daß diese »Charaktertaktik« nicht für die Analyse erfunden ist, sondern nur die situationsgemäße Anwendung eingeübter taktischer Verhaltensweisen ist, mit denen der Kranke schon seit langem kritischen inneren Situationen auszuweichen gelernt hat. Freud

[16] Hemmung, Symptom und Angst, XIV, S. 193.

beschreibt den Widerstand, als sei er auf das Wirken einer listigen, wachsamen Quasi-Person zurückzuführen, die nicht nur sorgfältig die peinlichen Erinnerungen vom Bewußtsein abhält, sondern auch noch heimliche Schleichwege der Selbsttäuschung findet, um schon die Annäherung an den gefährlichen Feind zu verhindern. Tatsächlich tritt eine ganze Fülle von Faktoren, die geeignet sind, die Analyse zu stören, auffällig gehäuft dann auf, wenn der Patient, ohne es zu wissen, sich besonders unangenehmen Erinnerungen nähert, die aus der Kindheit oder aus der jüngsten Vergangenheit stammen – auch und gerade dann, wenn diese Erinnerungen dem bewußten Zugriff noch nicht erreichbar sind. So stellt der Widerstand alle Spannungen gegen den Arzt in seinen Dienst, um den Abbruch der Analyse herbeizuführen, sammelt alle möglichen Ausflüchte, um die Umgehung der analytischen Regeln zu begründen. Nach der Meinung Freuds vermag er die Beziehung zum Arzt planmäßig zu erotisieren, die Symptome abzuschwächen oder zu verstärken, nur um den Patienten vom Streben nach dem Ziel der Analyse, der Aufklärung und Überwindung seiner Neurose, abzuhalten. Kurzum, der Widerstand verhält sich wie ein selbständiges, intelligentes Subjekt. Weil Widerstand nicht nur die Äußerung einer disparaten Vielzahl von Trieben, sondern eines strukturierten und organisierenden seelischen Agens zu sein scheint, führt ihn Freud in seiner Theorie auch auf ein organisierendes Strukturprinzip zurück: das (Abwehr-)Ich.[17]

[17] Hemmung, Symptom und Angst, XIV, S. 191 ff.

DIE WIDERSTANDSANALYSE

Um den Angelpunkt des Widerstandes hat die Psychoanalyse eine Wendung in ihrer Methode vollzogen. Sie hat damit begonnen, verdrängte Erlebnisse und Triebregungen aufzusuchen und ihnen den Zutritt ins Bewußtsein zu erzwingen. Aber ihr Interesse und ihre Technik wenden sich immer mehr vom Verdrängten ab und dem Verdrängenden zu, den Abwehrhaltungen, die in den Widerständen ihr Weiterwirken anzeigen. Widerstände erkennen, durcharbeiten, in ihren genetischen und gegenwärtigen Bedingungen verstehen wird zur Hauptaufgabe des Analytikers. Psychoanalyse ist Widerstandsanalyse, und wo sie als solche geleistet ist, wird das Verdrängte aus seinem eigenen Auftrieb ganz von selbst dem bewußten Erleben und der Person integriert – sagt Freud.[18] Als Widerstandsanalyse stimmt die Psychoanalyse mit der Technik Alfred Adlers teilweise überein. Nach Adlers Theorie ist das Verhalten des Patienten ganz vom »männlichen Protest« gegen das (weibliche) Minderwertigkeitsgefühl bestimmt. Er versucht in der Analyse unbedingt überlegen zu sein und den Analytiker mit Gewalt oder mit List zu unterwerfen. Offenbar genügt oft das zähe Durcharbeiten dieses einzigen Motivs aus der Fülle der Widerstandsthematik, nämlich das des »Trotzes gegen den Vater« in der Sprache Freuds, um die Analyse zu einem guten Ende zu führen. Individualpsychologische Therapie ist, von der Psychoanalyse her gesehen, eine Form von Widerstandsanalyse.

Im Begriff des Widerstandes sind psychologische Gegebenheiten verschiedener Art und Herkunft in eine von diesen Unterschieden abstrahierende technische Perspektive eingeordnet. Für die psychotherapeutische Technik genügt

[18] Siehe S. 284f.

es, den Begriff des Widerstandes als praktische instrumentale Kurzformel aufzufassen, die eine Fülle von Erscheinungen auf den gemeinsamen Nenner der Störwirkung für die Analyse bringt und dem Patienten so nahelegt, sich auf seine den analytischen Vorgang betreffenden Abwehrtendenzen zu besinnen. Die Lehre vom Widerstand setzt den Arzt auf eine wichtige und sichere Fährte; sie stellt die Aufmerksamkeit so ein, lenkt den Blick und bestimmt die Auswahl des Sehens in einer Weise, die dem Analytiker eine ordnende Orientierung in der Überfülle der Erscheinungen ermöglicht. Die gute oder böse Miene wird sichtbar, die der Mensch zum Spiel seiner spontanen Regungen macht, die Weise seines Umgangs mit sich selbst, sein Kultur- und Zivilisationscharakter, wie er den Naturcharakter überformt, gebildet oder verbildet hat. Der Analytiker hilft sich mit diesem Begriff zu der notwendigen Wachsamkeit gegen die feinsten Störquellen der Analyse und der Beziehung von Arzt und Patient. Diese Wachsamkeit bildet in ihm einen feinen Sinn der Unterscheidung heran, der ihm zeigt, ob die Mitteilungen des Patienten von der Annäherung an die seelischen Spannungszentren bewegt werden oder von der Tendenz, sich ihnen fernzuhalten. Selbst wenn das sachliche Fundament des Begriffes die theoretische Auslegung Freuds nicht in vollem Umfang trüge, hätte er in der Beschreibung und Ordnung der Widerstände, ihres Zusammenhanges und ihrer Bedeutung für den therapeutischen Prozeß wesentliche Sachverhalte sichtbar gemacht.

Als ein instrumentaler ist der Begriff des Widerstandes in einer Gefahr, die viele technische Hilfsmittel an sich haben: Er ist nicht narrensicher und kann mißbraucht werden. Die Möglichkeit zum Mißbrauch liegt einmal in seiner Zwielichtigkeit. Widerstand ist in der Analyse ein Wertbegriff. Es wird unterstellt, daß jeder Widerstand der Neurose entstamme und überwunden werden müsse – eine

Voraussetzung, die, wie wir sahen, häufig nicht zutrifft und dann ein gefährliches Mittel suggestiver Vergewaltigung wird. Als neurotischer Widerstand läßt sich schließlich alles und jedes deklarieren: Begründete Sympathien und Antipathien, leichtsinnige Vorurteile ebensogut wie fundierte Überzeugung, jedes Gefühl und jede Strebung, echte Verpflichtung und Gewissenurteile, kranke Ängstlichkeit, aber auch begründete Zweifel in Zuverlässigkeit und Können des Arztes. Wie viele Möglichkeiten des Mißbrauchs die Widerstandsanalyse gefährden, bezeugt uns Freud selbst, indem er sie beschreibt: »Welche Mittel hat man nun zur Verfügung, um diesen fortgesetzten Widerstand zu überwinden? Wenige, aber doch fast alle die, durch die sonst ein Mensch eine psychische Einwirkung auf einen anderen übt. ... Endlich aber – und dies bleibt der stärkste Hebel – muß man versuchen, die Motive zu entwerten, oder selbst sie durch stärkere zu ersetzen. Hier hört wohl die Möglichkeit auf, die psychotherapeutische Tätigkeit in Formeln zu fassen. Man wirkt, so gut man kann, als Aufklärer, wo die Ignoranz eine Scheu erzeugt hat, als Lehrer, als Vertreter einer freieren oder überlegenen Weltauffassung, als Beichthörer, der durch die Fortdauer seiner Teilnahme und seiner Achtung nach abgelegtem Geständnisse gleichsam Absolution erteilt.«[19]

Der Text stammt aus der Frühzeit der Analyse, der alte Freud hätte ihn wohl etwas vorsichtiger formuliert. Aber was beschrieben wird, gehört so sehr zum Wesen des analytischen Verhaltens, daß es auch dann geschieht, wenn der Arzt all dies zu vermeiden trachtet. Motive der Abwehr entwerten, sie durch stärkere ersetzen, als Aufklärer wirken, als Lehrer, als Vertreter einer freieren oder überlegenen Weltauffassung, als Beichthörer, der gleichsam Absolution erteilt – woher ist der Psychotherapeut zu all dem legitimiert? Woher hat er seine freiere und überlegene

[19] Studien, I. S. 285.

Weltauffassung? Widerstandsanalyse ist nicht möglich – wie gut, daß wir dafür in Freud einen unverdächtigen Zeugen haben – ohne Berufung auf »Weltauffassung«. Alle Psychotherapie geht von Normvorstellungen über »gesund« und »krank«, »gut« und »bös«, »wahr« und »falsch«, »angemessen« und »unangemessen« aus. Die psychoanalytische Methode läßt sich von der Weltanschauung Freuds lösen und von anderen anthropologischen Voraussetzungen her gebrauchen, aber sie läßt sich nicht schlechthin ohne weltanschauliche Voraussetzungen anwenden. Die latente Anthropologie und Metaphysik der Psychotherapeuten ist leicht auf vielen Seiten der tiefenpsychologischen Literatur nachzuweisen. Schon die in der Anweisung zur freien Assoziation mitgegebene Behauptung, es sei erlaubt, sich dem Spiel der freien Einfälle zu überlassen, ist, wie wir sahen, eine keineswegs selbstverständliche Entscheidung über Dürfen und Sollen des Menschen und damit eine Teilantwort auf die Frage, was der Mensch und was sein Richtbild und Ziel sei. Freud selbst hat ein sehr präzises Richtbild vom Menschen, von gesund und krank, recht und unrecht gehabt, und er hat es abgelehnt, Menschen zu behandeln, die seinem ethischen Wertmaßstab nicht einigermaßen entsprachen, die keinen »verläßlichen Charakter« hatten.[20] Wer wollte bestreiten, daß dieses Richtbild Freuds sein ärztliches Tun, also »das Entwerten von Motiven, das Wirken als Aufklärer, als Lehrer, als Vertreter einer freieren und überlegenen Weltauffassung, als absolvierender Beichthörer«, sein Verhalten als Analytiker von Widerständen bestimmt haben muß?

Das ist nicht zufällig. In der Widerstandsanalyse geht es um Klärung der Weise, wie ein Mensch mit sich selbst umgeht und zu sich Stellung nimmt, sich selbst unterdrückt und im Wege steht. Diese Weise ist aber immer von dem gesamten Orientierungshorizont der Person mitbestimmt,

[20] Über Psychotherapie, V, S. 20f.

von ihrem Seinsverständnis und Gewissen. Widerstandsanalyse reicht in die tiefsten und höchsten Bereiche personaler Existenz, sie ist viel mehr als eine scheinbar wertindifferente Technik des »Bewußtmachens von Unbewußtem«. Was da unter dem psychologischen Etikett der Überwindung von Hemmungen vor sich geht, rührt an die Fundamente der Person. Darum kann der Analytiker die Widerstandsanalyse dazu mißbrauchen, in der Überwindung und Bekehrung des Patienten, in der Zerstörung seiner Überzeugungen sich der Richtigkeit der eigenen Positionen gegen alle innere Unruhe durch immer neue Siege zu versichern. Psychoanalyse kann für den Analytiker zur Ersatzreligion werden, mit dem verborgenen Anspruch, den Menschen nach dem eigenen Bilde zu formen.

Jedoch: abusus non tollit usum. Solange man weiß, was man tut, und sich der Voraussetzungen, Grenzen und möglichen Folgen seines Tuns bewußt ist, solange die Reinheit der Absicht nicht zu sehr von ungeklärten Motiven getrübt wird, solange Vorsicht, Behutsamkeit und Diskretion geübt werden, ist Widerstandsanalyse notwendig und berechtigt, weil es unnotwendige und unberechtigte, neurotische Widerstände gibt und weil sie sich oft doch deutlich genug von den gesunden unterscheiden lassen. Dann kann man die berechtigten Widerstände durch die Besonnenheit des Verhaltens, die alle Gefahren der Analyse wirksam herabsetzt, auch durch vernünftige Information zu besänftigen suchen, und die unangemessenen Widerstände, die einer affektiven Verkennung der Situation und des Arztes entspringen, analysieren.

Widerstandsanalyse und Reinheit der Methode

Psychoanalyse ist Widerstandsanalyse und »Nacherziehung zur Überwindung innerer Widerstände«.[21] Fängt hier endlich die längst erwartete suggestive Mogelei in der Anwendung der Methode an? Muß nicht spätestens jetzt der Analytiker seine Zurückhaltung aufgeben und aktiv in die Eigenbewegung der Analyse eingreifen?

Nicht immer ist das notwendig. Es gibt Patienten, die den Sinn der analytischen Grundregel sehr gut verstehen und sich selbst bei jeder Verletzung ertappen und zurechtweisen. Auch sie erleben die charakteristischen Übertragungswiderstände, Trotz, Furcht, Mißtrauen ohne rechten Grund, aber es fällt ihnen selbst auf, sie wundern sich darüber, sammeln Einfälle dazu und merken, daß sich da bisher unerkannte, aber doch gewohnte Charakterhaltungen auswirken. Sie überwinden die Widerstände, lassen sich nicht lange in trotziges oder ängstliches Schweigen versinken und nehmen die Mitteilung ihrer Erlebnisse bald wieder auf. Aber selbst wo die zurückhaltende Haltung des Arztes keine ausreichenden Ergebnisse bringt, muß er auf die Reinheit der Methode nicht verzichten. Es gibt Weisen des Eingreifens, die keine oder nur geringe Gefahren der Entstellung mit sich bringen, Gefahren, gegen die man sich sichern kann. Wenn z. B. ein Patient sich spürbar gegen die freie Assoziation sperrt und trotz guter Intelligenz zeitweise nicht verstehen kann – mag – will, wie sie gemeint ist, dann ist es keine illegitime Überschreitung der Fehlergrenzen einer psychologischen Methode, ihn auf diese seine innere Gesperrtheit, sein irrationales Widerstreben aufmerksam zu machen. Sein Widerstand ist in seinem Reden, Handeln und in seinem Ausdruck so deutlich greifbar, wie

[21] Über Psychotherapie, V, S. 25.

man sich einen psychologischen Befund nur wünschen kann. Wenn ein Patient, der sonst nicht unpünktlich ist, regelmäßig erheblich zu spät zur Behandlung kommt, ist es wohl keine Gefährdung der Befunde, ihn einmal zu fragen, was ihm denn zu diesem Verhalten in der freien Assoziation einfalle. Einen Analysanden, der in allen Dingen, die seine finanziellen Verhältnisse, seine Berufsarbeit oder andere Dinge betreffen, nur immer vage, verschwommene und sehr allgemein gehaltene Einfälle hat, kann man ruhig fragen, ob er seine Einfälle in diesen Punkten vielleicht manchmal mit Redaktionsmaßnahmen ein wenig frisiere oder ob er präzis-konkrete Erinnerungen durch abstrakte Formulierung verändere. Es ist eine beliebte Abwehrtechnik intelligenter Patienten, statt ihrer konkreten Einfälle deren abstrakte »Verdichtung« (oft im Doppelsinne des Wortes) mitzuteilen. Es gibt ein ganzes Repertoire von Kunstgriffen, mit denen der Patient die analytische Regel umgehen kann, die glücklicherweise zu einem Teil leicht zu erkennen und recht eindeutig festzustellen sind. Der Kranke wird oft genug von selbst die Abwehrtendenz seines Verhaltens in seinen Gefühlsregungen wiedererkennen, wenn man ihn nur beschreibend auf sein Verhalten aufmerksam macht. Dabei ist es noch einmal ein Widerstandszeichen, wenn der Patient ohne einen Blick nach innen sofort bereit ist, unbewußte Widerstände zuzugeben. Etwas pointiert gesagt: Mit unbewußten Vorgängen kann der Psychotherapeut wenig anfangen, und es ist vermutlich durch den Hinweis auf solche allein noch niemand gesund geworden. Ein analytischer Prozeß beginnt erst da, wo es sich darum handelt, feinste, unbemerkte, aber erlebte Gefühls- und Antriebsregungen zur Kenntnis zu nehmen und ihnen Raum zu geben, statt sie zu verleugnen.

Natürlich kann man die Widerstandsanalyse auch suggestiv mißbrauchen. Freud hat z. B. den Patienten, wenn ihnen einmal nichts einfiel, gesagt, sie beschäftigten sich jetzt unbewußt mit dem Arzt: »Es ist doch eine beliebig oft zu bestätigende Erfahrung, daß, wenn die freien Assoziationen eines Patienten versagen, jedesmal die Stockung beseitigt werden kann durch die Versicherung, er stehe jetzt unter der Herrschaft eines Einfalls, der sich mit der Person des Arztes oder mit etwas zu ihm Gehörigem beschäftigt.«[22]

Mag nun auch wirklich im Schweigen oft genug die Beziehung zum Analytiker beschwiegen werden, so läuft doch diese Deutungsmethode auf das Finden selbstversteckter Ostereier hinaus. Bei der Gelegenheit stößt man freilich sehr häufig noch auf andere, die man nicht selbst versteckt hat. Der suggestive »Trick« hat seinen instrumentalen Wert.[23] Auch das ist ein Vorgang, der für die Psychoanalyse kennzeichnend ist. Das Herstellungsverfahren des Porzellans ist gefunden worden bei dem Versuch, Gold zu machen. Auch Freud hat oft mit gewagten Vermutungen und Konstruktionen wertvolle neue Befunde zutage gefördert. So ist es auch sicher richtig, daß längeres Schweigen in der Analyse meist auch von der aktuellen Beziehungs- und Übertragungssituation mitbedingt ist.

Im übrigen wird uns in der Psychologie der tragenden Lebenszusammenhänge ein Puritanismus der Methode nicht weit helfen. Die Exaktheit naturwissenschaftlicher Methoden im Bereich des Meß- und Zählbaren hat in der Entwicklungspathologie recht enge Grenzen. Ihre Strenge ist von anderer Art. Sie muß zwischen Überängstlichkeit und Leichtsinn den Mittelweg vorsichtiger Beobachtung und besonnenen Nachdenkens gehen. Es gibt genug Möglichkeiten der Widerstandsanalyse, die dem gerecht werden und unentstellte Erfahrungen und Einsichten fördern.

[22] Zur Dynamik der Übertragung, VIII, S. 366.

[23] Freud sagt mit Polonius: »Wir fangen mit dem Lügenköder den Wahrheitskarpfen.« (Konstruktionen in der Analyse, XVI, S. 48.)

BEMERKUNGEN ZUR TRAUMANALYSE

In der Analyse fallen den Patienten nicht nur Inhalte ihres wachen Lebens ein, sondern auch Träume.[1] Oft werden sie von selbst zum Ausgangspunkt von Assoziationsreihen. Natürlich kann man den Patienten auch auffordern, absichtlich die freie Assoziation an einen Traum oder ein Traumdetail anzuschließen. Freud hat verschiedene Verfahren der Traumassoziation angegeben:

»Bei der Deutung eines Traumes in der Analyse hat man die Wahl zwischen verschiedenen technischen Verfahren.

Man kann a) chronologisch vorgehen und den Träumer seine Einfälle zu den Traumelementen in der Reihenfolge vorbringen lassen, welche diese Elemente in der Erzählung des Traumes einhalten. Dies ist das ursprüngliche, klassische Verhalten, welches ich noch immer für das beste halte, wenn man seine eigenen Träume analysiert.

Oder man kann b) die Deutungsarbeit an einem einzelnen ausgezeichneten Element des Traumes ansetzen lassen, das man mitten aus dem Traum herausgreift, z. B. an dem auffälligsten Stück desselben oder an dem, welches die größte Deutlichkeit oder sinnliche Intensität besitzt, oder etwa an eine im Traum enthaltene Rede anknüpfen, von der man erwartet, daß sie zur Erinnerung an eine Rede aus dem Wachleben führen wird.

Man kann c) überhaupt zunächst vom manifesten Inhalt absehen und dafür an den Träumer die Frage stellen, welche Ereignisse des letzten Tages sich in seiner Assoziation zum erzählten Traum gesellen.

Endlich kann man d), wenn der Träumer bereits mit

[1] Vgl. zum Folgenden: Die Traumdeutung. Über den Traum, II/III; Bruchstück einer Hysterieanalyse, V, 163 ff.; Die Handhabung der Traumdeutung in der Psychoanalyse, VII, S. 349; Metapsychologische Ergänzung zur Traumlehre, X, S. 412; Vorlesungen zur Einführung in die Psychoanalyse; XI; Neue Folge der Vorlesungen zur Einführung in die Psychoanalyse, XV; Bemerkungen zur Theorie und Praxis der Traumdeutung, XIII, S. 299; *H. Schultz-Hencke*, Lehrbuch der Traumanalyse, Stuttgart 1949; *M. Boss*, Der Traum und seine Auslegung, Bern-Stuttgart 1953; *W. von Siebenthal*, Die Wissenschaft vom Traum, Berlin 1953; *W. Kemper*, Der Traum und seine Bedeutung, Hamburg 1955.

der Technik der Deutung vertraut ist, auf jede Vorschrift verzichten und es ihm anheimstellen, mit welchen Einfällen zum Traum er beginnen will. Ich kann nicht behaupten, daß die eine oder die andere dieser Techniken die vorzüglichere ist und allgemein bessere Ergebnisse liefert.«[2]

Wenn wir alle Traumtheorien und Deutungsabsichten beiseite lassen, fördern diese Verfahren wie von selbst einige auffallende Ergebnisse. Haben wir z. B. dem Patienten die Aufgabe gestellt, alle Erlebnisse des Vortages zu berichten, die ihn affektiv beeindruckt haben, lassen wir ihn nach diesem Bericht seinen Traum der Nacht erzählen und fragen wir ihn, was ihm zu dem Traum aus dem Vortage einfalle, dann kommen oft zu dem ersten Tagesbericht noch ergänzende Erinnerungen, die im Traum anklingen. Sieht man sich diese Nachträge näher an, so findet man in ihnen oft besonders charakteristische Erlebnis- und Reaktionsweisen, in denen die eigentümlichen Empfindlichkeiten, Hemmungen, Schwierigkeiten und Fehlhaltungen des Patienten sich zeigen. Oft ist die Pointe dieser Erinnerungen nicht auf den ersten Blick zu erkennen. Das Erlebnis muß von allen Seiten betrachtet werden, ehe es für Arzt und Patient in seiner Bedeutung durchsichtig wird.

Dasselbe zeigt sich in größerem Maßstab, wenn der Patient seine Lebensgeschichte erzählt. Die Einfälle zu den Träumen ergänzen dann die Erinnerungen, füllen Erinnerungslücken aus, und diese Ergänzungen erweisen sich häufig als besonders gefühlsbeladen. Nicht selten scheint der Traum die Erinnerung, die schließlich in den Einfällen aus der Vergessenheit auftaucht, in mehr oder weniger versteckter Form zu enthalten. Träume haben eine lösende Wirkung auf eingefrorene Gedächtnisdispositionen oder -strukturen. Sie enthalten affektiv besetzte Erinnerungen an unbewältigte und unverarbeitete Erlebnisse, oder sie er-

[2] Bemerkungen zur Theorie und Praxis der Traumdeutung, XIII, S. 301 f.

öffnen Zugänge zu solchen. Wenn sich der Patient ohne neugierige Deutungsabsicht der Anmutung und Anregungskraft des Traumes überläßt, von ihm aus gleichsam in den schwebenden Fall der Assoziationen abspringt, dann entfaltet der Traum eine katalytische Wirkung, die nicht nur die Erinnerung, sondern alle Bereiche und Schichten anregt. Ganz besonders scheint er aber das Gefühl und die Komplexsphären der neurotischen Strukturen anzurühren und so die eigentümliche Wirkkraft der freien Assoziation zu lenken, zu verstärken und zu vertiefen.

Der Traum ist die via regia zum Unbewußten: Vor aller Traumdeutung und -theorie steht der empirische Befund, daß die assoziative Meditation der Träume zu den charakteristischen Konflikten und Lebensproblemen, zu den kritischen Augenblicken und falsch gestellten Weichen im täglichen Erleben und im größeren lebensgeschichtlichen Zusammenhang und zu Spannungszentren und Herden der Charakterkrankheit führt. Träume sind oder wecken Erinnerungen aus Krisenzeiten der Entwicklung und aus kritischen Sekunden der täglichen Aktualgenese des Erlebens, in denen sich das eigentümliche Versagen, die charakteristischen Funktionsentgleisungen und Schwierigkeiten des Kranken andeuten, vor allem aber seine unbewußten Phantasien. »Komplizierte, entstellte und von der bewußten psychischen Instanz mißverstandene Tagesphantasien stellen den Kern der Traumbildung her.«[3]

Natürlich ist die Traumphantasie wie jede Phantasie von Strebekräften bewegt. Für den Psychotherapeuten ist es nicht sehr wichtig, ob jeder Traum eine Wunscherfüllung ist (wie Freud annimmt) oder nicht, wenn nur in den Träumen und aus der Anregung der Träume verborgene Gefühle, Antriebe, Wünsche des Träumers lebendig und sichtbar werden. Das geschieht aber ohne Deutung und Traum-

[3] Hysterische Phantasien und ihre Beziehung zur Bisexualität, VII, S. 192; vgl. II, S. 336.

theorie oft genug ganz von selbst. Bereiche der Seele, denen der Kranke sich entfremdet hat, beginnen sich in der »Traumkatalyse« zu regen.

Das Studium schwerer Hysterien und Zwangsneurosen belegt überdies Freuds These, daß schwere traumatische Urerfahrungen sich immer wieder in Träumen andeuten. Es handelt sich wohl um Erfahrungen, die beim Kind Erschrecken, Entsetzen, Angst, verbotene Lust und leidenschaftliches Gefühl hervorgerufen haben, in denen das Kind also Grausamkeit, Bosheit, Liebesverlust, Demütigung, Gewissensangst oder leidenschaftliche Affekte wie Eifersucht, Neid, Zorn, sexuelle Erregung erlebt hat. Die These: *Träume sind unter anderem entstellte Erinnerungen, sie weisen auf verleugnete Erlebnisbereiche hin und regen unentfaltete, verkümmerte, verdrängte Erlebniskeime an, sie erschließen den Zugang zu verschütteten Strukturbereichen der Person* – diese These ist für den Psychotherapeuten eine solide, begründete Voraussetzung seiner Arbeit, die für Untersuchung und Therapie gute Dienste leistet.

Man könnte versuchen, mit einem Gedankenexperiment die ganze Traumdeutung Freuds als ein Gauklerspiel hinzustellen. Wenn wir in ein Filmarchiv gehen, in dem Spielfilme, Natur- und Kulturfilme, Trickfilme gesammelt sind; wenn wir nun blindlings, ohne den Inhalt zu kennen, aus beliebigen Streifen Stücke herausschneiden, Bilder aus einer Ausstellung moderner Malerei, Wochenschau und Reklame mit Spielfilmszenen mischen und von einem geschickten »cutter« das Ganze etwas surrealistisch zusammenkleben lassen, dann ergibt sich ein sinnloses Zufallsgebilde, das Ähnlichkeit mit einem wirren Traum haben mag. Wenn wir diesen Streifen als Traum ausgeben und einem Analytiker erzählen, dann gibt ihm die Traumdeutung Freuds (oder Jungs) genug Möglichkeiten, aus diesem Zufallsgebilde einen Sinnzusammenhang herauszulesen. Er kann hier eine »Verschiebung«, dort eine »Umkehrung«, eine »Verdichtung«, eine »Darstellung durch das Gegenteil« oder ein Symbol unterstellen. Freud hat für die Annahme all dieser verborgenen und hypothetischen Vorgänge im Einzelfall nie ein anderes Kriterium als die Plausibilität der Lösung angegeben. Die Traumdeutung (jeder Schule) kann alles plausibel machen, aber nie etwas beweisen (zwischen beiden Polen gibt es allerdings noch ein drittes: die echte Einsichtigkeit und Wahrscheinlichkeit). Die Vielzahl von Annahmen, für die es keinerlei Kriterien gibt, erlaubt es, jeden beliebigen Unsinn in Sinn zu verwandeln. Man kann also fragen, ob nicht Freuds Traumdeutung lediglich das System der logischen Kunstgriffe ist, die notwendig sind, um Sinnzusammenhänge in jedes beliebige Zufallsgebilde hineinzuzaubern.

Das sind Gedankenspiele, die an der Tatsache nichts ändern, daß die Träume des Menschen von *seinem* Erleben und *seinen* seelischen Strukturen bestimmt sind und Hinweise auf verborgene Eigenheiten seines Lebens, seines Charakters und seiner Neurose geben. Einen Menschen zu verstehen im Medium seiner Träume, diese Kunst ist freilich noch weitgehend einer rational nicht auflösbaren Beobachtungsgabe und Intuition vorbehalten. Sie ist beim Deutenden von unendlich vielen Daten mitinformiert, die er nicht dem Traum selbst entnimmt, sondern aus seiner sonstigen Kenntnis des Analysanden schöpft. Es gibt keine rationalen Mittel exakter Traumübersetzung, aber es gibt ein Traumverstehen, durch das der Träumer betroffen ist, sich getroffen fühlt und sich, vielleicht mehr sich als seinen Traum, verstanden weiß. Und es gibt Analytiker, denen solches Verstehen nicht als seltener Zufall, sondern als recht verläßliche Gabe gegeben ist. Die psychoanalytische Methode steht und fällt nicht mit der Möglichkeit, Träume zu deuten. Man kann in der Analyse darauf verzichten, dem Patienten Traumdeutungen anzubieten; bei bestimmten Neurosestrukturen und Widerstandsformen ist das manchmal ratsamer als das deutende Verfahren. Daß die von Freud aufgestellten Regeln der Traumdeutung mehr sind als die Kunst, sinnleeren Gebilden eine Bedeutung zu unterschieben, dafür bürgt eine schlichte Tatsache: In manchen Fällen kann man objektiv mit aller historischen Kritik beweisen, daß die aus Träumen rekonstruierten Kindheitsereignisse wirklich stattgefunden haben. Es ist faszinierend, in Freuds Schilderung mitzuerleben, wie er zum erstenmal das Auftauchen der eigenen Kindheit in seinen Träumen bemerkt hat, und wie er die deutende Rekonstruktion durch das Zeugnis seiner alten Mutter teils korrigieren, teils verifizieren konnte.[4]

In anderen Fällen gibt es einen Konvergenzbeweis für die Richtigkeit einer Traumdeutung. Traumdetails und Einfälle zu ihnen ergeben ein kompliziert aufgebautes, aber in seiner Ganzheit einfaches und durchsichtiges Sinngebilde, das kein Zufallsergebnis sein kann.[5]

Weitaus wichtiger als diese seltenen Glücksfälle aber ist eine schon erwähnte Erfahrung, die eine verifizierbare »Deutung« eher ermöglicht. In dem ersten Traum, den Freud gedeutet hat,[6] fiel ihm auf, daß mehrere Abschnitte dieses seines eigenen langen Traumes mit der Frage beschäftigt schienen, ob er wohl ein zuverlässiger, sorgfältiger Arzt sei. Freud sah in dem Traum eine Tendenz, Zweifel und Kritik an der eigenen Vertrauenswürdigkeit zu beschwichtigen, und wurde durch den Traum auf die von ihm bis dahin unbemerkte Tatsache aufmerksam, daß ihn solche Zweifel untergründig beschäftigt hatten. Diese Eigenschaft des Traumes, auf vorbewußte seelische Vorgänge, Tendenzen und Haltungen aufmerksam zu machen, die dadurch zu evidenter Gegebenheit gelangen, ist eine schma-

[4] Aus den Anfängen der Psychoanalyse, S. 232 ff.

[5] Ein schönes Beispiel in: *E. H. Erikson,* Das Traummuster der Psychoanalyse, Psyche, VIII, 1954/55, S. 572 f.

[6] Die Traumdeutung, II/III, S. 123 ff.

le, aber ausreichende und solide Grundlage für eine nichtsuggestive Verwendung des Traumes in der analytischen Arbeit. Dem entspricht die Kunstregel der klassischen Technik, Deutungen erst zu geben, wenn das zu Deutende so bewußtseinsnahe geworden ist, daß der Analysand mit Hilfe der Deutung nur noch auf ein bisher Unbemerktes aufmerksam gemacht wird. »Tiefe« Deutungen, die auf nachdrücklich verdrängte, noch ganz bewußtseinsferne seelische Wirklichkeiten hinweisen, gelten als regelwidrig. Sie sollen nur ausnahmsweise und aus gewichtigen Gründen gegeben werden.[7]

[7] Vgl. *E. Glover,* The Technique of Psychoanalysis, London 1955, S. 275 ff.

WIRKUNGEN
DER ANALYTISCHEN METHODE

Der Begriff der Prägung, den Freud gelegentlich gebraucht,[1] ist in der neueren Tierpsychologie fruchtbar geworden. Prägung als Formung von Strukturen durch Erlebnisse ist ein Oberbegriff, der am besten geeignet scheint, viele Grundbegriffe der genetischen Theorie der Psychoanalyse[2] ordnend zusammenzufassen. Fixierung, Trauma, Triebkonflikt, Identifizierung, Verdrängung, Überichbildung – alle diese strukturformenden Vorgänge können wir dem Begriff der Prägung unterordnen. Genetische Analyse hat es mit anlagegegebenen Kräften und Phasen der Trieb- und Ichentwicklung, dann aber vor allem mit strukturprägenden Erlebnissen und Schicksalen zu tun, zu denen auch die Akte und Vorgänge gehören, mit denen der Mensch das ihm Begegnende und Zustoßende beantwortet, verarbeitet oder verfehlt.

Wir wollen versuchen, die Prägungsvorgänge, vor allem die Fehlprägungen, zu beschreiben, die wir aus den Erinnerungen der Kranken vermutend rekonstruieren können, soweit sie von den Beobachtungen der Entwicklungspsychologie und den Ergebnissen der Kinderpsychotherapie bestätigt werden. Denn es ist klar, daß die analytische Untersuchung bei Erwachsenen zwar von zuverlässigen Fakten ausgeht – wir können mit Sicherheit feststellen, was für ein *Bild* der Kindheit in den Erinnerungen unserer Patien-

[1] Über Psychogenese eines Falles von weiblicher Homosexualität, XII, S. 299.

[2] Vgl. viele Beiträge in: The Psychoanalytic Study of the Child, London ab 1945; Bd. V; *E. H. Erikson*, Wachstum und Krisen der gesunden Persönlichkeit, Psyche, VII, 1953/54; *R. Spitz*, Die Entstehung der ersten Objektbeziehungen, Stuttgart 1957. – Eine gute Gesamtdarstellung der Ergebnisse verschiedener Forschungsmethoden gibt: *A. Dührssen*, Psychogene Erkrankungen bei Kindern und Jugendlichen, Göttingen 1954. Zur philosophischen Deutung der Frühentwicklung, die viel Licht auf die psychoanalytischen Befunde wirft, vgl. *G. Siewerth*, Metaphysik der Kindheit, Einsiedeln 1957. *H. E. Richter*, Eltern, Kind und Neurose. Klett, Stuttgart 1963.

ten auftaucht –, aber wie es wirklich gewesen ist, welche Vorgänge die Fehlentwicklung bedingt haben, das zu klären ist mit den Mitteln der analytischen Methode allein nicht möglich. Man kann eine Entwicklungscharakterologie nicht nur aus Erinnerungen ableiten. Die analytische Methode gibt uns also gerade da keine ausreichende Sicherheit, wo ein vordringliches Interesse des Psychotherapeuten liegt: in der Frage nach der Pathogenese des Charakters und der Neurose. Die Kinderpsychologie hat wahrscheinlich machen können, daß die normale Amnesie für die frühe Kindheit vor allem in dem qualitativen Unterschied zwischen der Erlebnisweise des Kleinkindes und der des Erwachsenen ihren Grund hat, weniger wohl in Verdrängungsvorgängen. Das Kleinkind lebt *in* einer gefühlten Welt, von der es sich noch nicht als Subjekt abheben, die es sich nicht in gegliederten Gestalten so zum Gegenstand machen kann, wie der Erwachsene das tut. Unsere Erinnerungen haben aber die Rahmenqualität unseres gegenwärtigen Bewußtseins. Wir erinnern nur, was wir schon mit gereifterem Bewußtsein erlebt haben, oder wir transponieren unsere Erinnerungen in diesen Zustand. Das »ganz andere« der frühen Kindheit behalten wir nicht so, wie wir es erlebt haben, und wären vermutlich erstaunt und verlegen, wenn wir es erinnern könnten.

Die auffallenden, gleichsam komplementären Entsprechungen zwischen Eigentümlichkeiten des Erwachsenen und Kindheitsschicksalen, -ereignissen,- umweltsituationen, die es nahelegen, Kindheitsgeschehnisse als Prägungsvorgänge zu verstehen, lassen zudem auch noch ganz andere Deutungen zu. Einmal kann und wird der gegenwärtige Zustand in der Analyse just solche Erinnerungen aus der Fülle der Gedächtnisinhalte rufen, die irgendwie zu ihm passen und zu seiner Erklärung geeignet zu sein scheinen. Weiter kann man einwenden: Der Mensch ist nicht neurotisch, weil er diese und jene Traumen und Prägungen erlebt hat, sondern er erlebt dies und jenes als Trauma, weil er von Anlage psychopathisch ist. Das Gesetz, nach dem er angetreten, wird sich dann natürlich in seinen Kindheitsschicksalen ganz ähnlich auswirken wie in seinen späteren Jahren; daher die Entsprechung. Nicht Erlebnisse prägen Charakter, Neurose und weiteres Schicksal, sondern was wie Ursache und Wirkung aussieht, entspringt in Wirklichkeit dem gemeinsamen Grund einer Anlagekonstitution. Die Vertreter dieser These würden also z. B. sagen: Ein Mensch ist nicht homosexuell, weil er durch frühe Verführung oder andere Vorgänge in seiner Triebstruktur geprägt wurde; sondern weil er von Anlage homosexuell war, ist er der nächsten Gelegenheit erlegen oder hat sie provoziert. Aus demselben Grunde sind in seiner Erinnerung alle Inhalte besonders gefühlsbetont, die seinem von Anbeginn perversen Empfinden entsprochen haben.

Die Kindheitserinnerungen der Kranken beweisen also anscheinend immer die Theorie, die man an sie heranträgt. Eine grundsätzliche Lösung dieser Schwierigkeit geben vor allem die Zwillingsforschung und die systematische Beobachtung der Entwicklung des Kindes und ihrer Störungen unter verschiedenen Bedingungen. Auch das Studium der Folgen jener großen Schicksalsexperimente des letzten Krieges, die nicht die Anlagen des Kindes, aber um so mehr die Bedingungen seiner seelischen Entwicklung verändert haben, weiter die Forschungen der Ethnologie über die Beziehungen von Kultur und Charakter[3] und schließlich die Ergebnisse der Tierpsychologie in ihrem Analogiewert zeigen immer klarer die Bedeutung von Prägungsvorgängen für die Entwicklung und Fehlentwicklung des Menschen. René Spitz[4] hat gezeigt, daß Kinder aus ungünstigen Erbkreisen (nämlich Kinder von im Gefängnis le-

[3] *Geza Roheim,* Psychoanalysis and the Social Sciences, New York 1947.

[4] Hospitalism, an inquiry into the genesis of psychiatric conditions in early childhood; in: The Psychoanalytic Study of the Child, London, I, 1945; Die Entstehung der ersten Objektbeziehungen, Stuttgart 1957.

benden Müttern, die während der Haftzeit nicht von ihren Kindern getrennt wurden) eine günstigere Entwicklung zeigten, zu einem viel geringeren Prozentsatz erkrankten und starben, daß sie weniger zu Neurosen neigten als Kinder, die in frühem Alter ohne Mutter in sorgfältig ausgestatteten und hygienisch einwandfreien amerikanischen Säuglings- und Kleinkinderheimen von vorzüglich geschulten Pflegerinnen aufgezogen wurden. So werden die Vermutungen der Psychoanalyse über frühkindliche Schädigungen und Prägungsvorgänge von anderen Forschungszweigen her teils bestätigt, teils erweitert und verändert.[5]

C. G. Jung hat die Freudsche Methode einen »Erinnerungszauber« genannt. Er hätte damit seinem Verständnis der Psychoanalyse kein gutes Zeugnis ausgestellt, wenn es erlaubt wäre, eine so affektiv polemische Formulierung wörtlich zu nehmen. Die Ausfüllung der Erinnerungslükken ist nicht Ursache, sondern eher Zeichen des fortschreitenden Heilungsprozesses, der in der Überwindung von Abwehrhaltungen und Strukturschranken besteht, die nicht nur die Erinnerung, sondern alle Spontankräfte der Person sperren. Wenn die Abwehrschranken fallen, werden unterdrückte Bereiche der Person wieder erlebnismächtig und damit meist auch die Erinnerung. Darum gibt es Heilungen, bei denen die Aufhellung von Amnesien nur eine geringe Rolle spielt. Jungs Vorwurf trifft ein frühes Selbstmißverständnis der Psychoanalyse, oder besser: ein mangelhaftes Selbstverständnis, das in der These der »Vorläufigen Mitteilung« steckt: Die Hysteriker leiden an ihren Reminiszenzen.[6] In der Zeit der ausgebildeten Lehre würde Freud wohl eher sagen: Die Hysterischen leiden an ihren habituellen Konfliktspannungen, und diese zeigen sich unter anderem in ihren verdrängten Reminiszenzen.

[5] Vgl. den Sammelbericht von *John Bowlby:* Maternal Care and Mental Health. Bulletin of the World Health Organisation, Genf 1951.

[6] I, S. 86.

Jungs Vorwurf übersieht die Wendung der Psychoanalyse von der kathartischen Traumen-, d. h. Vergangenheitsforschung zur Analyse gegenwärtiger Abwehrhaltungen des Ich in Widerstand und Übertragung.

Dennoch bleibt die Frage nach den Erinnerungen der Neurotiker wichtig genug. Was für ein Bild der Vergangenheit zeigt sich in diesen Erinnerungen, welche Prägungsvorgänge lassen sie vermuten? Es ist schwer, die mannigfaltigen Faktoren der Prägung, die sich in der Erinnerung des Kranken als bedeutsam für seine Entwicklung zu zeigen scheinen, auf einen oder einige Nenner zu bringen. Gewiß hat Schultz-Hencke recht, wenn er übermäßige Härte, Verwöhnung oder beides in launischem Wechsel in fast allen Fällen zu finden meint, aber diese Formel ist sehr weit.[7]

Wir finden alle die Abwegigkeiten des Erlebens und Verhaltens, die wir bei der Schilderung der Neurose beschrieben haben, gehäuft und massiv in der Kindheitsumwelt unserer Kranken, also mehr oder minder schwere Neurosen und Charakterabwegigkeiten bei den Eltern und Erziehern des Kindes. Oft ist die Familienatmosphäre in erschreckender Weise neurotisiert, brutalisiert, gefühlskarg oder angstbeladen. Häufig finden wir eine »emotionelle Treibhausatmosphäre, die einige Kinder einschließt, andere ausschließt« (K. Horney).[8]

Oft wird aus diesem Familienroman des Neurotikers auf eine Vererbung der Neurose geschlossen. Es ist derselbe Fehlschluß, der früher aus dem familiären Auftreten der Tuberkulose gezogen wurde. Daß es sich nicht um Vererbung handeln muß, zeigen die vielen Fälle, in denen der oder die neurotisch ansteckenden Erwachsenen nicht bluts-

[7] Der gehemmte Mensch, Stuttgart 1947, S. 43. – Auch Freud schreibt: »Die Psychoanalyse hat oft Gelegenheit, zu erfahren, welchen Anteil die unzweckmäßige einsichtslose Strenge der Erziehung an der Erzeugung nervöser Krankheiten hat.« (Das Interesse an der Psychoanalyse, VIII, S. 420.)

[8] Neue Wege in der Psychoanalyse, Stuttgart 1951, S. 80.

verwandt sind, oder in denen ein Kind aus einer wahrscheinlich erbgesunden Familie alsbald neurotische Symptome entwickelt, wenn es in eine neurotische Umwelt gerät (Pflegeeltern usw., vgl. R. Spitz).[9] In dieselbe Richtung weist die sprunghafte Zunahme der Kinderneurosen in der Kriegs- und ersten Nachkriegszeit. Bei Kinderneurosen kann man in statu nascendi studieren, wie sehr die Symptomatik des Kindes von Krisen, Spannungen und neurotischem Verhalten der Eltern abhängt und wie sie oft ohne Behandlung des Kindes schwindet, wenn die Eltern einen Ausweg, eine neue Ordnung für sich selbst finden.

Die Kinderneurosen zeigen auch, daß die Erinnerungen der erwachsenen Kranken bei aller Entstellung meist einen soliden Wahrheitskern haben, von dem im Lauf der Behandlung ohne Zutun des Arztes die späteren Übermalungen nach und nach abblättern. Viele Selbstdarstellungen beginnen mit dem mythischen Satz: Ich hatte eine glückliche Kindheit und ein harmonisches Elternhaus. Sie entwickeln dann aber ein anderes Bild, das durch die Präzision der Details die Formel widerlegt. Oft stellt sich heraus, daß der Neurose des Erwachsenen eine solche in der Kindheit vorausging.

Auffallend häufig kommen neurotische Menschen aus betont religiösen oder ethischen Elternhäusern,[10] in denen die Fehler und Schwächen der Eltern mit der Autorität Gottes umkleidet werden und weder Liebe, noch Klugheit,

[9] Man darf annehmen, daß ein erfahrener Psychotherapeut jedes beliebige Kleinkind »experimentell« in eine Neurose drängen könnte, bei Tieren hat man neurotoide Zustände und psychosomatische Krankheiten experimentell erzeugt, Vgl. *R. W. Russell,* Experimentelle Neurose, Fortschr. d. Neurol., Psychiat., 21, 1953, S. 78-93.

[10] Oft zitiert wird ein Satz C. G. Jungs, er habe unter seinen vielen Patienten kaum je einen gläubigen Katholiken gehabt. Das mag viele Gründe haben, nur gewiß nicht den einen, den Jung selbst vermutet, daß es nämlich unter gläubigen Katholiken wenig neurotische Menschen gebe. Eine so simple Gleichsetzung von Religion und seelischer Hygiene ist unzulässig und wirklichkeitsfremd. – Vgl. *A. Görres,* Heilung und Heil; zur Kritik der Psychoanalyse, in: A. M. E. Sborowitz (Hrsg.) Der leidende Mensch, E. Diederich, Düsseldorf 1960.

noch Humor die Finsternisse einer selbstgerechten Frömmigkeit erhellen. Dabei sollte man freilich nicht vergessen, daß die Mühe um eine christliche Lebensform auch da, wo sie ernst gemeint ist, das Leben nicht einfacher macht, sondern viele Spannungen verschärft und Konflikte bringt, die gesund zu bewältigen nicht immer ganz leicht ist. Dann mag die neurotische Atmosphäre ein hoher Preis sein, der für teure Dinge gezahlt worden ist und vielleicht bezahlt werden mußte. Es gibt ein biologisches Gesetz, das lautet: Geringe Reizdosen regen die Lebenstätigkeit an, größere stören, hohe zerstören sie. Mit dem Christentum scheint es sich eher umgekehrt zu verhalten: Allzu geringe Dosen schaden mehr als sie nützen, und die Dosierung, die dem Leben, der Familienatmosphäre und damit den Kindern jene besondere Wärme, Helle und Freude gibt, die der neurotische Mensch gewöhnlich nie erfahren hat, ist offenbar teuer. Sie erfordert mehr Mühe, Verzicht und Selbstverleugnung, als viele Eltern aufzubringen bereit sind. Dann kommt es leicht zu scheinreligiösen Kompensationen, zu einer pharisäischen, puritanischen und überspannten Frömmigkeitskonstruktion, der das Herz fehlt und auf deren Grund ein finsteres, bösartiges Gottesbild sich verbirgt. Corruptio optima pessima: Es ist nicht verwunderlich, daß in einer solchen Atmosphäre das Kind oft einer seelischen Kargheit, ja Brutalität begegnet, die zu den verkündeten Maximen in schroffem Gegensatz stehen.

Es ist unmöglich, die Vielfalt der Kindheitssituationen zu typisieren, die ein Kind so tief kränken und fehlprägen können, daß es neurotisch wird oder die Disposition zur Neurose erwirbt.[11] In neurotischen Familien werden die Kinder oft als Eindringlinge, Feinde, Konkurrenten oder als geeignete Gegenstände seelischer Ausbeutung be-

[11] Anschauliche Beschreibungen einer Fülle von typischen Prägungssituationen bei *H. Schultz-Hencke*, Der gehemmte Mensch, Stuttgart ²1947, und bei *A. Dührssen*, Psychogene Erkrankungen bei Kindern und Jugendlichen, Verlag f. med. Psychologie, Göttingen 1960.

trachtet. Despotie, unsinnige Freiheitsbeschränkung, Ungerechtigkeit, Unzuverlässigkeit, Unverständnis, Herabsetzung von seiten der Eltern sind nicht selten und können auch in feineren Formen ein sensibles Kind tief verändern. Es fehlt selbstloses Interesse, Achtung, Zuverlässigkeit, Aufrichtigkeit und Wärme.[12] In den meisten Fällen finden wir ein gestörtes Verhältnis zur Mutter, die aus eigenen Schwierigkeiten dem Kind keine sichere, bergende, angstfreie Beziehung anbieten kann. Da gibt es die karge, gefühlsarme, frustrierende Mutter, die dem Kind fast nur als Grenzpolizist entgegentritt, verbietend, schimpfend und strafend. Die, häufig mit einer »Putzneurose« behaftet, den spiegelnden Glanz der Fußböden gegen schmutzige Kinderfüße verteidigt wie der Engel das Paradies. Die forsche Mutter, die stolz berichtet, sie habe sich immer mit einem Blick bei ihren Kindern Gehorsam erzwingen können. Die ängstliche, allzu beschützende Mutter, die ihren Liebling vor der geringsten Gefahr beschirmen will und jede Bewährung und Erfahrung unmöglich macht. Die überfordernde Mutter, die für alle Enttäuschungen in Leben und Liebe vom Kinde Ersatz erwartet, es verhätschelt und frühzeitig erotisiert. Die ehrgeizige Mutter, die vom Kinde verlangt, daß es durch Begabung, Leistung oder Schönheit glänze und einhole, was sie oder ihr Mann nicht erreichen konnten. Die mit ihrem eigenen Geschlecht unzufriedene Mutter, die um jeden Preis aus der Tochter einen Buben machen will. Die leibfeindliche, prüde Mutter, die den Kindern übelnimmt, daß sie überhaupt ein Geschlecht haben, und die alles, was mit dieser Tatsache zusammenhängt, mit ängstlicher Abwehr oder einer schwülen, lustvoll-entsetzten Mischung aus Neugier und Abscheu verfolgt. Die Mutter, die keine Zeit hat für ihr Kind und aus schlechtem Gewissen es abwechselnd mit Surrogaten verwöhnt, dann wieder ihr Schuldgefühl in Aggressio-

[12] Vgl. *K. Horney,* Neue Wege in der Psychoanalyse, S. 78 ff.

nen gegen das Kind umsetzt. Analoge kränkende Erfahrungen macht das Kind mit den Charakter- und Verhaltensfehlern des Vaters. »Die Eltern, die Erwachsenen, die Familie als Schicksal«[13] – das ist eine genetische Grundformel der Neurose.

Die frühe Umwelt des Kindes *versagt* ihm die Hilfen, deren es zur gesunden Entwicklung seiner Gefühle und Strebungen seines Charakters bedarf. Sie fügt ihm überdies schwere Schädigungen zu, die ein Kind noch nicht verarbeiten kann. Das ist die Auslegung, die sich beim vergleichenden Studium der Biographien von neurotisch Kranken aufdrängt.

Das alles ist von der Vorstellungswelt des Erwachsenen her formuliert. Die kindliche Seele erlebt nicht so. Sie formt sich in ihrer eigenen Weise der gefühlten Umwelt und Mitwelt ein und biegt sie sich zurecht, soweit sie kann. Oft sind die Kinder ja auch die Stärkeren. Dabei bildet sich wohl eine innerste, urtümliche Weise der Welterfahrung, Weltbewegung und -bewältigung, die in spätere Erfahrungen eingeht als ihr unsichtbarer Kern. Diese Urerfahrungen und Urantworten des Menschen sind in gestalthaften, sprachlich mitteilbaren Erinnerungen wohl nicht zu fassen. Sie schimmern nur im Erleben und Verhalten kaum sichtbar durch. Aber die Erinnerungen, auch wenn sie erst späteren Zeiten entstammen, und sogar die gegenwärtigen Erlebnisse des Erwachsenen mögen dieses Urtümliche, das Kind in ihm, anrühren und anklingen lassen, weil sie einen Analogiewert haben und weil das Urtümliche immer gegenwärtig bleibt. Nur in dieser Analogie können wir die Früherfahrungen andeuten. In diesem Sinne mag das Vorhergehende verstanden werden.

Oft werden Dauerschädigungen in einzelnen Erinnerungen wie inbegrifflich zusammengefaßt, die in einem Bild viele ähnliche Erfahrungen zusammenraffen (Deckerinne-

[13] Vgl. *F. Schottlaender*, Die Mutter als Schicksal, Stuttgart 1948.

rungen)[14] oder diese schmerzlichen Erfahrungen durch Darstellung des Gegenteils zu vertuschen suchen(Trutzerinnerungen). Außerdem gibt es gewiß auch das schwere Einzeltrauma von großer negativer Prägungskraft, und es liegt in der Natur der Sache, daß gerade im Bereich der sexuellen Entwicklung isolierte Erlebnisse eine größere Bedeutung haben können als anderswo. So finden wir, daß bei Konversions- und Angsthysterien, aber nicht nur bei diesen, sexuelle Erlebnisse oft massivster Art aus der frühen Kindheit glaubwürdig berichtet werden. Es handelt sich dabei um sexuelle Verführung durch Erwachsene, nicht so ganz selten auch durch den Vater, und durch ältere Kinder, z. B. in dem verbreiteten »Doktorspielen«, bei dem die Kinder einander genital untersuchen. Oft haben die Kindheitsereignisse perversen Charakter.

Die Häufigkeit von sexuellen Traumen ist statistisch kaum zu fassen. Wir wissen nicht absolut sicher, ob sie bei den Gesunden etwa ebenso häufig auftreten, aber wirksamer und ohne Folgen verdrängt werden. Wir können nur sagen, daß solche Erinnerungen in den Analysen Gesunder seltener auftauchen, und wir haben auch keinen ausreichenden Grund zu der Annahme, der sexuelle Mißbrauch von Kindern sei die Regel. Freud hat nach den ersten Jahren seiner Forschung behauptet, jede hysterische Erkrankung gehe schließlich auf Verführung, auf coitusähnliche Handlungen in der Kindheit zurück.[15] Er hat das später ausdrücklich zurückgenommen[16] und viele derartige Erinnerungen seiner Patienten als Phantasien aufgefaßt, die nach seiner Ansicht den Zweck haben, die kindliche Onanie zu verdecken.[17] Wir dürfen, wie Freud selbst,[18] ruhig zu-

[14] Über Deckerinnerungen, I, S. 531ff.

[15] Weitere Bemerkungen über die Abwehr-Neuropsychosen, I, S. 380.

[16] Weitere Bemerkungen über die Abwehr-Neuropsychosen, I, S. 385 (Anm. 1924).

[17] Aus den Anfängen der Psychoanalyse, S. 210.

[18] Selbstdarstellung, XIV, S. 60.

geben, daß er vielleicht einen Teil dieser Phantasien selbst provoziert hat. Dennoch bleibt bei aller Vorsicht und Kritik, daß bei neurotischen Erkrankungen relativ häufig frühe und drastische sexuelle Erlebnisse berichtet werden, und daß diese sich nicht selten als echte Erinnerungen erweisen lassen. Es bleibt der Einwand übrig, daß der Hysteriker heute keiner ärztlichen Suggestion mehr bedürfe, um sich solche Szenen auszudenken. Die psychoanalytische Theorie sei schon so popularisiert, daß für den feinspürigen Kranken schon diese diffuse Suggestion genüge, um ihn zur Produktion der erwarteten Erinnerungen anzuregen. Das mag vorkommen, doch reicht diese Annahme nicht aus, den Erfahrungsbestand zu erklären. Auch würde das Problem nur verschoben in die Richtung eines zweiten Befundes: Bei neurotisch Kranken finden wir oft sorgsam behütete Phantasien sexueller und perverser Art, die sie aus Gegenwart, Jugend und Kindheit berichten.

Die Erinnerung an Kindheitsphantasien fördert nicht nur neugierige, forschende Beschäftigung mit den Geheimnissen der Geburt, der Zeugung, des anatomischen Geschlechtsunterschiedes und ähnlichem zutage, sondern auch alle die Verknüpfungen des sexuellen Lustempfindens mit inadäquaten Erlebnissen und Vorstellungen, die wir in den Perversionen zu finden gewohnt sind. So kann nach Angabe der Patienten schon im Vorschulalter die spezifisch sexuelle Lustempfindung von Erlebnissen und Vorstellungen ausgelöst werden, die aus der Sphäre der Entleerungsvorgänge, des Kotes und der Beschäftigung mit ihm, des Urinierens oder aus Erlebnissen und Handlungen des Schmerzerleidens und Schmerzzufügens stammen. Wir sagten schon, daß Freud aus solchen Erfahrungen seine Theorie der Sexualentwicklung abgeleitet hat. Die kindliche Sexualbetätigung, das frühe Auftreten eindeutig sexueller Lusterfahrung in Verknüpfung mit analen, urethralen, sadistischen, masochistischen, inzestuösen und anderen prägenitalen und genitalen Erlebnissen und Phantasien in der Biographie vieler neurotisch Kranker ist keine Theorie Freuds, sondern grundsätzlich nachprüfbare Tatsache, gehört zu den Tatsachen, nicht zu den Hypothesen der Psychoanalyse. Die Erfahrungen der Psychotherapie an neurotischen Kindern haben auch den Einwand widerlegen können, es handle sich nicht um echte Erinnerungen, sondern um fälschende Rücksexualisierung der Erinnerungen, die es übrigens auch gibt.

Diese Befunde werden nicht ohne weiteres von allen Psychotherapeuten aller Schulen bestätigt werden. Sie sind in einem bestimmten Sinn an die Anwendung der psychoanalytischen Methode gebunden – aber in einem anderen Sinn, als die Kritik anzunehmen pflegt. Die Hebung und Mitteilung solcher Erinnerungen setzt voraus, daß der Arzt geduldig hören und lange Zeit warten kann. Sie erfordert meist eine erprobte und bewährte Vertrauensbeziehung, die oft erst nach vielen Stunden, manchmal sind es mehr als hundert, befestigt ist. Das ist wohl ein Grund, warum diese Erinnerungen der forschen Exploration oft nicht preisgegeben werden und in der Sprechstunde des praktischen Arztes und des Psychiaters nicht so häufig auftauchen, wie sie wirklich vorkommen. Es gibt auch Methoden der Psychotherapie, die dem Patienten nicht Zeit und Raum zur vertrauenden Entfaltung seiner Erinnerungen lassen, sondern ihn sogleich mit Deutungen und Anregungen in eine bestimmte Richtung lenken – kein Zweifel, daß auch die analytische Methode so gebraucht werden kann, kein Zweifel, daß Freud selbst sie anfangs so gewaltsam angewandt hat. Er hat noch 1928 gesagt: »Dies Material (der Einfälle) brachte zwar nicht das Vergessene selbst, aber so deutliche und reichliche Andeutungen desselben, daß der Arzt mit gewissen Ergänzungen und Deutungen das Vergessene daraus erraten (rekonstruieren) konnte.«[19]

[19] Kurzer Abriß der Psychoanalyse, XIII, S. 411.

Wir wissen heute, daß dies Material oft auch ohne deutende Rekonstruktion das Vergessene selbst bringt, wenn man nur Geduld genug hat, darauf zu warten.

So schwierig es ist, die verschlungenen Wege der »Libidoentwicklung« und der »Triebschicksale« in den Analysen Freuds zu überschauen, so einfach sind seine Grundgedanken über die entscheidenden Prägungsvorgänge, die zur Neurose führen. Wir wollen sie kurz skizzieren, soweit sie sich in der Analyse zeigen.[20]

Der urtümlichste Prägungsvorgang ist die *Fixierung* als Vorgang der Anheftung (im Gegensatz zur Fixierung als Fixiertsein) des Triebes an bestimmte Lusterfahrungen, deren eigentümliche Qualität das Streben immer wieder auf sich zieht. Die Entfaltung der Triebe und Gefühle in der kindlichen Entwicklung führt aber nicht nur zu Lusterlebnissen, sondern auch zu unangenehmen Zusammenstößen mit der Umwelt, zu Schmerz, Strafe, Liebesverlust, Leid und Furcht. Auch das sind Prägungsvorgänge, aus denen die Fixierung an das Trauma,[21] Triebkonflikte, schließlich übermäßige Hemmungen, Vermeidungs-, Sicherungs- und Abwehrhaltungen (»Reaktionsbildungen«),[22] weiter die Neigung zur Regression[23] auf erprobte Lust- und Trostquellen der Kindheit entstehen können. In der Folge von Fixierungen kann das Auftreten von Gefühlen und Antrieben immer oder lange Zeit an die Ähnlichkeit der aktuellen Situation mit einem Erlebnismuster der Kindheit gebunden bleiben.

Wenn man nach den Situationen sucht, die als Anlässe zu Fixierung und Bildung von Hemmungen auftauchen, dann findet man bei Perversionen, Depressionen, Zwangs-

[20] Im folgenden müssen unter dem genetischen Aspekt Sachverhalte wiederaufgenommen werden, die schon unter strukturellen Aspekten besprochen worden sind.
[21] Vorlesungen, XI, S. 282.
[22] Vorlesungen, XI, S. 390.
[23] Vorlesungen, XI, S. 444; Neue Folge der Vorlesungen, XV, S. 69.

neurosen, Phobien und Hysterien, aber auch bei chronischen psychosomatischen Krankheiten und Charakterneurosen eine Thematik, die Freud mit den Worten oral, anal, ödipal bzw. genital angedeutet hat und aus der er seine Phasenlehre, die Theorie der Libidoentwicklung, ableitet.[24] Nach dieser Lehre bestimmen vor allem Lust- und Unlusterfahrungen des Kleinkindes bei der Nahrungsaufnahme (»orale Phase«), bei den Entleerungsvorgängen und zur Zeit der Sauberkeitsgewöhnung (»anale Phase«), weiter Erlebnisse im Umgang, in der Zärtlichkeit und im Kampf mit den Eltern (»ödipale, genitale Phase«) nicht nur die Formung des Gesamtcharakters, sondern auch das geschlechtliche Erleben und Verhalten, schließlich die neurotischen Erkrankungen des Menschen mit.

Freud sieht in all diesen Vorgängen Äußerungen der Sexualität, der Libido. Seine Trieblehre ist dualistisch, er versucht die Vielzahl der menschlichen Antriebe in zwei umfassende Triebgruppen einzuordnen, aus deren Mit- und Gegeneinander er die gesamte seelische Entwicklung zu erklären sucht. Er setzt dabei voraus, daß im Menschen wie im Tier nur zwei große Strebekräfte wirksam seien: die Triebe zur Selbst- und die zur Arterhaltung, die er Ichtriebe und Sexualtriebe nennt. Später faßt er Ich- und Sexualtriebe als im Grund gleichartig im »Lebenstrieb« zusammen (Eros) und stellt den Lebenstrieben den »Todestrieb« (Thanatos) gegenüber.[25] Der Versuch, das menschliche Sein und Erleben allein aus dieser biologischen Alternative zu verstehen, führt zu einer Ausweitung des Begriffs der Sexualität, einmal auf alle seelischen Antriebe, Strebungen und Gefühle, die den Menschen auf die Welt und auf den Mitmenschen hinweisen, also auf »Eros« und

[24] Drei Abhandlungen zur Sexualtheorie, V, S. 27ff.; Vorlesungen, XI, S. 313ff.; Psychoanalyse und Libidotherapie, XIII, S. 219ff., Die infantile Genitalorganisation, XIII, S. 291ff.

[25] Das Ich und das Es, XIII, S. 235ff.; S. 268ff.; Neue Folge der Vorlesungen, XV, S. 110ff.

Liebe im allerweitesten Sinne,[26] weiter auf alle Kräfte, die irgendwie an der Formung oder Entstellung (Pervertierung) des sexuellen Erlebens beteiligt sind. Mit demselben Recht müßte man Chlor »salzig« nennen, weil es das Kochsalz mit aufbaut. Karen Horney und Schultz-Hencke haben gezeigt, daß man die faktischen Ergebnisse der analytischen Untersuchung, also die Erinnerungen des Kranken und ihren Zusammenhang mit seinem aktuellen Leben, mit seinem Charakter und mit seiner Neurose theoretisch auch ganz anders deuten kann, daß vor allem die »Libidotheorie« in den Tatsachen nicht ausreichend begründet ist. Aber die Befunde Freuds, d. h. die Prävalenz des »oralen«, »analen«, »ödipalen« Themenkreises in den Prägungsvorgängen, haben diese Forscher bestätigt. Freud hat mit den Begriffen der Phasenlehre auf Gefahrenpunkte in der Gefühlsentwicklung hingewiesen, an denen Störungen besonders leicht eintreten. Es sind vor allem die Situationen, an denen das Kind in Fixierungen oder in schmerzhafte Konflikte mit der Umwelt gerät, die fordernd und verbietend in seine Lebensbewegung eingreift.

In das erste Lebensjahr führen nur selten als solche erlebte Erinnerungen zurück. Alle Aussagen über die früheste Lebenszeit sind entweder Rekonstruktionsversuche, oder sie ergeben sich aus direkter Beobachtung des Säuglings. Auf beides stützen sich die Vermutungen über das Erleben der *»oralen Phase«*, mit denen man versucht, die prägenden und verstörenden Urerfahrungen des Säuglings zu fassen, die sein erstes gefühlshaft-diffuses Weltbild formen.

Wir dürfen vermuten, daß der Säugling und das Kleinkind in ihrer »Mundwelt« (Spranger) schon Urgegebenheiten der Wirklichkeit erfahren: Bedürftigkeit und Stil-

[26] »Der Eros des Philosophen Platon zeigt in seiner Herkunft, Leistung und Beziehung zur Geschlechtsliebe eine vollkommene Deckung mit der Liebeskraft, der Libido der Psychoanalyse.« (Massenpsychologie und Ich-Analyse, XIII, S. 99.)

lung, Verlassenheit und Beistand, Not und Hilfe, Schmerz und Trost, Verläßlichkeit, Stetigkeit und deren Gegenteil, Ruhe und Hast; Erfolg und Mißerfolg der eigenen Aktivität, vielfältige Erfahrung in Lust und Unlust aller Sinne, Geborgenheit, Freude, Zärtlichkeit und den Verlust von alledem. Diese Urerfahrungen formen das ursprünglichste Verhältnis des Kindes zur Welt, und wir dürfen wohl annehmen, daß diese frühesten Bildungen seiner Seele nicht nur das Dasein, sondern auch Form und Inhalt aller kommenden Bildungen mittragen und mitbestimmen.

Es ist für den Säugling nicht gleichgültig, ob er von seiner einen Mutter zärtlich versorgt oder im Heim von drei verschiedenen Pflegerinnen, die alle acht Stunden wechseln, routinemäßig abgefertigt wird. Es ist nicht gleichgültig, ob er die Brust oder die Flasche bekommt, ob er für seine Mahlzeit »arbeiten«, sich beim Saugen anstrengen muß, oder ob ihm die süße Milch ohne Mühe zufließt; ob Geschrei ihm nützt oder ungehört bleibt, ob er Nahrung und Pflege zuverlässig erwarten darf oder ob eine nachlässige Mutter manche Mahlzeit ausfallen läßt. Es ist nicht gleichgültig, ob sie beim Stillen mit dem Kind spricht, lacht, es streichelt und so alle seine Sinne einer heiteren Liebes- und Welterfahrung öffnet, ob sie, am Kind uninteressiert, die Zeitung liest oder dumpf depressiv vor sich hinbrütet. Wenn eine Indianermutter ihren Säugling auf den Kopf schlägt, bis er vor Wutgeheul blau anläuft, damit er ein guter Jäger wird; wenn eine gutmütige koreanische Bauersfrau ihr Kleines den langen Tag auf den Rücken gebunden in engem leiblichem Kontakt mit sich trägt und ihm die Brust gibt, wann immer es danach verlangt; wenn die deutsche Mutter nach strengem wilhelminischem Klinikbrauch auf einen exakten Vierstundenabstand des Stillens gedrillt ist – dann macht die kleine Rothaut, das Gelb- und das Bleichgesichtchen jeweils andere Urerfahrungen, und ihre Welten fühlen sich für sie verschieden an. Gewährung und Versagung, Lust und Unlust, Erwartung und Furcht mischen sich anders. Entsprechend werden jeweils andere Reaktionen als Urantworten auf Urerfahrungen entwickelt. Prägend wirken dabei vor allem Lusterlebnisse, nach deren Wiederholung das Kind verlangt, und Unlusterfahrungen, die es zu meiden oder zu beseitigen trachtet. Wiederholungs- und Vermeidungstendenz sind schon Erscheinungen der Fixierung.

Fixierungen sind gefährlich, insofern sie eine Tendenz enthalten, an einer bestimmten Lebensgestalt zu kleben und Änderungen abzulehnen. Es gibt z. B. Eltern, die vom ganz kleinen Kind entzückt sind und ihm liebevoll, geduldig und richtig begegnen, solange es dem Bettchen noch nicht entwachsen ist, aber weder Geschick noch Geduld mit dem größeren Kind haben. Die kindliche Lusterfahrung mag dann weitgehend auf orale Befriedigungen beschränkt und an sie, an das Paradies der Mundwelt, fixiert bleiben. Das Kind wird lange am Daumen lutschen, naschen und sich füttern lassen wollen, um die Passivität liebevoller Pflege zu genießen. Gerade das bringt ihm aber Tadel und Strenge der Eltern ein. Das Kind wird in einen Konflikt gedrängt. Je mehr es seinen Hauptneigungen folgt, um so mehr entziehen sich ihm Liebe und Wohlwollen der Eltern. Es ist leicht verständlich, daß ein solcher Konflikt Haß, Angst und Schuldgefühl auslösen kann. Je stärker die Fixierung ist, um so schwerer kann das Kind den Konflikt durch einen Verzicht auf die mißliebige Triebbefriedigung und durch Ausgriff nach neuen, erlaubten Vergnügungen lösen.

Außer den Fixierungen sind *Triebkonflikte* als Prägungsvorgänge anzusehen, weil sie auf die Dauer nur durch Veränderung der Charakterstruktur bewältigt werden können. Das Kind wird genötigt, seinen ursprünglichen oder durch Fixierung verstärkten Neigungen hemmende, oft erdrückende Gegenkräfte entgegenzusetzen. Als Endergebnis finden wir Charaktere, bei denen die Fixierung, andere, bei denen die Gehemmtheit deutlicher ist, meist sind beide Formen verbunden.

Oral fixiert sind Kinder und Erwachsene, die am Dasein nur erfreulich finden, was der Lebensgestalt des ersten Jahres ähnlich ist. Sie fühlen sich nur dann recht wohl, wenn andere für sie sorgen, ohne Gegenleistungen zu verlangen, wenn die anderen ihnen Geschenke machen, ihnen Wünsche erfüllen, viele, große, alle! Ein Mensch mit dieser unbewußten Erwartungshaltung wird ständig Enttäuschungen erleben und oraler Tröstungen bedürfen, also mit gieriger, saugender Selbstverwöhnung, mit süchtigem Fressen, Trinken, Rauchen oder mit Verstimmungen reagieren. Auch seine vita sexualis wird nicht ein Austausch von Geben und Empfangen sein, sondern allzu passive, naschhafte, narzißtische oder autoerotische Züge zeigen.

Es scheint auch eine *Fixierung an das orale Trauma*, an die orale Versagung und die mit ihr verbundenen Antwortweisen des Säuglings zu geben, etwa in der Neigung, auf Verluste und Versagungen entweder mit lauter Klagsamkeit oder mit weinerlicher Resignation, jedenfalls aber ohne zielstrebige, geordnete Aktivität zu antworten. Möglicherweise handelt es sich um Folgen brüsken Abstillens oder frühzeitigen Mutterverlustes. Daß es eine »Säuglingsdepression« mit gefährlichen psychologischen Folgen und Entwicklungsstörungen bei längerer Trennung von der Mutter gibt, ist bekannt und sorgfältig beschrieben.[27]

Oral gehemmt ist der Mensch, dessen orale Triebregungen von den Erziehern allzu streng verfolgt und unterdrückt wurden. Während der oral Fixierte nur die Lebensformen der frühesten Kindheit erfreulich findet, sind für den oral Gehemmten gerade sie besonders mit Angst, Scham und Ekel belastet. Alle Regungen und Gefühle des oralen

[27] *R. Spitz* und *K. M. Wolf*, Anaclitic Depression; in: Psychoanalytic Study of the Child, Bd. II, London 1946.

Bereiches sind bei ihm mit starker Unlust besetzt oder gar ganz abgetrieben. Es ist leicht verständlich, daß gerade das oral fixierte Kind besonders leicht orale Hemmungen erleiden wird, weil seine Triebfixierung oft besonders harten Erziehungsdruck auf sich zieht. Das kann zu extremer Einschränkung des freien Erlebnisraumes führen.

Der oral Gehemmte kann also nicht bitten und empfangen, nicht verlangen und zu sich nehmen, nicht beglückt genießen, keine Geschenke annehmen, freundliche Fürsorglichkeit anderer nicht ertragen, seine Bedürfnisse nicht äußern, oft nicht einmal vor sich selbst – und dies, obwohl er meist von besonders großen Bedürfnisspannungen geplagt ist.

Die orale Thematik verschwindet nicht mit dem ersten Lebensjahr. Erinnerungen an Geschwisterrivalität, Neid, Eifersucht, Mißgunst, die Angst, zu kurz zu kommen und das benachteiligte Kind zu sein, heften sich oft an die gemeinsamen Mahlzeiten der Familie. Der Kampf und der Triebkonflikt um die oralen Wünsche beginnen auch erst später, wenn das Kind die Konfliktreife erlangt. Die von Freud beschriebenen Phasen sind zeitlich nicht leicht festzulegen. Die orale Thematik als die früheste kommt überhaupt nicht einfach zu Ende, sie verliert nur an Bedeutung.

Die nächste, die *anale Phase*, ist aus vielerlei Gründen besonders wichtig:

Sie ist der Erinnerung vieler Analysanden noch in Bruchstücken zugänglich.

In ihr beginnt die Erziehung Leistungen zu fordern, Gebote und Verbote aufzustellen, Strafen anzudrohen.

Das Kind lernt, seine Motorik zu beherrschen, zu laufen und zu sprechen. Es ist seinen Antrieben nicht mehr passiv ausgeliefert, es beginnt, sie und sich zu steuern und zu unterdrücken. Jetzt kann es auch Konflikte erleben und auf sie antworten, die ersten Schuldgefühle stellen sich ein.

Schließlich sind die »Unarten«, d. h. viele Antriebe und

Neigungen dieser Phase zum großen Teil besonders kulturwidrig, ungeeignet zu späterer Verwendung, und sie werden darum mit großer Strenge bekämpft.

Das gilt einmal für die im wörtlichen Sinn analen Neigungen, das lustvolle Interesse an der Stuhlentleerung, die Freude an der Beschäftigung mit Kot und Schmutz, dann aber auch für die mächtigen Impulse von Grausamkeit und Zerstörungssucht gegen andere Kinder, Tiere und Sachen, von Feindseligkeit und Haß gerade gegen die Menschen, die das Kind liebt oder lieben soll: Eltern und Geschwister. Häufige und übermächtige Haßerlebnisse und aggressive Regungen, die durch eine zu harte Erziehung sowohl provoziert wie gebrochen werden, führen zu Fixierungen an eine Haßlust oder zu übermäßiger Gehemmtheit der Aggression, die ihre Spuren im Charaktergefüge hinterlassen. Nicht selten sind Wut- und Haßanfälle auch von sexueller Erregung begleitet.

In einer Sauberkeitsgewöhnung, die von starren, überkonsequenten und ehrgeizigen Eltern zu früh und zu hart erzwungen wird, scheint das Kind gefühlshaft eine vorzeitige und erschreckende Umkehrung seiner Beziehung zur Welt zu erleben. Während die »Mundwelt« des Säuglings eine spendende und versagende, nicht aber eine fordernde und verbietende ist, in der das Dasein nach der Regel erfahren wird: »ich nehme – du gibst, ich möchte – du sollst«, heißt es nun plötzlich umgekehrt: »du willst – ich soll, du forderst – ich muß geben, du verbietest – ich muß lassen«. Natürlich ist das alles in der diffusen Erlebnisweise zu denken, in der sich solche Gegensätze eben erst keimhaft aus und in einem Gefühlsganzen auszugliedern beginnen – ein Vorgang, der im zweiten und dritten Lebensjahr freilich schon kräftige Fortschritte macht. Das Kind soll also auf eine Reizlust verzichten, die Freud in der aktiven Zurückhaltung des Kotes vermutet, und es soll eine »Leistung« zu festgesetzter Gelegenheit vollbringen. Dabei geschieht aber noch mehr. Das Kind soll sich nach dem Willen anderer richten, es erlebt fordernde und verbietende Autorität, den Gegensatz von Fremdwillen und Eigenwillen, Ordnung und Willkür, »Gesetz« und »Freiheit«. Das Ausdrucksverhalten des Topfkindes scheint wirklich manchmal zu sagen: Ich mache mein Häufchen, wo und wann ich will. Es erfährt hier eine Möglichkeit, sich dem Willen der übermächtigen Großen in einem Punkt zu widersetzen, in dem es »stärker« und unbezwinglich ist. Es kann sie reizen und ärgern, es entdeckt die Genugtuung im Kampf und Widerstand gegen überlegene Gewalt. Das Anale bleibt möglicherweise auch von daher immer das Beleidigende, Aggressive schlechthin – wie in der Einladung des Götz von Berlichingen. Gleichzeitig wird die »Unterwerfung« aber oft belohnt, die Leistung wird von den Erwachsenen mit Freude und Lob begrüßt, ihr Ergebnis muß wohl etwas überaus Kostbares sein. Die Brücke vom Kot zu Besitz und Geschenk, Geld und Gold, zum Behalten und Hergeben, zu Verschwendung und Geiz, der Zusammenhang zwischen den Erfahrungen der Sauberkeitsgewöhnung und bestimmten Charakter- und Neurosenformen (z. B. dem »analen Charakter«, mit der Trias Geiz, Pedanterie, Eigensinn), ja zu umschriebenen und häufigen psychosomatischen Krankheitsbildern und chronischen Funktionsstörungen ist nicht nur aus Phantasie gebaut. Tatsächlich ist die Korrelation von oft quälenden analen Erinnerungen, Phantasien, Träumen und auffallenden Schwierigkeiten im Bereich des Gebens und Behaltens, des Besitzes und Geldes oft genug in Neurosen empirisch festzustellen. Für viele Neurotiker ist der Bereich des Analen im wörtlichen und übertragenen Sinn mit einem ganz erstaunlichen Aufwand von zwiespältigen Affekten besetzt.[28]

[28] Charakter und Analerotik, VII, S. 203 ff.; Triebe und Triebschicksale, X, S. 210 ff.; Über Triebumsetzungen, insbesondere der Analerotik, X, S. 402 ff.

Für das Kind wird der Kot und jeder Schmutz übermäßig bedeutungsvoll, wenn es in der sterilen Linoleumzivilisation einer Stadtwohnung aufwächst und keinen Zugang zum formbaren Stoff hat, keine Erde, nicht einmal in der Naturkonserve eines Sandkastens, erleben darf. Wie wichtig das Vorhandensein formbaren Stoffes ist, zeigt sich überraschend, wenn einkotende und schmierende Kinder manchmal von einem Tag auf den anderen ihre Unart aufgeben, weil sie in nassem Ton kneten oder mit den Fingern in Farben schmieren und große Papierflächen wüst anmalen dürfen – eine Therapie, die man auch bei Erwachsenen (z.B. bei Depressionen) mit Gewinn anwenden kann. Das Kind braucht offenbar die Begegnung mit dem formbaren Stoff, der dienstbaren Materie mit ihrer Anregungskraft für Empfindung, Motorik, Phantasie und Gefühl.

Entwicklungsstörungen in diesen Konfliktbereichen äußern sich als *anale Hemmung* oder als anale Fixierung, meist finden wir beides mehr oder weniger deutlich. Dem anal Gehemmten ist alles Spontanverhalten, das den Anmutungsbereich der analen Urerfahrung anklingen läßt, durch den Nachhall harter Strafen, Ängste und Schuldgefühle »tabu«. Er wagt nicht, die verbotenen Lusterlebnisse der analen Phase zu erneuern, und hemmt die entsprechenden Impulse. Er kann nicht trotzen, wo andere befehlen, nicht festhalten und verweigern, wo andere fordern, Besitz und Geld sind peinlich, nie darf man davon sprechen oder gar darum streiten. Kämpfende Selbstbehauptung selbst in defensiver Form ist nur in sehr versteckter Weise möglich. Häufig finden sich erhebliche Produktionshemmungen, der Eigensinn und Eigenwille ist gebrochen; der so Gehemmte wagt nicht, sich aufzulehnen, wo sein Recht beschnitten wird, Autoritäten zu widerstehen, etwas aus Freiheit ohne Befehl und Vorschrift zu tun. Er kann pedantisch und skrupulös sein, alles Materielle ist für ihn böse, er neigt zum Spiritualismus – und zur Hypochondrie.

Für den *anal Fixierten* dagegen ist die Erneuerung analer Befriedigungen und Triumphe das Muster alles Erstrebenswerten. Er hält geizig an Geld und Besitz fest, kann nicht hergeben, nicht ja sagen, nicht einwilligen, wo ein fremder Wille oder Wunsch in Sicht kommt, er ist starrsinnig. Er kann nur nach seinem eigenen Kopf produzieren und nur am falschen Platz. Jede Einordnung ist ihm unmöglich. Gesetze und Autoritäten ärgern ihn, und er sie. Ein wuchernder Drang zur Willkür plagt ihn. Er ist aggressiv, grob, aufsässig, im Extremfall jeder Schmiererei und Schmutzerei zugetan, sehr empfänglich für anale Witze.

Sind das alles nur die Folgen frühkindlicher Topfdramen? Doch wohl nicht. Einmal scheinen sich anale Fixierungen besonders in einer Umwelt auszubilden, die dem Kind überhaupt wenig Kulturhilfe und Formung anbietet. Dort führen sie nicht zur Neurose, sondern zur Brutalität und Verwahrlosung mit analen Zügen. Dann aber müssen wir an den entgegengesetzten Fall denken, in dem ein bestimmter »Charakterstil« der Eltern, der wiederum mit einer eigenartigen Kulturatmosphäre zusammenhängt – wenn man sie so nennen will –, die ganze Kindheit eines Menschen bestimmt. Dieser Charakterstil scheint jeweils an ganz bestimmten Erziehungsproblemen und -situationen besonders prägnant offenbar zu werden, während seine, bei neurotischen Eltern meist penetrante, Eigenart natürlich auch an allen anderen Punkten der Entwicklung gleichsinnig auf das Kind einwirkt. Die späteren Erfahrungen bestätigen und vertiefen dann die Urerfahrungen, es fehlt die »corrective experience«,[29] die für die gesunde Entwicklung so wichtig ist und in früheren Zeiten in der größeren Familien-, Sippen- und Gesindegemeinschaft dem Kind leichter zugänglich gewesen sein mag. Die Geschichte der Topfdressur und die in der Analyse anklingenden Erinne-

[29] *F. Alexander*, Analyse der therapeutischen Faktoren in der psychoanalytischen Behandlung, Psyche, IV, 1950/51, S. 401 ff.

rungen an sie sind also wohl mehr eine besonders bezeichnende Reihe von Momentaufnahmen aus einem Jahre, vielleicht Jahrzehnte dauernden Prägungsprozeß, als die einmalige traumatische Wurzel eines solchen.

Natürlich ist es leicht, solche Gedanken als Hirngespinste zurückzuweisen. Aber dann bleibt die Aufgabe, bessere Hypothesen zu erdenken, die zu den so erstaunlichen Befunden der Analyse von Kindern und Erwachsenen passen. Die beschriebenen und vermuteten Vorgänge werden in der Entwicklung von vernünftig und freundlich aufgezogenen Kindern aus gesunder Umwelt weniger deutlich sichtbar. Große Schwierigkeiten treten bei maßvoller und geduldiger Sauberkeitsgewöhnung in einer freundlichen, zuverlässigen und ruhigen Atmosphäre seltener auf, und eine traumatische Wirkung ist gewöhnlich nicht zu erwarten. Dramatisch und affektiv beladen wird all dies nur in der neurotischen Familie. Aber man muß es gesehen haben, welch einen tragikomischen Zirkus eine neurotische Mutter um ihr topfsitzendes Kind aufführen kann, um auch an Traumen glauben zu lernen. Der blande Verlauf der »Phasenprobleme« in gesunder Umgebung ist wohl ein Grund, der erklärt, daß diese Vorgänge in ihrer Bedeutung von Entwicklungspsychologen leicht unterschätzt werden.

Ein Grundzug der menschlichen Entwicklung tritt in der analytischen Phase besonders deutlich hervor:

Die Natur des Kindes, seine spontanen Gefühle und Strebungen begegnen einer Kultur, einer Lebensform seiner Umwelt, die zum naturhaften Verhalten des Kindes bejahend und ermutigend oder ablehnend und einschränkend Stellung nimmt.

Das Kind ist aber auf den Frieden mit der Welt noch mehr angewiesen als auf seine aktuelle Triebbefriedigung. Aus Furcht oder den Eltern zuliebe kann es sich mit ihnen gegen seine eigenen Strebungen stellen und diese Gegenstellung in seinem Charakter dauerhaft ausbauen. Den Phasen der Triebentwicklung entsprechen Phasen der Ausbildung von hemmenden und umlenkenden Strukturen, die Freud als Abwehrmechanismen bezeichnet und deren Organisations- und Integrationszentrum er Ich und Überich nennt. Der wichtigste und mächtigste Vorgang der Formung und Verformung von Ichstrukturen ist die Angleichung, die Einverleibung und Einverseelung von Vorbildern, die *Identifizierung*.[30] Sie formt nicht nur das Abwehrich, sondern unmittelbar auch die Triebstrukturen, bestimmt ganzheitlich den Gesamtcharakter.

Es gibt Identifizierungen aus Liebe und Bewunderung, und es gibt Identifizierungen der Anpassung aus Furcht und Schuldgefühl. Wir wissen, daß Angleichung das Kind bis in die Organfunktionen hinein verändern kann. »Wolfskinder« werden angeblich nachtsichtig wie Wölfe, die Schweißsekretion setzt fast aus, sie gleichen sich in Charakter und Lebensgewohnheiten ganz den Wölfen an.[31] Der Mensch entwickelt sich an Vorbildern. Sind die »Einigungsregungen« (A. Pfänder) durch Furcht und Haß gekränkt, hat also der Mensch nur Vorbilder vor Augen, die er nicht schätzen und lieben kann, oder wird die Identifizierung durch Unsicherheit, Schuldgefühl oder Überhitzung zu sehr forciert, so kann es zu Fehl- und Überidentifizierungen kommen, die zu Spannungen im Personengefüge führen. Dann wird der Mensch leicht von einem aus der Identifizierung entstandenen Ich-Ideal terrorisiert, das seinen Wesensmöglichkeiten entgegengesetzt ist und ihn sich selbst entfremdet. Ein Schulbeispiel ist die übermäßige männliche Identifikation des Mädchens mit Vater oder Bruder, die als Idealich Abwehrhaltungen gegen alle weiblichen Lebensregungen organisiert.

[30] Massenpsychologie und Ich-Analyse, XIII, S. 115 ff. – Max Scheler hat die Lehre von der Identifikation für eine der wertvollsten Erkenntnisse der Psychoanalyse gehalten.

[31] *J. A. L. Singh* und *R. M. Zingg*, Wolf-Children and Feral Man, New York 1942. Die Glaubwürdigkeit der Berichte ist nicht über jeden Zweifel erhaben.

Die Geschichte der prägenden Identifizierung läßt sich aus den Erinnerungen des Patienten und aus seinem gegenwärtigen Verhalten erschließen. Die Reflexion dieses Geschehens erleichtert die Ablösung von den Fehlhaltungen, die sich durch Identifizierung ausgebildet haben.

Unter dem Druck der Erziehung, der Triebkonflikte, Ängste und Schuldgefühle, unter dem Einfluß der Kulturhilfen und Identifizierungen bieten sich dem Kind als anlagegegebene Auswege der Triebbewältigung die »Abwehrmechanismen« an. Je nach seiner individuellen »Abwehrbegabung«, nach der Reifestufe, in die seine Konflikte fallen, und nach deren Eigenart, wird das Kind Verdrängung, Projektion, Verschiebung, Sublimierung oder eine andere »Abwehrtechnik« besser erlernen und die erfolgreichsten Weisen der Bewältigung durch eine Fixierung an sie auszeichnen. Solches Lernen und Sichfixieren prägt aber die Charakterstruktur für die Dauer.

Weitere Prägungsvorgänge sind von Freud beschrieben unter dem Stichwort der *Objektbindung*, der leidenschaftlichen Bindung an Personen in Liebe, Haß, Furcht und Schuldgefühl. Die Objektbindungen als einigermaßen konstante Formkräfte bauen gleichsam ein Kraftfeld in der Welt des Kindes auf, in dem sich die Regungen der Seele aus- und einrichten. Ihre Geschichte beginnt bald nach der Geburt, besonders deutlich werden sie in der *»ödipalen Phase«*.

Freud hat gezeigt, daß die Problematik der Sexualität für den Menschen nicht in der Pubertät anfängt, sondern in dem Augenblick des Beginns seiner Existenz. Mit Sexualität ist hier alles gemeint, was damit zusammenhängt, daß der Mensch als männliches oder als weibliches Wesen lebt und daß er Mann oder Frau nicht einfach ist, sondern in einem schweren und gefährdeten Reifungsprozeß erst werden muß, der vielfältige Konflikte mit sich bringt. Die Problematik der Geschlechtlichkeit gewinnt schon konkrete Realität, wenn der Vater oder die Mutter bei der Geburt des Kindes sagt oder denkt: Schon wieder ein Bub, oder: Ach, nur ein Mädchen. Diese Problematik beginnt mit den Wünschen und Einstellungen der Eltern zum Geschlecht des Kindes. Bei seelisch gesunden Eltern sind diese Einstellungen plastisch. Es gibt aber neurotische Mütter, die sich tagelang weigern, ihr Kind anzusehen und zu stillen, wenn es nicht das gewünschte Geschlecht hat. Neurotische Eltern können dann starr die Wirklichkeit ignorieren und so tun, als hätte das Kind ein anderes Geschlecht.[32] Aus vielen Gründen kann die Einstellung der Eltern zum Geschlecht des Kindes falsch, ablehnend sein. In einer solchen Atmosphäre der Ablehnung und des Enttäuschtseins kann aber kein gesundes Selbstgefühl wachsen – und das ist wohl das Rückgrat der Gesamtentwicklung.

Aber auch die Einstellung des Kindes zum Geschlecht der Eltern kann problematisch werden. Wenn der Knabe einen ängstlichen, schwachen Vater als Pantoffelhelden erlebt und die Mutter als Dame von gewaltigem psychophysischem Gewicht, dann fehlt ihm der Anreiz, sich dem männlichen Vorbild anzugleichen. Ein solcher Ausfall der Identifizierungsfigur bedeutet für den Buben, daß er die männlichen, und für das Mädchen, daß es die weiblichen Gefühlsströme, Strebungen und Verhaltensweisen ganz auf sich gestellt und ohne Hilfe, oft gegen mächtige Hindernisse entwickeln und erlernen muß. Darauf ist aber der Mensch, anders als die meisten Tiere, nicht eingerichtet. Es kann auch dann noch gelingen, aber oft mißlingt es auch.

Nicht nur die geeigneten Vorbilder für die Identifizierung, auch die Möglichkeiten der »Objektbeziehung« im Verhältnis zu Eltern und Geschwistern können fehlen. Damit ist nicht nur das Hereinwachsen in den eigenen Ge-

[32] Rainer Maria Rilke ist von seiner hysterischen Mutter jahrelang als Mädchen erzogen und angezogen worden – um nach dieser Vorbereitung in die Kadettenanstalt geschickt und dort schon wegen seines zweiten Vornamens (»Mizzo«) verlacht zu werden.

schlechtscharakter, sondern auch das Erlernen der Beziehung zum anderen Geschlecht bedroht. Der Bub, der zur Mutter, zur Schwester, das Mädchen, das zum Vater und Bruder keine warme, herzliche Beziehung findet, wird später Schwierigkeiten in der geschlechtlichen Partnerschaft haben. Das Kind erlebt nicht nur Vater und Mutter als Vorbilder oder Abschreckbilder und Beziehungspersonen, es erlebt auch die Beziehung der Eltern, ihre Ehe. Auch diese Erfahrung kann ihm den Zugang zu Liebe und Ehe erschweren oder verschließen.

So gibt es viele Formen, in denen die Beziehung zwischen dem Kind, den Eltern und Geschwistern die Prägung des Gesamtcharakters des Kindes als eines männlichen oder weiblichen, also seine Sexualität bzw. seine Geschlechtsrolle mitbestimmt. In jeder Kindheit wird es Zeiten der zärtlichen Vorliebe für den einen und vielleicht auch der eifersüchtigen Ablehnung des anderen Elternteils geben. In der Vorgeschichte neurotisch Kranker hören wir oft genug, daß solche normalen Regungen eine ungewöhnliche Intensivierung und eine deutliche sexuelle Tönung gewinnen. Diese Erlebnisqualität ist dann nicht selten durch das Verhalten der Eltern oder anderer Erwachsener und Hausgenossen in bewußter Verführung oder noch häufiger in einer überhitzten Zärtlichkeit, wie sie vernachlässigte Mütter entwickeln, früh geweckt worden, kann aber wohl auch ohne solche Anlässe entstehen. Die Folgen dieser »klassischen Ödipussituation« im Sinne der Psychoanalyse, die bei der Hysterie am deutlichsten ausgeprägt erscheint, ist eine intensiv ambivalente, libidinös-aggressive Elternbindung, die meist durch »Sühneidentifizierungen« kompliziert wird. Sie bewirkt, daß die Eltern in Nachfolge oder Auflehnung Maß aller Dinge bleiben, und daß das (entstellte) Elternbild durch Übertragung alle mitmenschlichen Beziehungen verzerrt. »Liebe« ist diesen Menschen nur möglich, wo der Partner nicht in sich selbst gesehen, sondern als Vater- oder Muttersatz erlebt wird, und wenn er die Infantilität des Kranken akzeptiert, indem er diese Rolle übernimmt – ohne sie freilich lange durchhalten zu können. Solche neurotischen Bindungen nehmen oft ein Ende mit Schrecken oder bleiben schrecklich. Die ödipale Fixierung und Prägung ist eine Wurzel vieler Lebens-, Beziehungs- und Eheschwierigkeiten, Perversionen und Neurosen. Das, was Freud mit dem »Ödipuskomplex« anspricht, gibt es wirklich, und es ist nicht einmal so schwer zu finden.

Hinter dem Ödipusmotiv, wie es in Träumen und Erinnerungen oder in der Auseinandersetzung mit dem Arzt anklingt, kann sich wohl auch noch anderes verbergen, etwa die Schwierigkeit, des eigenen Gefühls und Gemütes innezuwerden, der »Anima« im Sinne von Jung, die sich in den Träumen als mütterliche Frau abbilden mag, oder das Problem, wie der Bereich des Geistes, der Spiritualität und Rationalität der diesen Wesensanteilen entfremdeten Person integriert werden könne. Auch eine solche Frage mag sich im Traumbild der Vereinigung mit der Mutter oder des Kampfes mit dem Vater symbolisch darstellen. Hier beginnt die Realität der psychoanalytischen Befunde neue Aspekte und Dimensionen zu gewinnen, die Freud nicht mehr gesehen, zu denen er aber doch auch auf seine Weise den Weg eröffnet hat.

Zu den Prägungsvorgängen der ödipalen Phase gehört auch die Kastrationsdrohung. Es ist bekannt, daß sie und die ihr folgenden Ängste und Schuldgefühle von Freud als eines der schwersten Traumen des kindlichen Lebens angesehen wurden. Von späteren Analytikern wurde diskutiert, ob die Kastrationsangst nicht nur ein Sonderfall einer allgemeinen Angst vor Verlust und Beschädigung, Ausdruck der Verwundbarkeit des Menschen im weitesten Sinne ist und seine Gefährdung durch die Tatsache spiegelt, daß er viele Dinge braucht, die ihm genommen werden können. Manche Analytiker fassen als Urtrauma den Verlust der mütterlichen Brust bei der Entwöhnung oder gar den Verlust uteriner Geborgenheit bei der Geburt auf. Als Befund steht fest, daß die ausdrückliche Kastrationsdrohung – Abschneiden des Gliedes oder der Hände, die am genitalen Spiel beteiligt sind – in der Erziehung angewandt wird und daß entsprechende angstvolle Erinnerungen, Träume und Phantasien in der Analyse auftauchen. Welche Rolle das Verstümmelungsmotiv im Märchen und in beliebten Kinderbüchern (Struwwelpeter) spielt, ist bekannt. Auch in Kinderanalysen, im Spieltest und in Kinderzeichnungen zeigt sich das Motiv oft angedeutet, manchmal mit aller wünschenswerten Klarheit. Daß diese Tatsachen in einer genetischen Theorie der Neurose verschieden interpretiert werden können, ist unbestreitbar. Aber ebenso richtig ist, daß die psychoanalytische Auffassung, die Angsterlebnisse drohender Beschädigung und schmerzhaften Verlustes zu den entscheidenden Störungsquellen der Entwicklung rechnet, einen hohen Grad von Wahrscheinlichkeit für sich hat.

Außer den positiven gibt es auch negative Prägungskräfte: *Mangel* und *Versagung* als »causa deficiens« der Neurose. Wenn ein Kind nicht findet, was es aus einem a priori der »Urphantasie« bei den Eltern und in seiner Welt sucht und beansprucht: Interesse, Achtung und Beachtung, Wohlwollen, Anregung, Spielraum, Geborgenheit und Liebe, Wärme und Ruhe, dann gerät es in einen Notzustand, der vielleicht erst Fixierung, Traumen, Regressionen und Fehlidentifikationen ermöglicht oder gar hervorruft. Der früh frustrierte Mensch bildet ein Anspruchsniveau, eine saugende, orale Erwartungshaltung aus, die ihn nie Erfüllung finden, aber immer neue Enttäuschungen erfahren und allen möglichen Ersatzbefriedigungen gierig nachjagen läßt. Das ist die Süchtigkeit im weitesten Sinn, »le complex d'abandon«,[33] die oral-kaptative Haltung (Schultz-

[33] *G. Guex,* La névrose d'abandon, Paris 1950.

Hencke). Solche Menschen begegnen dem anderen, der Welt und Gott gleichsam ständig als betrogene Gläubiger, aber sie halten einen faulen Wechsel in der Hand, der in der Kindheit ein gültiger und nie eingelöster Anspruch war, den dem Erwachsenen aber niemand mehr honorieren will noch kann. Sie müssen das lernen, was für sie das schwerste ist, obwohl sie wenig anderes kennengelernt haben: Verzichten. Mangel und Versagung in überreichem Maß haben ihre Spuren in jedem neurotischen Charakter hinterlassen.

Wir haben in diesem Kapitel die entscheidenden Entwicklungs- und Prägungsvorgänge dargestellt, die Freud in den Erinnerungen der Patienten und in der Kinderbeobachtung zu finden und aus denen er den neurotischen Charakter und die neurotischen Symptome erklären zu können glaubte, soweit diese Vorgänge im analytischen Befund sichtbar werden. Solche Prägungskräfte formen das verspannte und verquere Charaktergefüge, dessen Baufehler wohl erst Symptome ermöglichen. Wie das im einzelnen zugeht, wie z. B. die Feinstruktur einer Zwangsneurose in diesen Charakterrahmen eingefügt ist, zeigen die analytischen Befunde von sich aus nicht.

Wir wissen auch hier nicht, ob etwa wesentliche Faktoren übersehen wurden. Die Psychoanalyse zeigt Faktoren, aber sie hat keinen Index, an dem man ablesen könnte, was dem Blick entgangen oder an sich unsichtbar ist.

So ist noch weitgehend unerforscht, ob und wie etwa die Reizüberlastung des Großstadtkindes, die Nächte in den Luftschutzkellern, die Änderungen in Familien- und Gesellschaftsstruktur, die Wandlungen des Wertbewußtseins und der Wechsel des Kulturklimas seit dem ersten Weltkrieg Form und Genese der Neurose beeinflußt haben. Der Verdacht, daß wir die Neurosen und psychosomatischen Krankheiten nach der Psychologie unserer Großeltern interpretieren, ist nicht immer ganz unbegründet. Gerade die

Fortentwicklung der analytischen Phänomenologie und Theorie zeigt aber, daß die analytische Methode nicht bei den Befunden Freuds stehengeblieben ist. Die Phasenlehre Freuds darf nicht als umfassende Entwicklungscharakterologie betrachtet und beurteilt werden. Dazu sind ihre Aspekte und Perspektiven zu eingeschränkt, es sind Ausschnitte aus dem Blickpunkt des Psychopathologen. Allerdings ist die Psychoanalyse dabei, besonders durch den Ausbau der Ich-Psychologie und aus den Erfahrungen der Kinderbeobachtung und -therapie, eine umfassende Entwicklungspsychologie zu erarbeiten.

CHARAKTERENTWICKLUNG UND PRÄGUNG IM SPIEGEL DER ANALYSE

Es ist im Laufe der Untersuchung immer wieder auf Vorgänge hingewiesen worden, die als die eigentümlichen Wirkungen der Analyse beobachtet werden können. Das soll noch einmal zusammengefaßt werden.[1]

Eine Hauptwirkung liegt darin, daß die Analyse die Spontaneität, die Ursprünglichkeit des Erlebens anregt und ermutigt. Freud hat es für notwendig gehalten, die analytische Meditation mit dem Kranken täglich zu üben. Diese Sorgfalt in der Beachtung der Einzelheiten des Alltagslebens und seiner charakteristischen Züge ist in der psychologischen Forschung neu. Wir finden sie aber schon in bestimmten Anweisungen zur Erforschung des Gewissens bei den Lehrern des inneren Lebens, z. B. in den »Geistlichen Übungen« des heiligen Ignatius von Loyola: »Rechenschaft fordern von seiner Seele, angefangen von der Stunde des Aufstehens bis zur gegenwärtigen Selbstprüfung, Stunde um Stunde, Zeit um Zeit; und zuerst über die Gedanken, dann über die Worte, dann über die Werke.«[2] Täglich oder wenigstens dreimal in der Woche geübt, bringt die Methode des freien Einfalls kräftigere Bewegung in das seelische Leben. Die Verpflichtung, auszusprechen, was durch den Sinn geht, erzwingt eine genauere Beachtung der seelischen Vorgänge, die dann in sich selbst Kontur gewinnen. Die Wahrnehmungen werden präziser, die Erinnerungen deutlicher, die Phantasien, die gerade bei neurotischen Menschen oft spurlos wie Träume aus dem Gedächtnis verschwinden, sobald sie irgendwie unterbrochen werden, prägen sich tiefer ein und haften länger. Feine, fast unmerkliche Erlebnisverläufe werden in ihrer

[1] Eine ins einzelne gehende Darstellung der psychagogischen, »orthopädischen« Vorgänge, der Heilungsvorgänge in der Analyse ist hier nicht beabsichtigt.

[2] Exerzitienbuch, Nr. 43.

Gliederung bemerkt. Unscharfe Gewohnheitsurteile offenbaren ihre Gebrechlichkeit, sobald man sie laut ausspricht. Dafür treten bisher nicht gewagte Eigengedanken schärfer hervor. Der Spiegel des eigenen Wortes, das Sichfestlegen im Wort ruft Spannungen und Gegensätze im seelischen Leben auf, die früher verschliffen waren. Ich entdecke überrascht, daß mein Mögen, Wünschen und Wollen einmal stärker wird, indem ich es ausspreche, ein anderes Mal plötzlich schwindet oder sich wandelt, kaum daß es ausgesagt worden ist.

Am stärksten betroffen von dieser Bewegung ist das Gefühl. Das ist zu erwarten. Die Erforschung des Gefühlslebens ist so schwierig, weil das Gefühl so empfindlich ist gegen die Selbtbeobachtung. Wir wissen, daß die reflektierende Aufmerksamkeit es zersetzt oder verändert. Obwohl nun die analytische Methode diesem Gesetz nicht einfach entgeht, scheint doch die schwebende, unangespannte Sammlung auf das eigene Erleben, die in der Analyse geübt wird, nicht nur Gefühlsentfaltung zuzulassen, sondern sogar wirksam zu fördern. Die Methode des freien Einfalls ist vor allem ein Weg zur Gefühlsentfaltung. Freud hat bei der Aufzählung der Erlebnisse, die der Patient mitteilen soll, die zuerst genannt, die sich am schwersten dem Wort fügen: die Gefühle. Wenn der Mensch die freie Assoziation übt, geschieht es regelmäßig, daß er Gefühle in sich entdeckt, die er vorher nicht so erlebt hat. Nun entwickeln, verstärken und vertiefen sie sich. Freilich finden wir auch das Gegenteil. Die Methode des freien Einfalls kann Gefühle dämpfen, gar zersetzen. Sie soll das tun, es ist ein Teil ihrer therapeutischen Wirkung.

Zu diesem Punkt hin zielt ein naheliegendes Bedenken: Der neurotische Mensch reflektiert schon von sich aus viel zu viel über sich selbst, gerade das viele Reflektieren habe ihn krank gemacht, so meint man. »Wer sich ansieht, leuchtet nicht.« Man sollte den Kranken lieber von sich ablenken und an die Welt, die Menschen und seine Lebensaufgabe heranführen, damit er lerne, von sich selbst abzusehen und frei zu werden. Das klingt bestechend. Doch ein sorgfältigeres Studium der Neurosen zeigt, daß die Dinge eher umgekehrt liegen. Der neurotische Mensch ist nicht krank, weil er zu viel reflektiert hat, sondern er ist in einem Reflexionszwang gefangen, weil er sich und sein seelisches Leben nicht mehr versteht. Die analytische Reflexion löst aber mit wachsendem Selbstverständnis die seelischen Kräfte von der Beschäftigung mit der eigenen Person, dem Kreisen um das Ich, ab und wendet sie Welt und Menschen zu. Zudem gibt es auch Neurotische, bei denen das Maß der Reflexion und Introversion eher zu klein als zu groß ist, die einer extravertierten Weltläufigkeit verfallen sind.[3]

Viele Gründe sprechen für die Annahme, daß Neurosen und viele nach dem Modell der Neurosen aufgebaute Fehlhaltungen des Charakters vor allem in einer Fehlentwicklung des Gefühlslebens und in der Entwicklungshemmung von Gefühlskeimen begründet sind. Wenn diese Annahme richtig ist, dann wäre Psychotherapie ihrem Wesen und ihrer heilenden Kraft nach vor allem Gefühlsentfaltung, Gefühlsumstimmung, »éducation sentimentale«, die sich nach Sinngesetzen des emotionalen Lebens richtet. Für diese These spricht u. a., daß hier ein gemeinsamer Angelpunkt aller tiefenpsychologischen Schulen liegt. Von dieser Auffassung her ist es auch zwanglos zu erklären, warum so verschiedene therapeutische Methoden mit einander widersprechenden theoretischen Grundlagen Heilerfolge aufzuweisen haben (die an sich übrigens weder die Richtigkeit der Methoden noch die Wahrheit der Theorien belegen).

Wenn der Patient über längere Zeit sorgfältig mitteilt,

[3] *E. Michel*, Zur anthropologischen Deutung der Hysterie, Stud. Generale, 3, 1950, S. 292 ff.

was in ihm vorgeht, wandelt sich regelmäßig sein Erleben in der Analyse und im Alltag. Aus Erlebniskeimen werden Erlebnisse, Erlebnisklischees werden abgetragen. Ein tendenziös umstilisiertes Bild der Vergangenheit erscheint durch nun auftauchende neue Erinnerungen in einem ganz anderen Licht und verändert sich in vielen Zügen. Eine Schwarz-Weiß-Zeichnung gewinnt feine Schattierungen und Farben, eine zu hell geratene erhält dunkle Töne, eine allzu dunkle hellt sich auf. Liebgewordene Meinungen über vergangene Dinge müssen revidiert werden. Dasselbe geschieht in der Gegenwart: In allen Beziehungen zu anderen Menschen werden das gewohnte Bild und die alte Einstellung in oft quälender Weise ergänzt und korrigiert. Der oft nahezu vergöttlichte Vater erfährt eine manchmal drastische Menschwerdung, die gehaßte Mutterhexe gewinnt menschliche, liebenswerte Züge. Auch die eigene Person wird einmal eingebildeter Vorzüge entkleidet, ein andermal rehabilitiert. Gefühle, Antriebe, Wünsche, Urteile und Handlungsweisen beginnen sich zu regen, die früher nicht denkbar gewesen wären. Manchmal entfalten sich die Phantasien, das Fühlen und Streben in einer Weise, als müsse der Patient seine Entwicklung in einer früheren Kindheitsphase wieder anknüpfen und nachholen. Unter den Bedingungen der Behandlung drängen sich dem Kranken mit der Zeit Einfälle und Phantasien auf, sein Erleben verändert sich in einer Art, die mit dem Wort »regressiv« gut bezeichnet ist. Er träumt sich als Kind, den Arzt als Vater oder Mutter, kindliche Wünsche, Ansprüche, Ängste und Phantasien stellen sich ein und setzen sich oft gegen den heftigen Widerstand des Patienten durch. Die Analyse stößt auf eine kindliche Schicht im Erwachsenen. Sie scheint das Leben des Nervösen in durchdringender und doch schwer zu durchschauender Weise zu bestimmen. Das können »Widerstandsregressionen« sein, ein Ausweichen vor den lästigen Aufgaben des Alltags in eine sonderbare Märchenexistenz. Es kann aber auch ein Zurückfinden zu einer fruchtbaren, aber noch ungeformten Keimschicht der Person sich darin anbahnen, ein Umweg, der bald wieder zu einer nun produktiven Auseinandersetzung und Begegnung mit der Wirklichkeit führt. Wo Phantasie, Gefühl und Gemüt eines Menschen verkümmert oder verschüttet sind, wird der Psychotherapeut diese regressiven Umwege als gutes Zeichen für die Regenerationsfähigkeit der Seele nehmen dürfen.

Wir sagten schon, die Tendenz des analytischen Prozesses gehe dahin, die zerrissene Kontinuität des Erlebens wiederherzustellen und die ver-rückten Gefühle vom falschen Platz an den richtigen zu rücken. Die verborgene Motivierung vieler Erlebnisse hellt sich auf. Wo früher Launen, Stimmungsumschläge, Ängste und Aggressionen, Neigungen und Abneigungen unversehens und unmotiviert auftauchten und verschwanden, beginnen sich mit der Zeit mehr und mehr verständliche Zusammenhänge herzustellen. Diese Tendenz wirkt vor aller Deutung und Leitung durch den Arzt. Seelisches Leben ist von sich aus auf Ganzheit, Einheit, Ordnung und Sinnzusammenhang gerichtet und stellt sie wieder her, sobald es gelingt, günstigere Bedingungen für die Auseinandersetzung mit den zerreißenden Kräften der Verdrängung und Selbsttäuschung zu schaffen. Psychoanalyse als therapeutische Methode müht sich um die Anregung und das Verständnis des Erlebens und seiner verborgenen Tiefen einzig mit dem Ziel der Strukturänderung. Tatsächlich hat die innere Gelassenheit, der Verzicht auf lenkende, beschränkende, zielweisende Eingriffe in das eigene innere Geschehen, der Verzicht auf Anpassung an den Gesprächspartner, auf Rücksicht und Einstellung auf ihn, das absichtslose Sichfallenlassen in die Eigenströmung der seelischen Spontaneität – dies alles hat die spezifische Wirkung, gerade die Höhen und Tiefen des Erlebens zu entfalten, die sonst vernachlässigt, unerlebt und verdrängt bleiben.

Dabei wandelt sich das seelische Leben eindrucksvoll, wie die Presse nach der Beseitigung einer Diktatur – wenn es gut geht, vollzieht sich auch eine erfreulichere Wandlung. Vor allem die geheime Kehrseite aller ambivalenten Einstellungen zu Menschen und Dingen wird sichtbar. Die Flut des affektiven Geschehens bricht Dämme und Wehre zu Gefühlsräumen, die bisher vom Lebensstrom abgesperrt waren. Bereiche der Person geraten in Schwingung, die erstarrt und erstorben schienen, und die größere Bewegung wirkt als Wachstumsreiz auf unentwickelte Schichten. Die Revolution des Verdrängten und des Vernachlässigten ist in der Analyse keine wüste Revolte, sie steht spürbar unter einem Formgesetz. Die seelische Bewegung und Verdrängung ist von Formkräften bestimmt. Die Seele will nichts Unsinniges. Sie sucht und erprobt ihre Chancen in der neugesehenen Wirklichkeit. Sie fängt wieder an, echte Erfahrungen zu machen und zu verwerten, sie lernt, sich auf Menschen und Welt neu einzustellen, infantile Schienen zu verlassen. Neurose ist eine Form von Blindheit der Seele. Es gibt aber auch eine eigentümliche Vernunft der Seele, eine intuitive Sachlichkeit in der Einstellung auf die wirkliche Welt und ihre Ordnungen. In der Analyse spürt der Kranke, daß diese seelische Sachlichkeit und diese Klugheit bei ihm verkümmert sind oder nicht gepflegt wurden, und er lernt es, die eingezogenen Fühler wieder auszustrecken. Die Sinngesetze des emotionalen Lebens, die Wahrnehmung der Welt, der Menschen und ihrer berechtigten Ansprüche, die Sinnlinien und Wertordnungen des Daseins haben eine eigentümliche Kraft, Fehlhaltungen aufzulösen, wenn sie in der Tiefe der Seele verstanden und angenommen werden. Der Mensch lebt nicht gern bewußt falsch.

Es gibt gesunde und kranke Erlebnisweisen, die gleich, sam lichtempfindlich sind, und die Methode des freien Einfalls scheint die kranken selektiv ans Licht zu fördern. Jedenfalls finden sich die Analysanden selten veranlaßt, von den Dingen zu reden, die bei ihnen klar und geordnet sind – und das ist gut so. Hier wie überall sind wir darauf angewiesen, daß die Seele als Natur im Grunde weiß, was sie will. Analyse ist nicht ein Schalten in einem rational überschaubaren und technisch zu handhabenden psychischen Apparat, den wir wissend beherrschen könnten. Sie ist ein menschlicher Lebensvorgang, also ein Geschehen, in dem Natur und Kultur einander gleichsam suchen, finden und helfen müssen, ein Vorgang, in dem der Geist versucht, Freund und Helfer der Seele zu werden. Sigmund Freud, in Geist und Sprache so sehr der Sohn einer technischen und rationalistischen Zeit, hat trotz aller Rede von Mechanismen, Apparaten und Elementen der Psyche und aller materialistischen Metaphysik doch auch von der lebendigen Formkraft der Seele etwas gesehen. Er schreibt einmal von einer Patientin: »Ich hatte eine Art von Sicherheit, es werde sich alles zurechtschütteln, meine Mühe sei nicht vergebens angewandt gewesen.«[4] Nun, nichts schüttelt sich zurecht, was nicht irgendwie weiß, wo es hingehört. Ein zerlegtes Uhrwerk, einen zerstörten Mechanismus könnte man bis zum Jüngsten Tag schütteln, und es würde keine Uhr daraus. Zu dieser Wahrheit hat Freud sich in seiner Art und Sprache mit dem eigentümlichen nüchternen Pathos bekannt, das sein Wesen und sein Werk ausstrahlen:

»Wir haben den Kranken *analysiert,* das heißt seine Seelentätigkeit in ihre elementaren Bestandteile zerlegt, diese Triebelemente einzeln und isoliert in ihm aufgezeigt; was läge nun näher als zu fordern, daß wir ihm auch bei einer neuen und besseren Zusammensetzung derselben behilflich sein müssen? ...

Ich kann aber nicht glauben, daß uns in dieser Psycho*synthese* eine neue Aufgabe zuwächst. ... Das Psychische ist etwas so einzig Besonderes, daß kein vereinzelter Ver-

[4] Studien, I, S. 226.

gleich seine Natur wiedergeben kann. Die psychoanalytische Arbeit bietet Analogien mit der chemischen Analyse, aber ebensolche mit dem Eingreifen des Chirurgen oder der Einwirkung des Orthopäden oder der Beeinflussung des Erziehers. Der Vergleich mit der chemischen Analyse findet seine Begrenzung darin, daß wir es im Seelenleben mit Strebungen zu tun haben, die einem Zwang zur Vereinheitlichung und Zusammenfassung unterliegen. Ist es uns gelungen, ein Symptom zu zersetzen, eine Triebregung aus einem Zusammenhang zu befreien, so bleibt sie nicht isoliert, sondern tritt sofort in einen neuen ein.

Ja, im Gegenteil! Der neurotisch Kranke bringt uns ein zerrissenes, durch Widerstände zerklüftetes Seelenleben entgegen, und während wir daran analysieren, die Widerstände beseitigen, wächst dieses Seelenleben zusammen, fügt die große Einheit, die wir sein Ich heißen, sich alle Triebregungen ein, die bisher von ihm abgespalten und abseits gebunden waren. So vollzieht sich bei dem analytisch Behandelten die Psychosynthese ohne unser Eingreifen, automatisch und unausweichlich.«[5]

Wir haben gesagt, daß die Analyse Spontaneität löse, Gefühl an seinen Platz rücke, Erlebniskeime entfalte, verschüttete oder unbegangene Tore zu den nicht belebten Räumen der Persönlichkeit eröffne. Das alles tut sie zunächst in der Beziehung zum Arzt. Analyse erleben heißt die Chance zu einer eigenartigen, bescheidenen menschlichen Beziehung wahrnehmen, die aber einen großen Spiel- und »Experimentierraum« der Einübung im reifen menschlichen und mitmenschlichen Erleben anbieten kann, einen Raum, in dem man versuchen darf, »Ich selbst« zu sein und »Du auch« zu fühlen und zu sagen. Einen Raum, in den man sich vortasten und vorwagen darf. Eine Beziehung, die man üben und ohne Hast von Furcht, Argwohn und Feindseligkeit reinigen kann. Wo es dem Kran-

[5] Wege der psychoanalytischen Therapie, XII, S. 186ff.

ken gelingt, wirklich sich selbst in diese Beziehung mitzunehmen, sich in Sympathie und Zorn, Erwartungen und Enttäuschungen, im aufrichtig gewagten und ausgesagten Gefühl schlicht und grad zu stellen – da erst werden die heilenden Kräfte wirklich mächtig, in die Tiefe zu wirken und den Menschen in sich selbst zu verwandeln.

SACHVERZEICHNIS

In Klammern stehende Ziffern beziehen sich auf Anmerkungen der entsprechenden Seite.

INHALT

»Geist und Psyche«
Kindlers
Akademische
Taschenbuchreihe

(2001)	Anna Freud	Das Ich und die Abwehrmechanismen
(2002)	Karen Horney	Der neurotische Mensch unserer Zeit
(2003)	René Allendy	Die Liebe
(2004)	Viktor von Weizsäcker	Natur und Geist
(2005)	Erich Neumann	Tiefenpsychologie und neue Ethik
(2010)	C. G. Jung	Welt der Psyche
(2012/13)	Theodor Reik	Geschlecht und Liebe
(2016)	Wilhelm Bitter	Magie und Wunder in der Heilkunde
(2019/20)	Albert Görres	Methode und Erfahrungen der Psychoanalyse
(2021)	Eduard Naegeli	Das Böse und das Strafrecht
(2029)	Franziska Baumgarten	Beratung in Lebenskonflikten
(2030)	Hans Driesch	Parapsychologie
(2031)	Gustav R. Heyer	Praktische Seelenheilkunde
(2032)	August Mayer	Reifungsprobleme im Leben der Frau
(2033)	Alphonse Maeder	Wege zur seelischen Heilung
(2034)	Fritz Stirnimann	Psychologie des neugeborenen Kindes
(2035)	Poul Bjerre	Unruhe, Zwang, Angst
(2036/37)	Gustav R. Heyer	Der Organismus der Seele
(2038/39)	Erich Stern	Lebenskonflikte als Krankheitsursachen
(2040/41)	Georg Groddeck	Das Buch vom Es
(2042/43)	Erich Neumann	Ursprungsgeschichte des Bewußtseins
(2044)	Hermann Rorschach	Ausgewählte Aufsätze
(2045)	Wilhelm Bitter	Angst und Schuld in theologischer und psychotherapeutischer Sicht